组工笔谭

晓山/著

中央编译出版社

图书在版编目(CIP)数据

组工笔谭 / 晓山著．—北京：中央编译出版社，2019.12 (2023.1重印)
ISBN 978-7-5117-3770-0

Ⅰ.①组… Ⅱ.①晓… Ⅲ.①中国共产党－组织工作－文集 Ⅳ.① D262.2-53

中国版本图书馆 CIP 数据核字 (2019) 第 285118 号

组工笔谭

策划编辑：谭　洁
责任编辑：翟　桐
责任印制：刘　慧
出版发行：中央编译出版社
地　　址：北京市海淀区北四环西路 69号(100080)
电　　话：(010)55627391(总编室)　　(010)55627319(编辑室)
　　　　　　(010)55627320(发行部)　　(010)55627377(新技术部)
经　　销：全国新华书店
印　　刷：佳兴达印刷（天津）有限公司
开　　本：710 毫米 ×1000 毫米　1/16
字　　数：229 千字
印　　张：19.25
版　　次：2019 年 12 月第 1 版
印　　次：2023 年 1 月第 2 次印刷
定　　价：98.00 元

新浪微博：@中央编译出版社　　　**微　信**：中央编译出版社 (ID：cctphome)
淘宝店铺：中央编译出版社直销店 (http://shop108367160.taobao.com) (010) 55627331

本社常年法律顾问：北京市吴栾赵阎律师事务所律师　闫军　梁勤
凡有印装质量问题，本社负责调换，电话：(010) 55626985

前　言

党兴则国兴，党衰则国衰。中国共产党作为具有崇高追求的马克思主义政党，最基本的就是要有强大的政治引领力、强大的民心感召力、强大的组织动员力和强大的自我革新力。而要建设世界上最强大的政党必须稳固强党之魂，广聚强党之源。

历史和现实都一再表明，如果没有党的组织工作的有效开展，党的思想和意志的统一，党的领导的实现，党的优良传统作风的发扬，党的创造力、凝聚力、战斗力的提高，都是一句空话。从这个意义上说，党的力量在于组织，党的组织工作是党的全部工作的基础。

组织部门是党的政治机关，是党委实施政治领导和组织领导的重要职能部门，肩负着管党员、管干部、管人才的重要职责，担负着落实全面从严治党要求，为决胜全面建成小康社会、夺取新时代中国特色社会主义伟大胜利提供坚强组织保证的神圣使命。从事组织工作的同志使命光荣、责任重大。而如何做好组织工作，既是一个理论问题，更是一个实践问题。必须自觉地用习近平新时代中国特色社会主义思想武装头脑、指导实践、推动工作；必须勤奋学习、勇于实践、善于思考，不断地总结提高。基于此，近几年来，笔者边学习边实践边思考，写下了40余篇文稿，分为组织建设、干部与人才工作、自身建设、党建研究四个部分，现结集出版，取书名为《组工笔谭》。由于认识水平所限，文稿中有不妥之处，敬请批评指正。

非常感谢中央编译出版社的大力支持和帮助！

作者

2018年3月

目 录

一 组织建设

003 / 地方党委必须切实做好党的建设工作
011 / 地方党委抓党建需要厘清的六个关系
022 / 以政治建设为统领加强领导班子建设
029 / 提高政治站位、履行政治责任 切实提高领导班子民主生活会质量
036 / 做好基层工作的五点建议
042 / 身处基层同样要接地气

二 干部与人才工作

055 / 干部工作要努力实现"三个适应"
059 / 领导干部要做严肃党内政治生活的表率
065 / 努力做一个好人、好党员、好干部、好领导干部
073 / 着力打造一支特别能战斗的巡视干部队伍
083 / 新任职的领导干部要着力提升七种能力
091 / 年轻干部理应扎实打好"底子"
097 / 乡镇工作大有可为
111 / 做好乡镇工作要有几把刷子

116 / 认真开展谈心谈话活动　经常性近距离有原则地广泛接触干部

122 / 发挥干部考核指挥棒作用　为精准科学选人用人打牢基础

128 / 干部教育培训要旗帜鲜明讲政治

133 / 着力抓好党性教育和专业化能力培训

137 / 干部教育培训旨在解决问题

142 / 从严管理监督干部重在日常

145 / 真正的人才一定要拥有"四张牌"

三　自身建设

155 / 组织工作要力求做到"五个注重"

160 / 以政治建设为统领提高组织工作质量

163 / 组织部门要认真履行在全面从严治党中的政治责任

169 / 组织部长角色的本质要求

179 / 怎样做一名合格的组织部长

188 / 组工干部需要坚守的十四种理念

202 / 组织工作要充分发挥巡视的利剑作用

208 / 组织部门要在党内政治文化建设中当先锋做表率

217 / 做好组织工作要注意处理好七个关系

226 / 组工干部要不断增强八种本领

234 / 办公室工作人员的基本素养

四　党建研究

251 / 深刻理解党是最高政治领导力量

257 / 加强党内政治文化建设

264 / 当干部就得做到"三严三实"

270 / 领导工作不可本末倒置

277 / 保持共产党人的"原生态"

280 / 理直当气壮

284 / 善于从党史中汲取营养

290 / 向毛泽东同志学习"弹钢琴"的工作方法

294 / 读书是当干部的本分

一 组织建设

地方党委必须切实做好党的建设工作 *

党的建设是党领导中国革命、建设和改革取得胜利的重要法宝。习近平总书记强调，办好中国的事情，关键在党，关键在党要管党、从严治党。党的十八届六中全会以党的建设为主题，全面分析党的建设面临的形势和任务，系统总结近年来特别是党的十八大以来全面从严治党的理论和实践，就新形势下加强和改进党的建设作出新的决策部署，为进一步推进党的建设新的伟大工程指明了方向。深入推进全面从严治党战略布局，要求各级地方党委必须深刻认识推进党的建设事业的重要意义，自觉肩负起管党治党的历史使命和重大责任，坚持以党章和《中国共产党地方委员会工作条例》（以下简称《条例》）为根本遵循，切实做好党的建设各项工作，确保党始终成为中国特色社会主义事业的坚强领导核心。

一、充分认识地方党委在党的建设中的重要地位和作用

我们党有8900多万名党员、450多万个党组织，在有着13亿人口的大国长期执政，党的建设关系重大、牵动全局。地方党委作为党组织的重要组成部分，是党的建设事业的直接领导者、执行者，只有充分认识到党的建设的重要性和紧迫性，切实认清自身在党的建设中的重要方位，才能不断增强做好党的建设工作的自觉性和坚定性。

---

* 原载于《刊授党校》2017年第6期，原标题为《切实做好党的建设工作》。

（一）地方党委处在承上启下的关键位置。党的组织分为中央组织、地方组织和基层组织。地方党委属于党的地方组织，在党的各级组织中居于中间位置，起着承上启下的关键作用。一方面，地方党委必须主动承接完成党的中央组织下达的各项工作任务，确保党的路线方针政策在基层得到贯彻落实；另一方面，地方党委必须积极引领指导党的基层组织开展好各项组织活动，确保党的基层组织及其成员始终在政治上思想上行动上同以习近平同志为核心的党中央保持高度一致。实践证明，党的各级组织是一个有机整体，只有地方党委切实发挥好承上启下的关键作用，才能使党的各级组织上下贯通、团结一致，确保政令畅通、令行禁止，真正把党中央的各项部署要求转化为基层党组织和广大党员干部的实际行动。

（二）地方党委承担管党治党的主体责任。落实全面从严治党要求，各级地方党委责无旁贷。地方党委对本地区党的建设全面负责，在贯彻落实中央决策部署、推动党的奋斗目标实现上负有重大责任。一方面，地方党委必须在落实中央各项党建任务中充分发挥中坚作用，把各级党组织和广大党员干部的思想和行动统一到中央精神上来，以有力举措和扎实作风确保中央的决策部署得到不折不扣贯彻落实；另一方面，地方党委必须在推进本地各项党建工作中充分发挥龙头作用，加强对各级领导班子、干部队伍和基层党组织建设等的督促指导，及时研究解决党建工作中的新矛盾新问题，总结推广各地创造的好经验好做法。实践证明，只有地方党委真正落实管党治党主体责任，才能切实解决好自身建设中存在的突出问题，不断增强党自我净化、自我完善、自我革新、自我提高的能力。

（三）地方党委发挥统领全局的核心作用。领导指引方向、核心凝聚力量。《条例》明确地方党委在本地区发挥总揽全局、协调各方的领导核心作用，按照协调推进"四个全面"战略布局，对本地区经济建设、政治建设、文化建设、社会建设和生态文明建设实行全面领导。统筹推进"五位一体"总体布局，要求地方党委必须充分认识在改革发展稳定各项事业中的领导地位和职责任务，更加自觉地以党的建设新进展推动经济社会发展取得新成效。地方党委集中换届后，各地在新发展理念指引下进一步明确了今后五年的奋斗目标。实现新的奋斗目标，把党代会描绘的宏伟蓝图变为美好现实，各级地方党委任重而道远。实践证明，只有地方党委充分发挥领导核心作用，不断提高执政能力和领导水平，才能凝聚党心、汇集民智，形成全力攻坚克难、实现跨越发展的强大力量。

二、新形势下地方党委抓党的建设的主要任务

党章明确党要领导全国各族人民实现社会主义现代化的宏伟目标，必须紧密围绕党的基本路线，加强党的执政能力建设、先进性和纯洁性建设，以改革创新精神全面推进党的建设新的伟大工程，整体推进党的思想建设、组织建设、作风建设、反腐倡廉建设和制度建设，全面提高党的建设科学化水平。在具体实践中，各级地方党委必须坚持思想建党与制度治党相结合，树立问题意识和目标导向，把全面从严治党要求贯穿到管党治党全过程、体现到党的建设各方面。

（一）抓思想建设，着力加强党员干部理论武装。坚定理想信念，是党的建设的首要任务。必须毫不动摇地坚持马克思主义指导思想，突出抓好党员干部思想政治教育，持之以恒加强党性教育，深入学习贯彻习近平新时代中国特色社会主义思想，筑牢信仰之基、补足精神之钙、把好思想之舵，拧紧世界观、人生观、价值观这个"总开关"。必须始终坚持和全面贯彻执行党的基本路线，坚定道路自信、理论自

信、制度自信、文化自信,强化政治意识、大局意识、核心意识、看齐意识,特别是核心意识和看齐意识,坚守政治信仰、站稳政治立场、把准政治方向。必须坚持理论联系实际,聚焦现实问题,学会用马克思主义的立场、观点、方法分析研究解决问题,提高战略思维、创新思维、辩证思维、法治思维和底线思维能力。

(二)抓组织建设,着力提升干部组织人才工作水平。组织优势是我们党的五大优势之一。必须坚持新时期好干部标准,树立正确选人用人导向,努力把党和人民需要的好干部精心培养起来、及时发现出来、合理使用起来。围绕增强领导班子整体功能,选优配强领导班子,培养选拔年轻干部、女干部、少数民族干部和党外干部,切实加强领导班子和干部队伍建设。必须把抓基层打基础作为长远之计和治本之举,围绕强化政治功能、突出服务功能,统筹推进各领域基层党建工作,加强基层党组织带头人队伍建设,严格党员发展、教育、管理和监督工作,不断提升基层党建工作科学化水平。必须把人才工作放在更加重要的位置,认真组织实施人才培养工程,用好用活柔性引才基地,抓好本土人才自主培养,积极探索建立各种有效激励机制,引导人才向经济社会发展主战场汇聚,为当地经济社会发展提供智力支撑。

(三)抓党风廉政建设,着力解决群众身边的不正之风和腐败问题。党的作风就是党的形象,关系人心向背和党的生死存亡。必须牢牢抓住先进性建设这个根本任务,发扬党的优良传统和作风,把一切为了人民作为党的建设的出发点和落脚点。必须坚持不懈纠正"四风",持续用力向顽瘴痼疾开刀,坚决防范和查处各种隐性、变异的新问题。必须大力整治"庸懒散"等不良风气。必须对腐败问题保持高度警醒,严肃查处发生在群众身边的不正之风和腐败问题,加强对党员干部的教育、管理、监督,始终保持惩治腐败的高压态势。必须带头践行"三严三实"和"忠诚干净担当"要求，注重家庭、家教、家风，自觉净化社交圈、生活圈、朋友圈，教育管理好亲属和身边工作人员，坚决同各种特权思想、特权现象和消极腐败问题作斗争。

（四）抓制度建设，着力推进制度治党、依规治党。用制度治党、管权、治吏，是推进全面从严治党的治本之策。必须把制度建设摆在突出位置，坚持制度治党、依规治党，本着于法周延、于事简便的原则，增强针对性、指导性和可操作性，建立健全加强党的建设的各种长效机制，努力形成系统完备的党内法规制度体系。必须坚决维护制度的严肃性和权威性，坚持制度面前人人平等、执行制度没有例外，坚决纠正有令不行、有禁不止的各种行为，使党章、准则、条例等党内法规制度真正成为管党治党之重器，成为广大党员干部立德修身、为官从政的硬约束。必须重视发挥法规制度的基础性、保障性作用，坚持创新实体性制度与创新程序性制度并重，深入研究新形势下党的建设规律和推动经济发展、促进社会和谐对党建工作的新要求，不断推进党的建设科学化、制度化、规范化。

（五）严明政治纪律规矩，着力加强和规范党内政治生活。党要管党、从严治党，要从党内政治生活管起、严起。必须担负起执行和维护政治纪律和政治规矩的责任，坚持纪律面前一律平等，遵守纪律没有特权、执行纪律没有例外。必须严格党的组织生活制度，认真落实"三会一课"、民主生活会、谈心谈话、民主评议党员、"党费日"、重大问题和个人有关事项报告等工作要求。必须坚持民主集中制，建立健全工作规则和议事决策机制，凡属重大问题，由集体讨论作出决定，坚决防止个人或少数人说了算。必须坚持和完善党内民主各项制度，充分发扬党内民主、保障党员权利，切实提高党内民主质量。必须用好批评和自我批评武器，坚持"团结—批评—团结"，按照"照镜子、正衣冠、洗洗澡、治治病"的要求，开展好经常性的批评与自我批评。

三、切实把握地方党委做好党的建设工作的基本要求

《条例》作为中央关于地方党委开展工作的一项顶层设计，从组织和成员、职责、组织原则、议事和决策、监督和追责等方面作出规定，是新形势下地方党委工作的基本遵循，也为各级地方党委做好党的建设工作提供了依据，明确了要求。

（一）遵循客观规律，确保总体把握中有重点突破。要定期分析研究形势。党的建设有自身的鲜明特色和发展规律，地方党委要坚持每半年分析一次党建工作形势，注意遵循好工作原则，把握好任务要求。特别是要深入学习《党委会的工作方法》，用好十二种工作方法。要善于总体把握、重点推进。在把握好总体情况的基础上，要根据形势任务明确重点，有所侧重。在工作内容上，要突出坚定理想信念、配强领导班子、从严管理干部、持续改进作风、夯实基层组织、严格党内政治生活等重点。在责任主体上，要突出党组织书记、副书记、常委所在职能部门和专职党务干部等重点。要紧密联系实际。由于各地发展状况不同，特别是党建工作的基础条件不同，地方党委必须根据本地经济社会发展的现实水平、奋斗目标、战略部署确定党建工作的目标和任务。要处理好各种关系。正确处理全局与局部、当前与长远、务虚与务实、抓大与落小、继承与创新、责任与担当等关系，积极探索符合发展规律、切合地方实际、体现群众意愿的党建工作新路子。

（二）注重统筹结合，确保党的各项事业互促共进。要坚持贯彻落实中央决策部署和创造性开展工作相结合。地方党委既要严守政治纪律和政治规矩，始终同党中央保持高度一致，坚决贯彻执行中央决策部署，坚决维护党中央权威，又要克服"等靠要"思想，积极探索党

的组织方式、活动方式、领导方式，以新思路、新方法、新举措推动党的建设。要坚持集体领导和个人分工负责相结合。地方党委既要坚持集体领导，强化全委会的决策和监督作用，凡属重大问题都应当由全委会或者常委会议集体研究决定，任何个人或者少数人无权擅自决定，又要落实好个人分工负责制，常委会委员要按照集体决定和个人分工，勇于担当、敢于负责，履行好各自的领导职责。要坚持领导经济社会发展和履行全面从严治党政治责任相结合。地方党委既要对本地区经济社会发展实行全面领导，创新领导经济社会发展的观念、体制、方式方法，着力提高领导经济社会发展的能力，又要对本地区党的建设全面负责，严格履行管党治党主体责任，确保从严治党各项要求落到实处。

（三）形成工作合力，确保党的建设齐抓共管。众人一心，其利断金。党的建设是一项系统工程，内容丰富，涉及面广。要调动各方面积极性，充分发挥党的纪检监察机关和组织、宣传、统战、政法等党委工作部门和党建工作领导小组办公室的职能作用，坚持党建工作联席会议制度，形成统筹协调、齐抓共管的工作格局。要落实责任分工，党委书记认真履行抓党建第一责任人职责，专职副书记主要协助书记抓党的建设，其他常委按照职责分工履行分管领域从严治党责任。要加强组织领导，地方党委是区域内领导核心，主要实行政治、思想和组织领导，重在把方向、管大局、作决策、保落实，既不能大包大揽，更不能越俎代庖。要把党总揽全局、协调各方同人大、政府、政协、审判机关、检察机关依法依章履行职能、开展工作统一起来，善于通过国家政权机关实施党对国家和社会的领导，发挥好这些组织中党组的领导核心作用。

（四）强化考核评议，确保管党治党责任落实见效。加强对党建工作的考核评议，是推动落实党建工作责任制的重要抓手。要强化党建是最大政绩的观念，牢固树立"抓好党建是本职，不抓党建是失职，抓不好党建是不称职"的责任意识。要坚持每年一次考核评议制度，认真组织开展党组织书记抓基层党建述职评议考核，把抓基层党建工作情况作为评价各级党委（党组）领导班子和党委（党组）书记政治上强不强、实绩好不好、作风正不正、工作称职不称职的重要标准，真正发挥述职评议考核"指挥棒"作用。要按照不同层级，不同责任的要求，建立完善抓党建考评体系，构建易于操作、测评准确、反映客观的考评指标，统筹考虑主观努力与客观实际，形成大抓党建的有效激励机制，营造党委抓、书记抓、各有关部门抓、一级抓一级、层层抓落实的党建工作格局。

地方党委抓党建需要厘清的六个关系[*]

党的十八大以来,以习近平同志为核心的党中央坚定不移推进全面从严治党,坚持抓思想从严、管党从严、执纪从严、治吏从严、作风从严、反腐从严,把全面从严治党落实到思想建设、组织建设、作风建设、反腐倡廉建设、制度建设等各个方面,为开创中国特色社会主义事业新局面提供了重要保证。地方各级党委以习近平总书记关于党建的重要论述为根本遵循,认真落实党中央全面从严治党战略部署,坚持以上率下,层层压实责任,党要管党意识不断增强,从严治党能力不断提高。但同时也要看到,一些地方党委在抓党的建设的工作实践中,仍然存在一些认识上的误区和工作上的短板,离真管真严、敢管敢严、长管长严要求还有一定差距。面对新的形势和任务,地方各级党委必须深入学习习近平新时代中国特色社会主义思想,不断深化对党的建设规律的认识,切实增强政治自觉,厘清六个关系,更好地担负起管党治党的政治责任,坚定不移推进全面从严治党,营造山清水秀的政治生态。

第一,第一要务与最大政绩的关系。

党建和发展,既相互关联,又相互制约、相互促进;党的建设是党领导的伟大事业不断发展的重要法宝。党的十八大以来,以习近平同志为核心的党中央坚持伟大斗争、伟大工程、伟大事业一体开展、

---

[*] 原载于《刊授党校》2017年第9期,原标题为《抓党建需要厘清六个关系》。

协同推进。习近平总书记强调："发展是党执政兴国的第一要务，是解决中国所有问题的关键。"总书记同时深刻指出："各级各部门党委（党组）必须树立正确政绩观，坚持从巩固党的执政地位的大局看问题，把抓好党建作为最大的政绩。如果我们党弱了、散了、垮了，其他政绩又有什么意义呢？"在党的组织体系中，地方党委处于承上启下的关键位置，肩负着贯彻落实中央决策部署、协调推进本地区"四个全面"战略布局的重大责任，抓发展是第一要务，抓党建也是本职，而且是最大的政绩。但一段时期，一些地方党委对"抓好党建是最大政绩"的认识不到位，认为抓发展是硬的，抓党建是虚的，抓发展立竿见影、政绩突显，抓党建则看不见、摸不着，不容易出显绩，重经济社会发展，轻党的建设工作，经济发展"一条腿"长、党建工作"一条腿"短；有的地方党委书记不想、不愿、不会抓党建工作，对主体责任和第一责任人职责认识不清、落实不力，抓党建工作大而化之、避实就虚，满足于一般性号召和表面功夫，抓而不紧、抓而不细、抓而不实、抓而不长，导致一些问题在原地打转转。

抓好党建是地方各级党委首要之责、根本之责。《中国共产党地方委员会工作条例》明确规定，党的地方委员会在本地区发挥总揽全局、协调各方的领导核心作用，按照协调推进"四个全面"战略布局，对本地区经济建设、政治建设、文化建设、社会建设、生态文明建设实行全面领导，对本地区党的建设全面负责。地方各级党委一定要从巩固党的执政地位、实现党的执政使命的高度，强化执政意识、政治意识、忧患意识，坚持领导经济社会发展和履行全面从严治党政治责任相结合，把发展第一要务抓在手里，把党建第一责任扛在肩上。注重从"四个全面"战略布局的战略高度上强化管党治党意识，坚持围绕中心、服务大局，紧紧围绕发展这个党执政兴国的第一要务来谋划和推进党的建设,切实把党的政治优势和组织优势转化为推动经济社会发展的强大力量,用发展的成果检验党建工作成效;把抓党建作为最大政绩来认识把握,把党建工作与经济建设、改革发展稳定工作同谋划、同部署、同实施、同检查,坚决防止"一手硬、一手软",做到中心工作推进到哪里,党组织就建到哪里,党建工作就延伸到哪里,在改革发展稳定中有效发挥党组织作用,真正做到聚精会神抓党建、一心一意谋发展,推动经济社会发展与全面从严治党两促进、同提高。

第二,压实责任与内生动力的关系。

压实责任与内生动力,体现的是外因和内因的辩证关系,激发内生动力是内因,是抓党建的根本动力;压实管党责任是外因,是抓党建的外在推力。过去一个时期,围绕履行党建工作责任制,地方各级党委虽然建立健全了一系列制度,但在实际运行过程中,对制度仍然存在落实不到位、职责履行不到位等情况,有的地方缺乏及时有效的监督制约手段,激励问责机制不够完善,考核结果运用不够充分。有的地方党委没有正确处理好压实责任与激发内生动力的关系,过于强调层层压实责任,忽视了党建内生动力的激发,反而导致责任意识不强、积极性不高,抓党建的底气不足、腰板不硬、能力不强,不想抓、不愿抓、不敢抓,主体责任缺失、监督责任缺位、管党治党"宽松软"等问题。

想不想、愿不愿、会不会抓党建,不是一般的工作问题,而是政治责任问题,是衡量一级党委和党委书记是否履职尽责的态度问题。党章明确规定:"各级党委要整体推进党的思想建设、组织建设、作风建设、反腐倡廉建设和制度建设,全面提高党的建设科学化水平。"《中国共产党地方委员会工作条例》明确规定,地方党委必须认真履行全面从严治党主体责任,书记必须履行抓党建第一责任人职责;专职副书记职责主要是协助书记抓党建,常委会其他委员履行分管领域从严治党责任。"为之于未有,治之于未乱。"习近平总书记警示我们:"如果管党不力、治党不严,人民群众反映强烈的党内突出问题得不到解决,那我们党迟早会失去执政资格,不可避免被历史淘汰。"地方各级党委必须深刻领会加强党的建设的重大意义,切实增强责任感使命感,以自我革命的政治勇气着力解决党内存在的突出问题,把严的要求贯彻到管党治党全过程、落实到党的建设各方面。党委书记要认真履行抓党建第一责任人职责,牢固树立"抓党建是本职、不抓党建是失职、抓不好党建是渎职"的理念,把抓好党建作为首位大事、必担之责,强化主动意识、主业意识、主责意识、主角意识,把党建工作管在位上、严到份上,做到守土负责、守土尽责。要牵住管党治党"牛鼻子",落实主体责任,坚持书记抓、抓书记,坚持正向激励和反向倒逼相结合,认真落实党建工作责任制,层层落实责任,层层传导压力,确保每条战线、每个领域、每个环节党建工作都抓具体、抓深入。要加大考核权重和问责力度,将抓党建工作情况与干部的提拔任用和考核等硬指标挂钩,做到考核干部考党建,任用干部看党建,并把考核结果用作干部选拔任用和奖励惩戒重要依据,改变"考归考、用归用"的状况,倒逼地方各级党委书记认真履职。对在落实从严治党责任上不作为、慢作为、失职渎职,造成不良影响甚至不正之风滋长蔓延的,要加大问责力度,该调整的调整,该处理的处理,推动管党治党责任落实和良好政治生态真正形成。

第三,抓下级与严自身的关系。

抓下级与严自身是一个问题的两个方面,要求下级做到的,首先自己要做到,体现的是对党和人民的事业高度负责的价值观和党建工作上下互动的方法论。党的十八大以来,以习近平同志为核心的党中央始终勇于自我革命、坚持从严从实推进管党治党，要求全党做到的，中央政治局首先做到；要求全党不做的，中央政治局首先不做。向党中央看齐，对标党中央要求，当前，仍有一些地方党委"安排下级多、自己做得少，检查下级多、检视自己少"，把任务和责任层层往下转嫁，自己却没有抓落实；同时，有的下级党组织习惯于"等靠要"，喜欢做算盘珠子——拨一下动一下，工作落实变成被动应付。

习近平总书记强调："马克思主义的手电筒既照别人更要照自己。"地方各级党委一定要坚持抓下级和严自身有机统一，真正把自己摆进去，让层层传导的不只是声音，更是抓落实的成效。一要严以律己，以上率下。身体力行是最有效的示范，以上率下是最有力的引导。地方各级党委要对照党章、党纪党规和党的理论路线方针政策，以"君子检身，常若有过"的态度来发现自身的不足和短板，发现问题必须义无反顾、动真碰硬，以永远在路上的劲头去解决，以实际成效取信于民。要抓住重点难点，身体力行推进全面从严治党，要求下级党组织做到的，自己首先做到；要求下级党组织不做的，自己首先不做。要自觉接受各方面监督，防止失之于宽、失之于软。要加强对基层工作的具体指导，既要给基层下达"过河"的任务，又要帮助基层解决"桥"和"船"的问题，形成上行下效、以上率下的示范效应。二要狠抓落实，以下促上。地方党委在党的各级组织中居于中间位置，是上级组织的下级，亦是下级组织的上级，督促指导下级固然重要，抓本级落实才是关键。上级组织要求落实的，必须不折不扣落实，做到事事有回音、见成效，确保政令畅通、令行禁止。同时，要把全面从严治党向下级层层渗透，延伸到基层每个支部、拓展到每个党员，做到全覆盖、无死角，筑牢基层基础，发挥"倒逼效应"，发扬党内民主，尊重党员主体地位。只有这样，才能真正发挥地方党委承上启下的关键作用，使党的各级组织上下贯通、团结一致。三要对标中央，积极作为。坚持把贯彻落实好党中央的顶层设计和鼓励基层探索紧密结合，上下联动，保持全党团结统一、步调一致。一方面，要牢固树立政治意识、大局意识、核心意识、看齐意识，更加紧密地团结在以习近平同志为核心的党中央周围，更加坚定地维护以习近平同志为核心的党中央权威，更加扎实地把党中央的各项决策部署落到实处。另一方面，要在党和人民的事业中当先锋、站前列、作贡献，坚持分类指导，尊重基层和群众首创精神，积极引领指导和鼓励下级党组织创造性地开展工作。

第四，继承传统与改革创新的关系。

任何一项伟大而久远的事业都必须处理好继承与创新的关系，继承即取舍，创新即扬弃；继承发扬是改革创新的基础，改革创新是继承发扬的深化，继承和创新二者无轻无重，都不可偏废。党的建设是一项系统工程，求实创新是党建工作的生命力之所在。习近平总书记指出，"要注重把继承传统和改革创新结合起来"，"使从严治党的一切努力都集中到增强党自我净化、自我完善、自我革新、自我提高能力上来"。面对新时期复杂的党内外环境，要把继承传统和改革创新结合起来，增强系统性、预见性、创造性，使党建工作常抓不懈、常抓常新。但是，有的地方党委并没有处理好二者关系，重视继承就不要创新、搞创新就不讲继承。有的新官上任"三把火"，搞"兜底翻"、推倒重来；有的无视形势变化，萧规曹随、求稳怕乱；有的既不讲继承也不讲创新，崇尚中庸之道、不偏不倚；有的脱离党的优良传统，盲目创新、好高骛远，忽视了基础性、经常性的工作。

创新的表象反映是新事物代替旧事物，但更强调新旧交替过程中的系统性、连续性本质。做好继承传统和改革创新结合的文章，要敬重传统、珍视传统、弘扬传统。好路子、新点子要有,"好家当""传家宝"也不能丢,一定要注重工作的连续性,一张蓝图绘到底,让工作在继承中发展,在创新中更有生命力。理论联系实际、密切联系群众、批评与自我批评、调查研究等"传家宝","三会一课"、民主评议党员、按时交纳党费、民主生活会等基本制度要求,任何时候都不能丢,要自觉地融入到具体工作中去。政治优势、组织优势、密切联系群众优势,这些党的核心优势,是落实从严治党要求的制胜武器,要体现到每一项工作中去。做好继承传统和改革创新结合的文章,要坚持问题导向,注重改革创新。以改革的精神研究新情况、解决新问题、总结新经验,创新工作机制、拓展工作领域、改进工作方法,使党的基层组织和党员队伍始终充满生机与活力。特别是落实从严治党要求的各项制度规定要执行好,不能成为摆设、成为稻草人,坚决维护党纪党规的严肃性和权威性。要上接天线、下接地气,遵循规律、循序渐进,从不同领域、不同行业的实际出发,找准党建工作着力点,有针对性地采取措施,全面推进思想、组织、作风、制度和反腐倡廉建设。抓好传统手段与现代信息的结合,探索"互联网+党建"工作模式,不断拓展党建工作的外延和内涵,利用大数据做好干部日常监督管理工作,推动党务公开、探索加快推进党员管理信息化工程,实现组织关系网上转接、组织生活网上开展、党费收缴管理网上操作,使党员教育管理真正全覆盖、无死角,紧紧围绕深化全面从严治党推动技术与业务的深度融合,真正让全面从严治党插上信息化的"翅膀"。

第五,立行立改与抓常抓长的关系。

立行立改与抓常抓长,是解决当前突出问题和建立长效机制的关系,两者相互作用、辩证统一。立行立改是前提和基础,是方法问题,也是作风问题,要求务实管用、真抓实干,对于急重险难问题,必须立即解决、决不能拖延；抓常抓长是目的和结果，是抓日常、抓长远，是立行立改效果持续发挥作用的有效体现。能否立足当前、着眼长远，不是一般的工作方法问题，而是世界观、政绩观在党建工作中的具体反映和体现。习近平总书记指出，"党要管党才能管好党，从严治党才能治好党"，"管党治党一刻不能松懈"，要"不断增强全面从严治党的系统性、创造性、实效性"。在新的形势下，加强党建工作任务非常紧迫，等不得、拖不得，也等不起、拖不起；同时，党的建设是一项长期任务，不能只图一时之效、眼前之功。既要立足当前，把正在做的事情做好，又要下细功夫、长功夫。常抓不懈、久久为功，形成常态长效机制。当前，一些地方党委在抓党建工作时，有的缺乏总体谋划，东一榔头西一棒槌，这工程那工程，这口号那口号，想起什么抓什么，看上去很热闹，实际上无章法；有的大局意识、担当意识不强，缺乏"立行立改"的紧迫感和动真碰硬的决心，存在"闯关"思想，缺乏钉钉子精神，紧一阵松一阵，最终导致工作成效大打折扣。

把立行立改与抓常抓长结合起来，必须做到"三个统一"：一是立足当前和着眼长远的统一。习近平总书记指出，广大干部"要坚持历史观点"，"做到立足当前、着眼长远、统筹兼顾"。要把握好"当下势"，抓党建工作要认清形势、心中有数，落实全面从严治党要求，把党要管党、从严治党、从严治吏各项规定要求落到实处，真正舞好干部工作这个"龙头"、夯实基层党建这个"根基"、抓好人才工作这个"利器"。要站得高、看得远，提升一两个层次看问题，围绕伟大事业加强党的建设，立足工作全局推进党的建设，既要算好眼前账，也要算好长远账，既要算好"经济账"，更要算好"政治账"，把从严治党责任承担好、落实好，把经济发展与党的建设共同谋划好。二是着力治标和注重治本的统一。习近平总书记强调，深入推进全面从严治党，必须坚持标本兼治，既要着力治标又要注重治本。"标"和"本"，是现象和本质的辩证统一，没有离开"标"的"本"，也没有离开"本"的"标"，治标为治本赢得时间、创造条件，治本为治标巩固疗效、根除病源，二者有机结合、相互促进。如何"治标"？必须清醒认识、准确把握党内存在的突出问题，有针对性地开展集中整治，坚持露头就打、绝不姑息，坚持"老虎""苍蝇"一起打。如何"治本"？必须深入总结政党活动规律、执政规律，把思想建设和制度建设作为治本之策、长远之举，把纪律规矩摆在更加突出位置，扎紧制度的笼子，坚持用制度来管权管事管人。三是讲认真和经常严的统一。党的建设永远在路上，永远没有休止符，必须抓常、抓细、抓长。逆水行舟，一篙不可松懈；滴水穿石，一滴不可弃滞。要着眼于永葆党的生机活力，不断拧紧螺丝、上紧发条，以钉钉子的精神，找准裂缝，聚焦着力点，一锤一锤接着敲，直到把钉子钉实钉牢。要发扬认真精神，坚持一抓到底。要着眼于党领导的伟大事业，做到抓有所进、抓有所成，通过务实有效的工作，年年有新要求，年年有新举措，年年有新进展，不能年复一年，山河依旧、原地打转转。要抓常，把管党治党时刻摆上最重要的位置，有机融入日常工作；要抓长，反复抓，一张蓝图绘到底，一茬接着一茬干，积跬步至千里，积小成为大成，推动从"一时严"向"常态严"转变，从"重点严"向"全面严"转变，从"被动严"向"主动严"转变，形成管党治党长效化常态化制度化。

第六，抓"点"与促"面"的关系。

点是面的细胞，没有面，点就无所依存；面是点的集合，没有点，面就无以支撑；二者互为条件，共为一体。以点带面是党建工作行之有效的方法，核心要义是善于发现和培育典型，发挥典型经验的示范引领作用。但有的地方党委抓党建，"歪嘴和尚念经"，只在抓点上下功夫，不在带面上用力气，抓点"带"面成了抓点"代"面，心思都放在抓亮点、创特色、树样板上，喜欢搞"盆景党建""展板党建"，只见树木，不见森林，结果是点上很耀眼、面上没法看。

坚持点面结合，必须坚持"三抓"：一要抓细节提升。党的十八大以来，党中央推进全面从严治党，从公款吃喝、过节送礼、会议摆花、警车开道等细节作风问题改起，以点带面、建章立制、着眼长远，不断推动全面从严治党向纵深发展。实践证明，细节决定成败，党建工作无小事，一定要善于从微观着手，抓住最容易"跑冒滴漏"的关节点，如全面从严治党责任必须细化，建立责任清单，在落细落小、认真较真上下功夫，严防因小失大；要把功夫下在平时，扎实推进党员干部教育监督管理经常化、党内政治生活和组织生活经常化；要抓结合运用，善于把上级的政策规定变为可操作的具体措施，如容错纠错机制的完善，必须结合当地实际，把上级的指示和要求创造性地落实到具体工作中，不搞笼统应付、大而化之。二要抓典型带动。推进全面从严治党，应着力抓好典型带动，通过总结提炼"点"上创造的好经验好做法，上升为"面"上具有普遍意义的政策措施和制度保障，点面结合，由点及面，力求点上有花、面上有果。同样，反面典型，则可以警示人、教育人，避免重蹈覆辙。地方党委要结合党建工作实际，确定重点课题，组织力量进行调查研究，总结推广经验，研究解决问题。领导班子成员要结合各自分工，建立党建工作联系点，经常深入联系点具体指导，努力把联系点建成示范点，以点上经验推动面上工作。三要抓试点示范。习近平总书记强调："试点是重要改革任务，更是重要改革方法。"要做好试点示范，必须尊重基层实践，多听基层和一线声音，多取得第一手材料，正确看待新事物新做法，只要符合实际需要，符合发展规律，就要给予支持，鼓励试、大胆改；要在继承优良传统的基础上，积极推进基层党建实践创新、理论创新、制度创新、工作创新，在改革创新中破解难题，在破解难题中推动发展。要坚持实事求是、求真务实，认真把握党建工作发展规律，努力使党建工作与经济社会发展相适应，与人民群众的期盼和要求相适应，与自身建设发展相适应，推动管党治党不断由"宽松软"走向"严实硬"，开创党的建设新局面。

以政治建设为统领加强领导班子建设*

领导班子是一个地方或单位的中枢,是经济社会发展的指挥部。党的十九大报告指出,"旗帜鲜明讲政治是我们党作为马克思主义政党的根本要求",强调要"以党的政治建设为统领","把党的政治建设摆在首位"。面对新形势新任务,各级党委必须牢牢抓住政治建设这个"根"和"魂",着力打造信念过硬、政治过硬、责任过硬、能力过硬、作风过硬的坚强领导集体。

一、坚定政治理想,使各级领导班子成为用马克思主义理论武装起来的坚强集体

政治理想反映我们党的根本价值追求和宏伟奋斗目标,赋予党员干部强大精神动力。习近平总书记指出:"建设坚强的马克思主义执政党,首先要从理想信念做起。"加强领导班子建设,必须抓住思想教育这个根本,坚定不移用习近平新时代中国特色社会主义思想武装头脑,不断增强中国特色社会主义道路自信、理论自信、制度自信、文化自信,始终坚守共产党人的精神家园。

把深入学习贯彻习近平新时代中国特色社会主义思想作为首要政治任务。要坚持不懈抓好习近平新时代中国特色社会主义思想学习培训,教育引导各级领导干部带头深学笃信真用,把学习成效体现到政

---

* 原载于《云南通讯》2018年第3期。

治觉悟和思想境界的提升上，体现到政治信念和政治定力的增强上，体现到认真贯彻落实"三个一以贯之"要求上，自觉做习近平新时代中国特色社会主义思想的坚定信仰者、忠实实践者。

切实加强理想信念教育。共产主义远大理想和中国特色社会主义共同理想，是中国共产党人的精神支柱和政治灵魂。必须把坚定理想信念作为党的思想建设的首要任务，使各级领导干部切实解决好世界观、人生观、价值观这个"总开关"问题，补钙壮骨、固根守魂，不忘初心、牢记使命，始终保持旺盛的革命精神和革命斗志，挺起共产党人的精神脊梁。

建设正气充盈的党内政治文化。文化润泽心灵、滋养精神、引领风尚。必须传承和弘扬中华优秀传统文化、革命文化和社会主义先进文化，引导各级领导干部正心修身，大力倡导和弘扬忠诚老实、光明坦荡、公道正派、实事求是、艰苦奋斗、清正廉洁等价值观，旗帜鲜明抵制和反对关系学、厚黑学、官场术、"潜规则"等庸俗腐朽文化，激浊扬清、正本清源，深耕厚植、成风化人，不断培厚良好政治生态的土壤。

二、提高政治站位，善于从全局的高度把握形势、分析问题、谋划工作

政治问题任何时候都是根本性的大问题。必须教育引导各级领导干部切实增强"四个意识"，坚定"四个自信"，坚决维护习近平总书记党中央核心、全党核心地位，坚决维护党中央权威和集中统一领导，使之转化为思想自觉、党性观念、纪律要求和实际行动。

始终把坚持党对一切工作的领导作为最高政治原则。党政军民学，东西南北中，党是领导一切的。坚持党的领导，最关键的是政治领导。

各级党委（党组）要全面贯彻党的基本理论、基本路线、基本方略，坚持谋划、部署工作以中央要求为遵循，一切工作、一切活动都要紧扣党和国家事业需要，摆正本地区本部门工作在全局中的位置，确保党的理论和路线方针政策不折不扣贯彻落实。

始终把以人民为中心作为一切工作的根本价值导向。民心是最大的政治，人民立场是根本的政治立场。要教育引导各级领导干部始终把人民放在心中最高位置，牢固树立正确政绩观，在全心全意为人民服务中提升政治站位、提高工作能力，在真心实意向人民学习中拓展工作视野、丰富工作经验，在倾听人民呼声、虚心接受人民监督中自觉进行自我反省、自我批评、自我教育，在服务人民中不断完善自己。

始终把严守政治纪律和政治规矩作为加强领导班子建设的第一遵循。各级领导班子要担负起严守政治纪律、政治规矩的政治责任和领导责任，把坚决维护党中央权威和集中统一领导作为最高的政治准则和根本的政治要求来执行，把坚决维护习近平总书记党中央的核心、全党的核心地位作为根本的政治纪律和政治规矩来遵守。要强化纪律和制度保障，坚决防止和反对上有政策、下有对策，有令不行、有禁不止，各行其是、各自为政。

三、提升政治能力，使各级领导班子的政治能力与担负的领导职责相匹配

政治能力是第一位的能力。各级领导班子要善于从政治上看问题、把大局，善于从政治上谋划、部署、推动工作，不断提高把握方向、把握大势、把握全局的能力。

把提高政治素质作为领导班子能力建设的首要任务。加强领导班子建设，首要的是提高政治素质、政治能力，同时要提高专业能力、

弘扬专业精神。要以提高领导班子履职能力为重点，开展精准化培训，加强实践锻炼，不断增强学习本领、政治领导本领、改革创新本领、科学发展本领、依法执政本领、群众工作本领、狠抓落实本领、驾驭风险本领。

注重强化政治能力训练。政治能力不是与生俱来的，也不可能随着职务的升迁自然提高，必须经过严格的长期训练。要把个人自训和组织培训有效结合起来，抓好理论辨析、思潮解析、热点分析，引导各级领导干部熟练掌握马克思主义的立场、观点、方法，增强政治洞察力、判断力；在复杂尖锐的斗争实践中，在大风大浪的考验中，在急事难事的磨炼中，增强政治敏锐性和鉴别力，积累政治经验，丰富政治智慧。

切实加强党性锻炼。党内生活锻炼是领导干部历练政治能力的大熔炉。必须始终把党性锻炼摆在突出位置，把严肃党内政治生活的各项要求落实到党性锻炼中、落实到日常修为中、落实到具体工作中，不断涵养政治定力、纪律定力、道德定力、抵腐定力，在自我革命、自我完善的淬炼中，在革故鼎新、守正出新中增强党性、百炼成钢。

四、强化政治功能，推动领导班子作用发挥组织化、制度化、具体化

强化政治功能，是抓好领导班子建设的题中应有之义。要紧紧围绕坚持和加强党的全面领导，发挥好各级党委（党组）的领导核心作用，把党的领导更好地体现到制度安排、决策制定、体制运行之中，把党的政治优势转化为组织优势、发展优势。

充分发挥党委（党组）总揽全局、协调各方的作用。各级党委（党组）要严格执行地方党委工作条例、党组工作条例，让"把方向、

管大局、作决策、保落实"的职能制度化、规范化、程序化，推进治理体系和治理能力现代化。要完善地方党委领导方式和工作方法，支持人大、政府、政协、法院、检察院、人民团体等依法依章程独立负责、协调一致地开展工作，使党的领导在各个方面得到全面体现、全面加强。

充分发挥党委（党组）选人用人的领导和把关作用。要坚持党管干部原则，管好方向、树好导向、把好政策，认真落实好干部标准，把政治标准放在首位，提拔重用那些牢固树立"四个意识"和"四个自信"、坚决维护党中央权威、全面贯彻执行党的理论和路线方针政策、忠诚干净担当的干部，对那些在贯彻落实党中央决策部署上打折扣、耍小聪明、搞小动作的人要实行一票否决。

充分发挥党委（党组）政治引领、凝聚人心的作用。要坚持政治引领、激励引导，研究制定激励干部改革创新干事创业的实施意见，注重发挥考核评价的"指挥棒"作用，旗帜鲜明为那些敢于担当、踏实做事、不谋私利的干部撑腰鼓劲，切实把干部的精气神引导凝聚到干事创业上来，把各方面优秀人才吸引凝聚在党的周围。

五、严肃党内政治生活，不断提高领导班子发现和解决自身问题的能力

党内政治生活是政治建设的重要载体。加强各级领导班子建设，必须从严肃党内政治生活抓起，着力增强党内政治生活的政治性、时代性、原则性、战斗性，切实增强自我净化、自我完善、自我革新、自我提高的能力。

严格执行民主集中制。要健全以民主集中制为核心的领导班子运行机制，坚持民主基础上的集中和集中指导下的民主相结合，坚持和

完善集体领导和个人分工负责制，促进班子运行科学化规范化。强化民主集中制落实情况的监督检查，对不按职责权限越权决策、论证不充分盲目决策、讨论不深入随意决策、程序不规范违规决策等情况，要严肃追责。

严格党的组织生活制度。要严格落实"三会一课"、民主生活会、双重组织生活会等制度，突出政治学习、党性锻炼、思想交流，定期对党员领导干部进行"政治体检"，确保党内政治生活制度化、规范化、常态化。抓住领导干部这个"关键少数"，用好批评和自我批评武器，防止和克服党内政治生活没有思想交锋、不能真刀真枪指明问题、缺乏战斗精神的倾向。

加强党内法规制度建设。要认真抓好党中央新出台党内法规制度的贯彻执行和配套完善，科学编制和执行好党内法规制度年度计划及五年规划。抓好党内法规和规范性文件合法性审查及备案工作，强化学习教育和监督检查，建立党内法规执行情况、实施效果评估制度，维护制度的严肃性权威性，形成尊崇法规、遵守法规、捍卫法规的良好氛围。

六、落实政治责任，确保各级领导班子行使权力与担当责任相统一

各级领导班子要坚持行使权力和担当责任相统一，紧紧咬住"责任"二字，抓住"问责"这个要害，唤醒责任意识，激发担当精神，把责任扛在肩上，做到知责、尽责、负责。

把抓好发展这个第一要务的责任压紧压实。要切实履行推动发展的政治责任，统筹推进"五位一体"总体布局和协调推进"四个全面"战略布局，打好防范化解重大风险、脱贫攻坚、环境污染治理三大攻

坚战，推动高质量发展。深入推进"为官不为"问题专项整治，认真贯彻中央八项规定实施细则，带头防止和纠正"四风"，特别是形式主义、官僚主义，真正把功夫下在察实情、出实招、办实事、求实效上。

把推进全面从严治党的责任压紧压实。要落实各级党委（党组）的主体责任，切实解决好党的领导弱化、党的建设缺失、全面从严治党不力等问题，推动全面从严治党向纵深发展。要把抓党建作为述职评议考核的重要内容，督促各级党委（党组）一把手切实担负起"第一责任人"责任，班子成员履行好"一岗双责"，发挥"头雁效应"，形成一级抓一级、层层抓落实的工作格局，确保管党治党政治责任层层传导、全面覆盖。

提高政治站位、履行政治责任
切实提高领导班子民主生活会质量*

民主生活会是以开展批评和自我批评为主要内容的组织生活基本制度,是对领导班子和党员干部的"政治体检"和"灵魂洗礼",是我们党的重要理论创新和制度创新,是党内政治生活的重要内容,是发扬党内民主、加强党内监督、依靠领导班子自身力量解决矛盾问题的重要方式。党员领导干部特别是党委(党组)及其主要负责人和职能部门要充分认识民主生活会的重要意义,提高政治站位,履行政治责任,切实提高领导班子民主生活会的质量。

一、民主生活会是严肃党内政治生活的重要举措,必须抓住要害提高质量

党的群众路线教育实践活动开展以来,民主生活会制度在查摆问题、改进工作,使党员领导干部经受严格的党内生活锻炼方面发挥了明显的作用。但仍然存在一些苗头性、倾向性问题,具体表现为"四多四少"。一是模式化的多、个性化的少,落实中央要求的规定动作做得好,但结合自身实际的自选动作少,三联系三对照不够,个性化不突出;二是自我批评多、相互批评少,对自己敢于揭短亮丑,对别人则是蜻蜓点水,甚至以建议代替批评,辣味不够,红脸出汗的不多;

---

* 原载于《党建研究》2018年第5期,原题为《切实提高领导班子民主生活质量》,有改动。

三是对个人批评的多、对班子批评的少，存在一叶障目的问题，从班子问题引申到个人问题和从个人问题推及班子问题的很少；四是谈工作的多、谈思想的少，存在避重就轻的问题，较少剖析思想根源或剖析得不深，较少触及灵魂，这些需要引起我们的注意。全面从严治党永远在路上，新的历史条件下，我们必须以习近平新时代中国特色社会主义思想为指导，坚持和完善民主生活会制度，保持民主生活会的制度活力，不断提高领导班子民主生活会质量。

（一）在增强政治性、时代性、原则性、战斗性上下功夫。党的十九大强调，要"严格执行新形势下党内政治生活若干准则，增强党内政治生活的政治性、时代性、原则性、战斗性"，对新时代加强和规范民主生活会提出了明确要求。政治性是本、是魂，决定着民主生活会的方向；时代性体现党的先进性，离开时代性，民主生活会就会脱离实战的要求，失去生机和活力；原则性是准绳，没有原则性或者原则性不强，民主生活会就等于丧失或者模糊了是非曲直的标准，就会陷入混乱；战斗性是力量所在，没有战斗性就没有战斗力，民主生活会就会一团和气，达不到相互批评修正错误的目的。提高民主生活会质量，必须认真贯彻政治性、时代性、原则性、战斗性要求，着力解决随意化、平淡化、娱乐化、庸俗化等倾向。

要旗帜鲜明突出政治性，把握正确政治方向，强化民主生活会的政治功能，教育引导党员领导干部坚定"四个自信"，增强"四个意识"，自觉维护以习近平同志为核心的党中央权威和集中统一领导，解决政治站位不高、思想认识不到位等问题，着力营造风清气正的政治生态。要与时俱进体现时代性，紧扣学习贯彻习近平新时代中国特色社会主义思想和党的十九大精神，紧扣新时代党的建设总要求，紧扣本地区本单位工作的新特点，实事求是、与时俱进地丰富和发展民主生活会的内容和形式，着力研究新情况、解决新问题，增强民主生活会的活力。要理直气壮坚持原则性，把坚持原则、增强原则性摆在突出位置，贯穿于民主生活会的全过程、各方面，坚持党的政治原则、思想原则、组织原则、工作原则，每一次民主生活会都要严格自我约束和自我要求，坚持有原则的团结，该批评的就一针见血批评，切实解决不讲原则、尺子不严，放"礼炮""空炮"，"你好我好大家好"等问题。要坚决彻底贯彻战斗性，敢于较真碰硬、激浊扬清，旗帜鲜明坚持真理、修正错误，做勇于自我革命的战士，坚决同一切违背、歪曲和否定党的基本路线的言行、同一切违背党的纪律的言行作斗争，把批评和自我批评的武器用够用好，切实解决不愿和不敢批评，失之于宽、失之于软等问题，不断增强领导班子的战斗力。

（二）在提高领导班子发现和解决自身问题的能力上下功夫。近百年来的历史和实践证明，我们党之所以能够不断从胜利走向新的胜利，一个重要原因是因为能够依靠自身力量发现和解决问题。民主生活会就是提高领导班子发现和解决自身问题能力的制度安排。开出高质量的民主生活会，聚焦问题是关键。无论是征求意见、自我查摆，还是其他环节，都要坚持问题导向，向矛盾聚焦、朝问题用力，使从严治党的一切努力都集中到增强自我净化、自我完善、自我革新、自我提高能力上来。

要坚持对标党中央要求与立足自身实际相结合，破除模式化倾向。开展民主生活会既要紧紧围绕党中央确定的主题，就党性修养、作风建设、党风廉政建设有关情况进行对照检查，真正把自己摆进去，对号入座、准确查摆、深入剖析；又要针对本地区本单位的实际，有什么问题就解决什么问题，什么问题突出就首先解决什么问题，找准个性化问题和亟须解决的矛盾，讲好"地方话"，突出差异性，做到共性问题与个性问题一起解决，防止"空对空"。要坚持领导班子对照检查和个人查摆问题相结合，解决领导班子整体功能不强的问题。既着眼个人存在的问题开展批评和自我批评，照好镜子；又着眼领导班子整体功能的提高，对领导班子存在的问题进行查摆，照好手电筒，属于自己的问题要敢于担责、主动认领，属于领导班子的问题要认识到位、深刻剖析，努力激发领导班子活力，不能只见树木、不见森林。要坚持查找思想问题和查找工作问题相结合，解决认识不深的问题。既从工作表现上找问题，又从思想境界、党性觉悟、宗旨意识、道德品行等方面深挖根源，找准存在问题的症结所在，做到见人见事见思想，让大家对自身存在问题有深刻认识，始终保持清醒的政治头脑和坚定的政治立场，不能避重就轻、从原则到原则。

（三）在用好批评和自我批评武器上下功夫。批评和自我批评，是马克思主义政党的鲜明特征和政治优势，也是我们党的优良作风。批评和自我批评是民主生活会的重要内容，高质量的民主生活会必然要求开展积极的批评和自我批评。习近平总书记指出："对批评和自我批评这个武器，我们要大胆使用、经常使用、用够用好，使之成为一种习惯、一种自觉、一种责任，使这个武器越用越灵、越用越有效果。"提高民主生活会质量，关键要在用好批评和自我批评武器上下功夫。

坚持公道正派，敢批评有担当。批评和自我批评之所以难，难就难在有顾虑、有担心，自我批评怕丢面子，批评上级怕穿小鞋，批评同级怕伤和气，批评下级怕丢选票，实际都是私心杂念在作怪。心底无私天地宽。要始终坚持党的事业至上、人民利益至上，秉持公道正派的襟怀，批评自己要"一针见血"，批评同志要实事求是，不公报私仇，也不回避问题，打开窗户说亮话，真正把其作为一种促进自我进步的方式，切实找准问题。坚持动真碰硬，真批评有辣味。民主生活会开成"工作总结会""评功表彰会",就会失去其应有的作用。批评和自我批评这一"利器","利"在敢于果断亮剑,敢于刀刃向内。要坚持实事求是,开展积极的、认真的、真诚的批评和自我批评,防止对象虚化、问题空化,在碰撞和砥砺中积极营造既有集中又有民主、既有纪律又有自由、既有统一意志又有个人心情舒畅生动活泼的政治局面。开展批评和自我批评要坚持"惩前毖后、治病救人"的方针,注意把握好批评的方法,注重批评的政治性、启迪性、实效性,把公开批评与个别提醒结合起来,把摆事实与讲道理结合起来,既严格要求又不求全责备,既指出问题又提出改正建议,切实让批评和自我批评达到既有红红脸、出出汗的紧张和严肃,又有加加油、鼓鼓劲的宽松与和谐,真正达到帮助同志、增进团结、凝聚力量、推动工作的目的。党员领导干部要把自己摆进去,既要从工作中找差距,又要从思想上、党性上找差距;既要从分管工作上查摆问题,又要主动剖析自己在领导班子问题中的责任;既要联系现在的身份和岗位职责查摆问题,又要联系成长进步经历分析原因,达到"治病"与"查病"相结合,"救人"与"自救"相统一。

(四)在整改落实上下功夫。习近平总书记指出,查摆问题的目的在于解决问题。民主生活会的质量和成效最终还是要体现在整改落实上。要防止民主生活会流于形式,就必须在整改落实这一关键环节上下功夫,坚决避免一开了之的问题。

坚持项目化理念抓整改。对征求到的意见建议和批评与自我批评环节查摆出来的问题,无论单位的问题、班子的问题,还是个人的问题,找准症结后,及时进行梳理,形成问题清单,逐条进行研究,细化分解整改任务,明确整改完成时限,按照"项目化"理念抓好整改落实。领导班子的整改方案要明确相应的责任领导,实行清单式管理、项目化推进，全程跟踪抓落实，确保存在的问题全面彻底整改落实到位。坚持系统性思维抓整改。领导班子与班子成员，是整体与部分的关系。要确立系统整改思维，运用系统集成这个方法，使领导班子整改与个人整改达到有机衔接。在这个系统中，每位班子成员都是资源链接者，要学会相互借力整合资源，形成合力互促整改，多建诤言，多谋良策，多出实招，把个人的聪明才智和最终目标都集中到班子建设上来，集中到共同进步中来。坚持标本兼治抓整改。一些问题特别是作风问题，具有顽固性、长期性的特点，想一劳永逸彻底解决问题是不现实的，要树立长期作战的思想，既立足当前又着眼长远，既着力治标又注重治本，持之以恒，久久为功，确保整改成效让群众看得见、感受得到。要加强制度建设，通过"问题倒逼"促进规范管理，借助问题整改完善优化管理，真正做到"用机制管人，用制度理事"，坚决维护制度的严肃性、权威性，努力构建起制度化、程序化、规范化、持续化解决问题的长效机制。

二、民主生活会是一项严肃细致、严密系统的工作，必须加强领导严格把关

加强领导、严格把关是确保民主生活会开出高质量、开出新气象的重要保证。各级党委（党组）要按照《县以上党和国家机关党员领导干部民主生活会若干规定》要求，精心做好组织工作，党委（党组）主要负责同志要切实履行第一责任人责任，发挥好带头示范作用和督促把关作用。上级党组织要派出督导组，对下一级单位民主生活会进行全覆盖督促检查和指导，确保民主生活会不虚不偏不走过场。具体来说，督导工作就是要把握关键环节、重要部位、重点工作开展督促指导，切实发挥外力推动作用，把督导的责任切实落实到传达要求、

指导工作、督促查摆、开展点评、推动整改的全过程。

（一）全过程严格把关，形成闭合回路。民主生活会是一项系统严密的工作，任何一个环节的缺失或不到位，都会影响其整体质量。督导工作不能仅限于对会前和会议过程的督导把关，还要延伸到会后的整改落实，扩充到对领导班子乃至整个单位建设情况的指导要求，确保每一个环节、每一项"动作"、每一个过程都能得到及时指导、严格把关。

（二）全过程客观评估，作出结论性评价。要探索建立更加有效的评价反馈机制，既要对整个民主生活会的全过程进行评估，给出定性结论；也要把握关键环节，做好阶段性过程的评估反馈，给出"好""合格""不合格"的结论，"不合格"的要及时叫停，经报批后督促重新召开。同时，还要做好本年度与上年度的对比性分析及结果运用，好的经验要坚持推广，运用到以后的工作中来；出现的问题要反思纠正，避免再次发生。

（三）全过程督促整改，防止运行空转。会议结束不意味着督导结束，督导组要聚焦"改出变化，改出效果"，经常"回头看"，做到整改进程和整改效果有检查、有指导、有落实，保证民主生活会的完整链条发挥应有效能。督导组的成员要保持相对稳定性，被督导单位也要相对固定，充分发挥老成员"情况明、底数清"的优势，提高督导的针对性；要定期开展培训，提升督导人员的能力水平，真正发挥严督实导的作用。

做好基层工作的五点建议*

基层工作事无巨细，处于落实上级党委和政府工作部署的第一线，条件艰苦，任务繁重。基层干部要适应角色、融入工作、促进发展，特别需要加强学习教育。通过学习，除了掌握党的基本理论、基本路线、基本纲领、基本经验外，还要掌握做好基层工作的方法。为此，特提出五点建议。

第一，岗位就是责任。岗位、职务就是责任，责任就要担当。人生在世其实都是活在责任之中。在家中，身份就是责任和义务，父母有父母的责任，子女有子女的义务，如果谁不尽到责任、不履行义务就会被人耻笑为不懂规矩、不守孝道。同样，作为基层干部，担任什么样的职务、处于什么样的岗位就要尽相应的责任。

基层干部，履职尽责要做到"三有"。一要有认识。要认识到岗位意味着权力，权力就是责任。习近平总书记指出，权力不是一种荣耀，而是一副担子，领导干部要敢于负责，善于负责，做到守土有责，坚持对上负责与对下负责的一致性。只有认识到我们的岗位、权力是党和人民赋予的，把对党负责和为民奉献作为根本的行为准则和基本的政治素质，才能有更高的追求、更严的要求；只有认识到履职就要尽责，尽责就要坚守，才会有使命感、庄严感，不把责任当玩耍，以踏石留印、抓铁有痕的精神把工作抓出成效。二要有血性。做人要有做

---

* 原载于《云岭先锋》2016年第9期。

人的样子，做官要有做官的形象。基层干部一定要认真负责，把"认真"作为自我提高的一条重要原则，发挥积极性，提振精气神，干事创业，奋发有为，进入良好的工作状态。不辜负组织，不愧对人民，不耽误事业，更不能让老百姓戳我们的脊梁。三要有担当。岗位就是责任，最终落脚点在于担当。习近平总书记强调："干部就要有担当，有多大担当才能干多大事业，尽多大责任才会有多大成就。"干部不能只想当官不想干事，只想揽权不想担责，只想出彩不想出力。要拎着"乌纱帽"为民干事，而不能捂着"乌纱帽"为己做"官"。不能干一年、两年、三年还是涛声依旧，发展面貌没有变化，每年都是重复昨天的故事。对定下来的工作部署，就一定要一抓到底，善始善终、善作善成。

第二，新官要理旧账。多年来，在一些地方，特别是班子换届交替更迭过程中，不同程度地存在"新官不理旧账"的问题，在群众中造成了不良影响。存在"新官不理旧账"问题的原因，除了怕事不敢理、懒政不想理、平庸不能理、为私不去理外，根本原因在于政绩观出了问题。所以，基层干部要牢固树立"新官要理旧账"的正确政绩观。一要有正确的姿态，把权力、问题一起接班。一个地方的发展是一个长期积累的过程，这个积累既有成功的经验，也有失败的教训。干部接班就是要把所有的东西都接下，包括债权债务。共产党的干部，有密切联系群众、全心全意为人民服务的优良传统，更要以不怕难、不怕乱的正确姿态去迎接任务、解决问题，正所谓"为官避事平生耻"。二要按照原则性和灵活性相结合的原则，坚持一张蓝图绘到底。实践不断发展，看准了不适应的发展思路要及时调整和完善，但决不能为了所谓"政绩"，换一届班子、上一任领导就"兜底翻"，另搞一套。我们只有继承过去的好思路、好经验、好做法，把一张好的蓝图绘到底，才能做出经得起历史、实践和群众检验的政绩。否则，就是瞎折腾，不负责任。基层干部要有"革命理想高于天"的信念，坚定干事创业的信心；要有"功成不必在我"的境界，做到"前人栽树后人乘凉"；要有"敢啃硬骨头"的勇气，想方设法闯出一片新天地；要有"钉钉子"的精神，一步一个脚印走到底。三要坚持以问题为导向，积极主动有作为。从某种角度讲，当领导就得发现问题、正视问题、研究问题、解决问题。对于历史遗留问题的处理，要注意深入调查研究，并且在调研中用历史的眼光去认真审视问题，善于发现问题；要把问题当作一个"好东西"，不怕多不怕乱不怕麻烦，敢于直面所有问题；要把问题解决在萌芽状态，勇往直前，及时研究问题；最终要靠能力提升和组织帮助，彻底解决问题。

第三，用情用力用心去履职。大家都知道，基层位于党的工作前沿，是党与人民群众紧密联系的桥梁和纽带。基层干部履行服务群众、推动发展的成绩好坏，事关作风问题，是检验党群关系的试金石。近年来，通过党的群众路线教育实践活动、"三严三实"和忠诚干净担当专题教育、"两学一做"学习教育，党的基层组织建设得到了加强，基层干部履职能力得到了明显提高，党的基层组织作为领导核心和战斗堡垒，服务群众、凝聚人心、维护稳定、推动发展等作用得到了有效发挥。当前，精准扶贫、精准脱贫，任务艰巨，责任重大，是全党的政治任务、民生工程，从省一级到乡镇的党政主要领导同责，主体在县级、重点在乡镇、难点在村级，省市县"挂包帮"，不脱贫不脱钩。处在脱贫攻坚第一线的基层党组织如何发挥战斗堡垒作用、基层党员干部如何发挥先锋模范作用？究其根本还是要保持"初心"，就是要永远遵循入党誓言、永远保持对人民的赤子之心，认真践行全心全意为人民服务的宗旨，切实加强基层党组织和村委会建设，把"用情用力用心去履职"作为一个方法、一把尺子，用以检验和丈量我们对人民群众的感情。所谓用情，就是对人民有感情、有情义，只有自觉做到心中有民、心中有责，才能履好职，这是履职的基础。所谓用力，就是尽最大的努力去推进和完成职责范围内的各项工作，不懈怠、不推诿、不拖沓，在落实上下功夫、见成效。所谓用心，就是宿寐在公，心里时常研究和琢磨工作，想群众之所想、急群众之所急，用情去关心群众，把党和政府的温暖传递给群众，把群众的心声反映给党和政府，做一个送人玫瑰、手留余香的人，做一个把关心群众当作幸福的人。

第四，团结共事是大本事。习近平总书记强调："懂团结是真聪明，会团结是真本领。"团结很重要，但团结也很难，团结共事更难。哪怕是村级，从书记到主任再到领导班子成员，也是一大班人。书记、主任除了必须处理好相互之间的关系外，还得处理好与班子成员之间的关系，确实不容易。我们不仅要明白"团结共事是大本事"的道理，更要掌握团结共事的方法。一要靠原则团结。坚持党的领导，这是一条最根本的原则，在村级，主要体现为坚持党总支的核心领导地位；同时，要依法办事，村委会主任依法由村民选举产生，负责行政工作。二者要紧密结合，在书记主任分设的情况下，主任要维护书记的核心领导地位，书记也要尊重主任依法行政的权力。还要严格坚持党的民主集中制，坚持"三重一大"集体决策制度，善于听取别人的意见，最终少数要服从多数。二要靠"补台"团结。同心山成玉，协力土变金。互相补台，好戏连台；互相拆台，一起垮台。基层是一个整体，领导班子是一个集体，团结协作、善于"补台"不只是一种工作方法，更是一种品行操守、一种胸怀胸襟。要做到分工不分家，既要增强个人单兵作战能力，也要提高团队的整体作战水平，发挥 $1+1>2$ 的效果。善于"补台",不是说毫无主见地盲从,更重要的是发现问题和不足,大胆提出意见,修正决策,完善工作;"补台"更不是毫无原则地迁就,对涉及个人利益的小事要讲风格,至于事关原则性的问题,则要敢于"拆台",这样的"拆台"恰恰是为大局更好地"补台"。三要靠感情团结。同事之间的感情主要体现为尊重。这是相互信任的基础,是团结共事的前提。具体而言就是遇事多沟通、多商量。讲感情要有是非观念、立场标准,不要随意受人挑唆;要有宽容之心,容忍别人的性格、短处、能力;要有仁厚品德,有意见当面提,不在背后搞小动作;要能换位思考,将心比心、以心换心,多为对方着想。要把团结共事当作一种缘分,一起共事要愉快不要痛苦、要团结不要别扭、要干事不要坏事。

第五,侥幸是不幸的开始。党的十八大以来,以习近平同志为核心的党中央以"零容忍"的态度开展反腐败斗争,"老虎""苍蝇"一起打,赢得了党员干部和人民群众的拥护。但也有部分干部包括基层干部,心存侥幸,不学党规党纪,不知法律法规,无视规矩,不讲纪律,毫无戒惧,在反腐高压状态下仍不收敛不收手,甚至变本加厉,最终难逃党纪国法的严惩。无数腐败案例证明,侥幸是不幸的开始,这是一条基本规律;不心存侥幸,是必须时刻牢记和坚守的理念和原则。一要有敬畏之心。习近平总书记强调,领导干部要心存敬畏,不要心存侥幸。要敬畏组织,牢记宗旨,铭记誓言,严遵党章党纪,对党忠诚;敬畏群众,对群众负责,为群众谋利,受群众监督;敬畏法纪,自觉维护党纪国法的权威,坚持依法依纪办事、廉洁从政;敬畏责任,时刻不忘肩负的使命,干事创业、有位有为。二要克服人性的弱点。懒惰、任性、嫉妒都是人类的本性和弱点。懒惰反映在干部身上就是懒政,就是"为官不为"。要不懒政,就是要勤政务实,勤奋工作，推动发展。任性，就是由着自己的性子来，有的人有钱就任性，有权更任性，不遵守政治纪律和政治规矩。不任性，就是要增强纪律意识、他律意识、自律意识，守纪律、讲规矩，相信自律永远胜于他律，勤于自省，慎权慎独、慎微慎友，做人做事"不出格"。嫉妒，就是看不得别人好，笑别人无，恨别人有。不嫉妒就是要为别人的进步喝彩，见贤能思齐，虚心向别人学习，善于借鉴别人经验，不断促进自我提高、自我超越。三要有自保意识。要自保，就必须自重。最根本的就是要加强学习，增强法纪观念。要学党规党纪，学法律法规，要知道党纪严于国法，公权绝不私用，增强戒惧之心、放弃侥幸之念。要守住道德底线、法纪红线，谦虚谨慎、艰苦奋斗，严以律己、清正廉洁。

身处基层同样要接地气 *

基础不牢,地动山摇。我们党历来重视抓基层、打基础工作,组织部门一项很重要的工作就是抓基层党建。这些年我们还选派了大量的干部驻村担任第一书记、驻村工作队员,始终把基层一线作为培养锻炼和考察识别干部的重要平台,为的就是让这些干部深入基层、深入群众,向基层群众学习,多听取基层群众意见,从而增长工作本领,更好地为大家服务。习近平总书记强调指出:"基层跑遍、跑深、跑透了,我们的本领就会大起来,我们的认识就会产生飞跃,我们的工作就会做得更好。"不是说只要人来了,住下来了,就算了解基层,就算接了地气了。如果工作不用心,作风不扎实,整天待在村委会,虚飘空浮,不走访群众、不熟悉村情,照样不算接地气。不仅要做到"身入",更重要的是"心入",能发挥作用。

一、每一个党员就是一面旗帜

旗帜就是引领,就是方向。所有共产党员不论岗位,不论职务,都只有一个领导,就是党组织;所有的干部只有一个靠山,就是人民群众。党员是党章的拥护者和坚定执行者,是各行各业和各个群体当中最先进的代表。作为党员,我们从入党的那一刻起,和普通群众就不一样了,因为有了"党员"这个最鲜明的身份标识,具备了先进意

---

* 原载于《云南组工通讯》2017年第7期。

识、政治意识和责任意识。党员也是老百姓，但是比普通群众的觉悟要更高、志向要更大、作用要发挥得更好，要向前、向上、向善。革命战争年代，共产党员冒着枪林弹雨，始终扛着旗帜冲锋在前，不怕流血不怕牺牲，共产党员的"特权"就是能扛炸药包。和平时期，虽然不用再扛炸药包了，但共产党员的先锋本色并不应该有丝毫减退，共产党人吃苦在前、享乐在后的精神品质应该继续坚守，始终做好表率，成为一面催人奋进、高高飘扬的旗帜。

首先，要做一个好人。什么是好人？自己的东西也愿意用来救济别人，这个人就是好人，要为他人着想，为社会着想，还要舍得牺牲自己的利益，有奉献精神，这就是好人。同时，还要有孝心，中华民族上下五千年，孝道是凝聚传承下来的传统美德，也就是所谓的良心。如果是一个党员，连父母都不孝敬，连孩子都不关爱，只顾自己，那就不是一个好人，群众肯定也不认可。作为一个好人还应公道正派，有社会公德和服务意识。当群众家里遇到矛盾时，为什么会请我们村干部和党员去调解？因为群众觉得村干部和党员公道，能够分清是非，不厚此薄彼。好人一定要有爱心、同情心，要同情弱者，能够帮助别人、为社会作贡献的人是最幸福的人，也是有本事的人。正所谓：送人玫瑰，手有余香。做一个好人，也就成为一面旗帜。

其次，要做一名合格党员。只有成为一名好人，才有资格做一名好党员。"合格"是一名党员成其为党员的基本要求，如果失去了这个底线标准，党员也就徒有其名。每一个党员既然入了党，就要时刻记住自己是党的人，是组织的一分子，我们的一言一行，一举一动都要按照党员的标准来要求，维护好团结、履行好职务、发挥好作用，真正成为先锋、模范、带头人。特别是在基层工作中，一个人正派不正派、是不是一个好人、是不是一个大公无私有爱心的人，人民群众的眼睛是雪亮的，心里是知道的。不能组织上入了党、形式上入了党，思想上没入党。那怎么做一名合格党员呢？

要带头学习讲政治。中国共产党是一个政治组织，必须旗帜鲜明讲政治。讲政治不是抽象的而是具体的。任何事情，只要党组织作出决定了，就要坚决执行。有意见可以通过组织渠道进行反映，决不允许会上不讲、会下乱讲，对组织的决定不配合、不执行，甚至暗中阻挠，不仅起不到半点带动作用，甚至成为乱说乱讲的反面典型，不仅损害了自身党员形象，也损害了党组织的权威。否则，不仅让群众看低了你，也看低了党员这个群体。作为一名党员，必须牢记自己的第一身份是共产党员，第一职责是为党工作。要带头学习党的理论方针政策，学习习近平新时代中国特色社会主义思想，积极宣传好党的路线方针政策，积极响应党的号召，带头执行党的决定，认真完成党组织安排的各项任务，成为一面带头学习讲政治的旗帜。

要带头干事谋发展。村看村、户看户，群众看党员干部。新形势下，共产党员的先进性应集中体现在干事业、谋发展上。喊破嗓子不如作出样子。中央吹响了打赢脱贫攻坚战的号角，基层的广大党员要积极响应各级党委政府的号召，带头学技术、学管理、找信息、闯市场，在生产经营上成为行家里手，做能致富、会致富的党员干部，这样才会在群众中有威信，才会让群众服气。"只顾自己富，群众不拥护"，党员干部作为带头人，还要先富带后富，善于调动好群众脱贫致富的积极性，把群众的智慧和力量激发出来，用实际行动引领和支持脱贫攻坚工作，成为一面带头干事谋发展的旗帜。

要带头服务比奉献。全心全意为人民服务，是我们党一切行动的根本出发点和落脚点，是我们党区别于其他一切政党的根本标志。入党不是为了炫耀，更不是为了捞好处，党员的价值更多地体现在付出了多少、奉献了多少。特别是遇到急难险重任务的时候、上级组织需要你的时候，要能够自觉站出来，亮明身份，走在最前面。要牢记"群众利益无小事"，坚持想群众之所想，急群众之所急，把群众当作自己的家人，把群众的事情当作自己的家事，带头服务比奉献，积极参与集体事业、公益事业，实实在在为群众解决实际问题，帮助他们解决燃眉之急，让群众感受到党的关怀和温暖，通过为群众办好一件件、一桩桩实事来赢得民心，成为一面带头服务比奉献的旗帜。

要带头遵纪守法。尊法守法是对一个公民的基本要求，也是评价一个人是不是好人的基本标准。对党员来说，守法奉公只是一个较低层次的要求，更重要的是严格遵守党章党规的要求，强化纪律意识、规矩意识，决不能把纪律规矩当儿戏。要带头尊法、学法、守法、用法，谨言慎行，始终做到自重、自省、自警、自励，自觉接受群众监督，真正做到遇诱而不动，遇惑而不迷，自觉维护廉洁自律的良好形象，成为一面带头自律守规矩的旗帜。

要带头讲诚信扬正气。讲诚信就是要说老实话、办老实事、做老实人。基层广大党员干部也是党的形象的代表，是党的事业的基础，更是团结和带领广大人民群众完成党的历史使命的骨干力量。基层广大党员干部的诚信不仅影响地方社会道德风尚的形成，而且直接影响到治党强国目标的实现。当前，脱贫攻坚任务繁重，基层广大党员干部要带头克服"等靠要"思想，正确看待干部帮扶，理解支持党和政府的脱贫政策，说实话、办实事，用自强、诚信、感党恩的实际行动引领广大群众自觉践行社会主义核心价值观，成为一面带头诚信扬正气的旗帜。

二、帮钱帮物不如帮建一个好支部

习近平总书记指出:"农村要发展,农民要致富,关键靠支部。"在党的建设中,党支部作为把党员聚合起来、把群众组织起来的最基层的组织形式,是党在基层最坚实的力量支撑,是党密切联系群众最坚实的桥梁纽带。随着脱贫攻坚进入"啃硬骨头"、攻坚拔寨阶段,投钱物、上项目固然重要,但这不是扶贫工作的根本目的,单纯依靠输血式的外界力量,已很难实现精准扶贫、精准脱贫。实践证明,凡是发展好、政策落得实、社会稳定、群众满意度高的地方,都是党组织强、领导班子强、带头人强的地方。"帮钱帮物不如帮建一个好支部",要打赢脱贫攻坚这场硬战,充分发挥基层党支部战斗堡垒作用显得更为重要。基层党支部怎么样才能算做好?必须要做到以下几个方面。

要建设好的领导班子。首先政治上要过硬,要做政治上的明白人,听党话、感党恩、跟党走,自觉带头学习党的路线方针政策,准确领会和把握其精神实质,用强有力的执行力扎实落实好各项决策部署。其次能力上要过硬,能够自觉抓好自身能力素质提升,不断增强带头致富和带领群众致富的能力、做群众工作的能力、组织动员群众的能力、解决矛盾纠纷的能力、依法办事和依法治村的能力。最后是作风上要过硬,班子成员要团结协作、目标一致、思想统一,相互支持、互相配合,站在前沿、投身一线。

要培养好的党员队伍。首先,要加强村党支部及广大党员的思想政治学习,深入推进"两学一做"学习教育常态化制度化,让党员素质切实提升,党员意识得到增强,党员先锋模范作用充分发挥。其次,要重视发展党员工作和培养后备村组干部工作,将有思想、有魄力、有知识、想干事的年轻人吸纳到党组织中来,把党员培养成致富能手,把致富能手培养成党员，把党员致富能手培养成村干部，不断提高党员整体队伍质量。最后，要严肃党内政治生活，严格"三会一课"等组织生活制度，集中整顿贫困村软弱涣散基层党组织，持续保持党员队伍的先进性和战斗力。

要落实好的工作机制。一要认真落实党建工作责任制，建立完善考核评价体系，健全监督约束制度，畅通反馈村情民意的渠道。二要认真推进"四议两公开"工作法，切实保障党员民主权利。三要严格实行民主集中制，坚持集体领导与个人分工负责相结合的模式，完善议事规则和决策程序。四要认真落实党员积分管理制度，强化党员的日常教育管理。五要健全党内激励、关怀、帮扶机制，切实关心和爱护老党员和生活困难党员。

要创造好的工作业绩。要充分发挥党支部的战斗堡垒作用和共产党员的先锋模范作用，真正使党支部成为贯彻中央、省委各项决策部署的组织者、推动者和实践者。要坚持把上级的要求与自身实际结合，围绕经济建设中心任务和改革稳定的大局创造性地开展工作，有效地推进各项工作任务的完成，带领群众在脱贫奔小康的道路上创造更好的工作业绩。

要争取好的群众反映。"人心就是力量。"人民群众是党执政的根基，是创造历史的力量。习近平总书记指出："检验我们一切工作的成效，最终都要看人民是否真正得到了实惠，人民生活是否真正得到了改善，这是坚持立党为公、执政为民的本质要求，是党和人民事业不断发展的重要保证。"基层党员干部要深入到群众中去，及时解决涉及群众切身利益的重大问题，坚持把群众关心的热点难点问题作为工作的重点，真心实意地纾民困、排民忧、解民难，真正把群众的事当成自己的事办，把群众满意不满意作为衡量工作成效的重要标准。

三、乡镇党委要自觉地担负起自己的职责使命

乡镇是我国最基层的政权组织，是我们党在基层执政的重要基石，可以说是"宏观之末、微观之首"。乡镇党委是党在农村各项事业的领导核心，是"一线指挥部"。正所谓"宰相必起于州郡，猛将必发于卒伍"，越是在基层，就越了解国情，思考问题、解决问题的能力就更强。当前，我们正处在决战脱贫攻坚、决胜全面小康、实现跨越发展的关键时期，乡镇党委要认清形势任务，提高政治站位，自觉担负起历史和人民赋予的职责使命，练就一呼百应的能力，强大的组织动员能力，保证地区党的领导得到全面体现，确保地区和谐稳定，促进地区经济社会发展，保证地区生态环境越来越好。

抓好党建是首要职责。乡镇党委是抓好农村基层组织建设的直接责任主体，任何时候都要履行好"党要管党，从严治党"的职责，形成"抓好党建是本职、不抓党建是失职、抓不好党建是不称职"的工作氛围。把选优配强村级领导班子作为基层组织建设的首要任务，着力抓好农村干部、党员和后备干部三支队伍建设，打造一支助推脱贫攻坚过得硬的基层干部队伍。把严肃党内政治生活、壮大村级集体经济等作为基层党组织建设的重要抓手，筑牢基层战斗堡垒。

聚焦脱贫攻坚是当前最大的政治。打赢脱贫攻坚这场硬战，是党中央对全世界的庄严承诺，是我们党对广大人民群众的庄严承诺，是党委政府工作的头等大事和最大的政治任务。乡镇党委处在脱贫攻坚战的第一线，要准确理解上级精神，不能只是一味地当"传令兵"、照葫芦画瓢、生搬硬套和机械执行。要深入调查研究本地实际，以经济增长支撑脱贫攻坚、以改革创新推动脱贫攻坚、以民生改善巩固脱贫攻坚。要切实增强农村"造血"功能和自我发展能力，真刀真枪带领

群众走出一条符合本地实际、富有自身特色的经济发展路子。如果干了几年下来还是山河依旧、没有一点变化，那就是懒政、慵政，就是无能。

做好群众工作是根本要求。坚持群众路线，是践行我们党全心全意为人民服务根本宗旨的具体体现。乡镇党委要从群众最迫切希望的地方做起，实打实地解决一些群众关心关注的教育、医疗卫生、住房、食品药品安全等民生问题。在谋划经济社会发展过程中，要认真听取和采纳群众的意见建议，充分尊重群众的主观愿望、承受能力和实际利益，多考虑群众冷暖，少琢磨个人得失。要教育引导群众改变生产方式，改变生活方式，通过艰苦细致的群众工作，把广大群众紧紧团结在党和政府的周围，把广大群众的积极性和无穷智慧集中到实现跨越发展的实践上来。

加强党风廉政建设是紧迫任务。党的十八大以来，"大老虎"纷纷落马，一些在群众身边的"蝇贪""微腐""村霸"也引起了党中央和各级党委的重视。当前，随着脱贫攻坚工作的纵深推进，大量的扶贫资金、项目投放到乡镇、村组，如果监督管理不力，很容易出问题。因此，乡镇党委要始终绷紧党风廉政建设这根弦，始终把惩治和预防腐败体系建设、落实党风廉政建设责任制作为重要工作，抓紧抓实，不能项目搞起来、干部倒下去。要坚持书记抓、抓书记，严格落实乡镇党委的主体责任，结合基层实际，从建立健全教育、制度、监督并重的惩防体系入手，利用多种手段进行综合治理，确保基层政治生态不受污染，人民群众利益不受侵害。

四、基层干部同样要接地气

大树扎根于沃土，高楼立足于基石。党的事业根基在基层，关键在干部，而干部来自人民群众，是广大人民群众中的天然一员。基层干部身处服务群众的最前沿，是党和政府联系群众的纽带，也是群众了解党和政府的窗口，决不能做群众的尾巴。我们的基层干部大多数是很努力的，也作了贡献的；也有的干部身在基层，但脱离实际、脱离群众。基层干部接不接地气、工作好不好，直接影响我们党的执政根基和事业发展。

要迈开腿脚，"身入"基层群众。基层干部长期在基层工作，但不等于就"身入"了基层。只有面对面，才能心贴心。没有满腔的热忱，没有眼睛向下的决心，没有求知的渴望，没有放下官架子、甘当小学生的精神，基层工作是一定做不好的。基层干部要接地气，就要经常深入一线，主动深入群众，与群众同坐一条板凳、同吃一桌饭。只有将双脚深深扎根在土壤里，想问题、干事情才能接地气、有底气，这是基层干部干事创业的前提。

要了解掌握村情民意，为基层群众"代言"。讲话是一门艺术，更是做群众工作的一项基本功。做群众工作不能简单粗暴，"通不通三分钟，再不通龙卷风"；决不要说自己是"父母官"，更不能以"父母官"自居。如果能讲到群众心坎上，往往事半功倍、一通百通；如果尽讲群众反感的、接受不了的话，就会事倍功半，不欢而散。基层干部要少讲官话、套话，多讲"方言""土话"和群众听得懂的话，经常用群众喜闻乐见的方式与他们沟通交流、宣传政策，做到能上百姓的炕头聊天，能下农民的地头问难，了解他们的诉求、他们的喜怒哀乐，把他们的心声及时反映出来。

要多些真情关爱，"心系"基层群众。"一枝一叶总关情"，带着情感去做群众工作，才有无尽的动力。下基层只是途径，服务基层、解决问题才是"接地气"的目的。让群众过上好日子是我们一切工作的出发点和落脚点，要随时倾听人民呼声、回应人民期待，虚心接受群众反映的意见、建议，及时帮助解决群众热点难点问题，才能当好基层发展的主心骨、人民群众的贴心人。要珍惜现有的平台，把工作做到极致，把自己的潜能发挥到最好，努力用自己的"辛苦指数"提升群众的"幸福指数"。要带着深厚感情做群众工作，把群众当亲人，把群众事当成自家事，把联系服务群众看成一份义不容辞的责任、一种矢志不渝的追求，始终做到和人民群众同呼吸、共命运、心连心。

二 干部与人才工作

干部工作要努力实现"三个适应"*

一位中央领导同志强调指出，做好当前的干部工作要做到"三个适应"：用人理念要适应，盘活整个干部资源；用人导向要适应，做到德才兼备、人岗相适；用人机制要适应，推进能上能下。毫无疑问，这"三个适应"抓住了干部工作的关键、体现了干部工作的规律、切中了干部工作的要害。贯彻落实好"三个适应"，需要组织人事部门进一步解放思想，进一步强化责任担当，自觉从一些不合时宜的思维定式中摆脱出来，树立适应新形势新要求的干部工作理念。

一要坚持"研究事"和"研究人"并重，在知事识人、知人善任上下功夫。组织路线必须为政治路线服务，组织工作必须为中心工作提供保证。偏离了这一点，我们的工作不仅会失去意义、失去价值，还可能会产生副作用。服务好大局，这就需要我们把注意力从单纯注重"研究人"，转到注重"研究事"和"研究人"并重上来，做到知事识人、以事择人、用其所长、人岗相适。"知事"，就是要知道党和国家的大事，重点加强对五大发展理念、"四个全面"战略布局、"两个一百年"等大政方针、目标定位、战略举措的学习研究；就是要知道干部工作中的大事和要求，重点加强对新时期好干部标准和"三严三实""忠诚干净担当""四有"等要求的学习研究；就是要知道所联系地方和部门相关事情，包括地方经济社会发展情况，部门承担着哪些任务，领导班子的主要职能职责等。"识人"，就是要把了解事与了解

---

* 原载于《刊授党校》2016年第4期，原标题为《干部工作要实现"三个适应"》。

人结合起来,要着眼发展分析班子,透过班子分析成员,结合岗位分析干部;要把平时功夫做实,坚持近距离、有原则地多接触干部,识人要深、识人要准;要进一步开阔视野,不能仅仅在本地区本行业本系统去找人,要从整体上统筹好党政干部与企事业单位干部的培养选拔,统筹好年轻干部、女干部、少数民族干部、党外干部的培养选拔,统筹好育、选、用、管等各个环节,充分调动各方面、各年龄段干部的积极性。

二要坚持严管与激励并重,在营造干事创业从政环境上下功夫。党的十八大以来,全面从严治党、从严从实管理干部是贯穿干部工作的主线,"严管"成了干部工作的鲜明特点。既要采取措施整治"为官不为",又要想方设法激励干部干事创业。当前和今后,"约束"与"激励"仍然是干部工作两大任务。在"约束"方面,要继续坚持抓早、抓小、抓经常,严格按照党章、廉洁自律准则、党纪处分条例等党纪党规来从严管理监督干部。要继续完善和执行好领导干部个人有关事项报告制度,用好提醒函询诫勉的组织措施,防止小毛病演化成大问题。要突出针对性,多与干部谈心谈话,运用好巡视、考核、审计、信访、个人有关事项报告抽查核实等成果。要持续抓好"整治违反干部任用标准程序、跑官要官和说情打招呼、三超两乱、干部档案造假、领导干部违规兼职、裸官"等六项重点整治。特别要加强对"一把手"和重要岗位干部的监督管理。在"激励"方面,要鲜明地提出"忠诚干净担当、不让老实人吃亏、从基层一线培养选拔干部"的选人用人导向,敢于"为担当者担当、为负责者负责",努力让每一个干部都能够有平台、有干劲、有价值、有正气,实现人尽其才、才尽其用,充分调动广大干部的积极性、主动性、创造性。要不断完善干部激励保障措施,进一步激发广大干部积极作为、敢于担当、锐意进取、干事创业的热情。

三要坚持"进得来"与"干得好"并重，在推进干部能上能下上下功夫。在全国组织工作会议上，习近平总书记回答了三个非常重要的问题。怎样才是好干部？总书记提出了"20字标准"。怎样成长为好干部？总书记指出：一靠个人努力，二靠组织培养。怎样把好干部用起来？总书记也进行了深刻阐述。反思以往的干部工作，怎样把好干部用起来的问题，也就是"进得来"的问题，我们研究得比较多，也探索积累了不少行之有效的办法。但是，怎样让进来的人能"干得好"，我们研究得不够，导致了"重选拔、轻管理"的现象。做好新形势下的干部工作，我们必须把解决"进得来"与解决"干得好"放在同等重要的位置上来加强。在"进得来"的问题上，要坚持目标导向与问题导向相结合。目标导向就是发挥好考察评价的指挥棒作用、选拔任用的导向作用，把符合"20字标准""三严三实"和"忠诚干净担当"要求的好干部发现出来、使用起来；问题导向关键是要防止干部"带病提拔"。因此，在干部选拔任用中，要坚持"四必"核查要求，做到干部档案必审、个人有关事项报告必核、纪检监察机关意见必听、有关信访举报必查；党委对考察对象廉洁自律情况要作出结论性评价；落实干部选拔任用工作责任，出现"带病提拔"的要倒查追责。在"干得好"的问题上，一方面是要正向引导激励，使干部真正在状态、切实干得好；还有一个重要方面，就是对"干不好"的干部有惩戒，不能"干与不干一个样、干好干坏一个样"。解决这个问题的一个有力抓手，就是认真落实《推进领导干部能上能下若干规定》，推动形成能者上、庸者下、劣者汰的有效机制。

四要坚持党性教育与能力培训并重，在提高干部队伍整体素质上下功夫。2015年，中央颁布了《干部教育培训工作条例》、召开了党校工作座谈会，需要狠抓落实。不同时期干部教育培训的重点内容不同，但从根本上看，主要目的有两个：一是强党性，二是强能力。在党性教育方面，要牢牢抓住学习贯彻习近平新时代中国特色社会主义思想这个首要任务，教育引导干部读原著、学原文、悟原理，及时跟进学、深入系统学、联系实际学，准确把握基本观点、理论体系、精神实质和思想精髓，持续"补钙""加油"，锤炼思想定力、战略定力、道德定力，真正用讲话精神武装头脑、指导实践、推动工作，进一步坚定理想信念。要开展党章党规、党的宗旨、党的优良传统、党风廉政建设等教育培训，把《中国共产党廉洁自律准则》和《中国共产党纪律处分条例》纳入必修内容，使广大党员干部特别是各级领导干部自觉做到守纪律、讲规矩、强党性。在能力培训方面，要深入开展五大发展理念的培训，教育引导干部深刻领会五大发展理念的基本内涵，结合实际找准贯彻落实五大发展理念的着力点，解决好"怎么看"和"怎么办"的问题；要有针对性地开展各种专业能力的培训，在提高领导干部的专业水平上下功夫。

五要坚持制度的制定与落实并重，在依规依纪管理干部上下功夫。今年是完成党的建设制度改革任务承上启下之年，是推进全面从严治党制度体系更加成熟定型的关键一年。根据实际工作需要，应当抓紧出台党内问责条例、党务公开条例、党内表彰条例、党的工作机关条例、加强和改进党内政治生活的规范性文件、防止干部"带病提拔"意见、深化人才发展体制机制改革意见，修订党内监督条例、领导干部报告个人有关事项规定。"一分部署、九分落实。"要一手抓制度的制定完善，一手抓制度执行，切实增强制度执行力，防止制度出台后只是嘴上说说、纸上写写、墙上挂挂的现象。要健全改革督查机制，构建上下联动、层层抓执行的责任链条，对实施的重点改革举措由专项小组牵头，会同有关部门开展专项督查、跟踪问效，发现问题，及时整改，确保出台一项、落实一项。

领导干部要做严肃党内政治生活的表率*

党要管党、从严治党是党的建设的一贯要求和根本方针。党的十八大以来，习近平总书记提出了全面从严治党重大命题。党的十八届六中全会研究了全面从严治党重大问题，系统部署了新形势下严肃党内政治生活的若干任务。严肃党内政治生活是全面从严治党的基础，党要管党首先要从党内政治生活管起，从严治党首先要从党内政治生活严起。党的十八届六中全会上明确提出，加强和规范党内政治生活，加强党内监督，必须从领导干部特别是高级领导干部做起。这就明确地告诉我们，要作好严肃党内政治生活这篇大文章，关键在于各级领导干部率先垂范、以上率下，起好表率作用。

一、领导干部为什么要做严肃党内政治生活的表率

《关于新形势下党内政治生活的若干准则》序言部分开宗明义指出："新形势下加强和规范党内政治生活，重点是各级领导机关和领导干部，关键是高级干部特别是中央委员会、中央政治局、中央政治局常务委员会的组成人员。"

首先，这是由领导干部执掌重要权力的特殊地位决定的。中国共产党作为马克思主义政党，保持自身在思想上、政治上、组织上和作风上的纯洁性，既是马克思主义政党本质属性的必然要求，也是由我

---

* 原载于《刊授党校》2016 年第 12 期，原标题为《做严肃党内政治生活的表率》。

们党的性质和宗旨决定的。历史和现实证明，没有纯洁性的政党不可能具有先进性，而没有先进性的政党不可能赢得人民群众的拥护和支持。党员领导干部肩负着制定和执行党的路线方针政策、领导和推动党的各项工作的神圣职责。只有广大党员特别是党员领导干部带头遵循党章，严守党的政治纪律和政治规矩，才能保持党的肌体健康，才能确保我们党始终走在时代前列。权力是一把"双刃剑"，关键在于掌握权力的人。用得好，可以为党的事业、为人民的福祉披荆斩棘、劈山开道；用得不好，则会给党和人民的事业造成重大损失，给党的威信和形象造成重大伤害。这就要求领导干部职位越高，越要夙兴夜寐工作，越要毫无私心把自己的一切奉献给党和人民，越要按照规则正确用权、谨慎用权、干净用权。

其次，这是由领导干部的示范作用决定的。"火车跑得快，全靠车头带。"一支队伍强不强、一个单位有没有凝聚力战斗力，与领导干部示范作用的发挥有很大关系。党的领导干部特别是高级干部在广大党员干部中具有很强的感召力，从某种意义上来讲，一名优秀的领导干部其实就是一面旗帜、一面镜子、一本厚重的书。"风成于上，俗化于下"，领导干部的一言一行就是无声的命令、生动的榜样，我们常说的"上行下效"就是这个道理。一个好的行为示范胜过千言万语。我们党历来倡导树立先进典型，善于用身边的先进模范，特别是领导干部楷模的事迹教育人、激励人、启迪人、引导人。只有每一个党员领导干部都以身作则、率先垂范，才能增强党自我净化、自我完善、自我革新、自我提高的能力，始终保持党的先进性和纯洁性。

最后，这是由我们的党的优良传统决定的。领导带头是我们党的优良作风和重要特征，是克敌制胜的重要法宝。从革命战争年代的"冲锋在前，身先士卒"，到建设时期的"吃苦在前，享受在后"，再到改革时期的"从我做起，向我看齐"，无数领导干部用他们的过硬作风和良好形象，为党员干部作出了示范，为我们党的事业顺利推进提供了有力的榜样力量。党的十八大以来，以习近平同志为核心的党中央更是为我们树立了标杆。以作风建设开局起步，从制定并严格落实八项规定开始，到深入开展党的群众路线教育实践活动、开展"三严三实"专题教育和"两学一做"学习教育，中央政治局示范带头、以上率下，各级主要领导亲自抓、做表率，从而推动"四风"问题得到有力整治，党风政风为之一新，党心民心空前凝聚。

二、领导干部要在三个方面做表率

习近平总书记强调，领导干部特别是高级干部，"凡是要求党员、干部做到的自己首先做到，凡是要求党员、干部不做的自己首先不做"。为我们当好严肃党内政治生活的表率指明了方向。

一要对党绝对忠诚，认真解决好"自己首先做到"的问题。打铁还需自身硬。领导干部要增强党的意识，敬畏党章、敬畏法纪、敬畏组织、敬畏责任，不搞两面派、不做"两面人"。切实增强"四个意识"，特别突出核心意识和看齐意识，更加自觉地在思想上政治上行动上同以习近平同志为核心的党中央保持高度一致，党中央提倡的坚决响应、党中央决定的坚决执行、党中央禁止的坚决不做，坚决维护党中央权威，做到令行禁止，不折不扣执行党的政治纪律和政治规矩，坚决反对"七个有之"，坚决做到"五个必须"，始终做到对党绝对忠诚，永不叛党。

二要不碰底线，认真解决好"自己首先不做"的问题。红线意识、底线思维是习近平总书记反复强调的思想方法。对于领导干部，底线就是党纪党规、法律法规，要守好清正廉洁的底线，不触犯法律的红线，坚持党纪严于国法。要坚决与各种歪风邪气作斗争，坚持人民立场，坚持群众路线，决不自视为"官老爷"。要自觉弘扬社会主义核心价值观，模范遵守社会公德、家庭美德，注重培育良好家风。"当干部就不要想发财，想发财就不要当干部"，要拒腐败、永不沾，坚决抵制潜规则，自觉净化社交圈、生活圈、朋友圈，坚决同各种消极腐败现象作斗争。

三要敢抓敢管，认真解决好"宽松软"的问题。除了管好自己，还要管好下属，这是领导干部管党治党的责任，体现的是领导干部的担当精神，也决定着管党治党是"宽松软"还是"严实硬"。领导干部要把管党治党作为必修课、基本功，既挂帅、又出征，始终放在心上，牢牢抓在手上，时刻绷紧从严治党这根弦，不能当甩手掌柜。要时时躬身自问，自己所在的党委是不是真正做到了聚精会神抓党建？自己是不是真正履行了从严治党的责任？以党员领导干部身先士卒的精神风貌，带动其他同志不断坚定理想信念，加强党员的道德养成，锤炼优良作风。

三、领导干部怎样才能做好表率

党员领导干部的第一身份是共产党员，第一职责是为党工作。所以，必须清醒认识自己的岗位对党和国家的特殊重要性，自觉严肃党内政治生活。

一要自觉加强学习。政治上的坚定来自理论上的清醒，理论上的自信主要靠学习。历史告诉我们，什么时候党内正常的政治生活制度受到影响，什么时候党的建设和党的事业就会出问题。如果党内关系不正常，出现拉帮结派、团团伙伙，出现党内各种圈子，那就不能保证党在组织上的统一性、保证党的团结统一；如果党内"好人主义"盛行，乡愿习气严重，那就无法开展党内批评和自我批评，党内各种错误和消极的东西就不能得到及时纠正，正气就得不到弘扬，歪风就得不到抑制。所以，加强和规范党内政治生活，就要瞄准机制内部出现的病灶，祛病疗伤，激浊扬清。领导干部必须自觉加强学习，打牢严肃党内政治生活的思想根基，筑牢思想道德防线。如何学？就要在学中干、在干中学，做到"学习工作化，工作学习化"，通过学习增长知识，获得感悟，坚定"四个自信"，推动政治生活、政治生态、政治文化相辅相成。

二要自觉开展批评与自我批评。批评与自我批评是我们党的优良作风，是领导干部保持先进性、纯洁性的锐利武器，是严肃党内政治生活的重要手段。党内政治生活质量高不高，一定程度上就要看批评与自我批评真不真、辣不辣。"良药苦口利于病，忠言逆耳利于行。"领导干部要有不怕丢丑、勇于自省的胸襟，毫不留情地揭露自己的问题和缺点，及时打扫身上的政治灰尘和政治微生物，并多从主观上找原因、找根源。经常对照党章党纪找不足、对照先进找差距、对照同事找问题。对待别人的批评要心存感激，决不能用批评抵制批评。只有自觉地认真开展批评与自我批评，才能不断提高自我净化能力，最终达到做表率的水平。

三要自觉接受监督。讲规矩是对党员领导干部党性的重要考验，是对党员领导干部对党忠诚度的重要检验。只有经常性地用纪律去衡量每个党员的言行，党内的优良传统才会不断得到强化和传承，严肃认真的党内政治生活才会持续得到保障。党内监督是权力正确运行的根本保证，是全面从严治党的重要抓手。领导干部身居要职，手握公器，必须接受监督，决不允许有不受制约的权力，也决不允许有不受监督的特殊党员。自觉接受监督体现的是领导干部的政治觉悟和思想境界。有的党员领导干部自觉接受监督的观念淡薄，对监督存在模糊甚至错误认识，把人民群众监督看作是同自己"过不去"，感到"丢面子""失威信"。实际上，人民群众的批评监督可以帮助我们少犯甚至不犯错误，是对党员领导干部最好的保护。

努力做一个好人、好党员、好干部、好领导干部*

中华民族是一个非常重视从政者优良品德的民族，几千年的传统文化历来注重"君子为政之道，以修身为本"，《大学》中"修身、齐家、治国、平天下"讲的也是这个道理。良好的品德是共产党人尤其是党员干部的立身之本、从政之源。基于此，笔者就党员干部如何做一个好人、做一个好党员、做一个好干部、做一个好领导干部，谈一谈个人的认识和体会。

一、什么是好人、好党员、好干部、好领导干部

好人、好党员、好干部、好领导干部，这四个概念是递进的，是相互联系的，是每一名党员干部都需要认真地、自觉地、严肃地去思考、去研究，并努力践行的人生命题。

第一，关于好人。好人是什么？好人显然是相对坏人而言，不然就不成立。好人没有绝对标准，但人们心中都有一个共同认知、共同评判的标尺。干部也一样，群众公认、社会公论、组织认可很重要。相比普通群众，对党员干部的要求理当更高一些。毛泽东同志在《纪念白求恩》一文中，号召我们学习白求恩同志"毫无自私自利之心的精神"，讲到"只要有这点精神，就是一个高尚的人，一个纯粹的人，

---

* 原载于《刊授党校》2016 年第 10 期，原标题为《做一个好人、好党员、好干部、好领导干部》。

一个有道德的人,一个脱离了低级趣味的人,一个有益于人民的人"。

那么,好人"好"在哪里?一般意义上讲,好人,至少要做到不损害他人利益或者公共利益,是个品行端正、遵纪守法的人,是个尊老爱幼、有孝心的人。连父母都不孝敬,就不能算是好人更不可能承担什么社会责任。好人,还应当是个有爱心、有同情心、善良的人,是个厚道、本分、老实的人,孩童时期,做个活泼可爱的好孩子;做学生了,做个品学兼优的好学生;参加工作了,做个对社会有用的人;成家立业了,做个夫妻之间相濡以沫的好伴侣;老了的时候,做个宽容慈爱的好长辈。从党员干部角度讲,好人,还应当是个光明磊落、坦坦荡荡、心理阳光的人,是个有骨气、持正义、主公道的人,是个让组织和领导能放心、让同事能真正喜欢信任的人。如果只想着自己好,见不得别人好,以告状为快乐,以诬告为兴奋,就肯定不能算是好人。为了自己的利益或者自己的好恶不择手段算计别人,这是心理阴暗的表现,是最见不得人的,是真正的"损人又害己"。

第二,关于好党员。党员的要求就更加具体了。党章明确规定:"中国共产党党员永远是劳动人民的普通一员。除了法律和政策规定范围内的个人利益和工作职权以外,所有共产党员都不得谋求任何私利和特权。"党章还规定了党员必须履行的八项义务和享有的八项权利。所以,好党员的要求是具体的、明确的。

那么,怎样才能算是个好党员?首先,党员是组织的人。我们的入党誓词第一句是"我志愿加入中国共产党",是自愿的;后两句是"随时准备为党和人民牺牲一切,永不叛党"。这是共产党员的一种政治信仰、一种政治品质、一种组织纪律、一种党性要求。其次,合格是对党员最基本的要求。2016年党中央在全体党员中开展"学党章党规、学系列讲话,做合格党员"学习教育,对党员提出"四讲四有"

要求，一是讲政治、有信念，二是讲规矩、有纪律，三是讲道德、有品行，四是讲奉献、有作为。这四条，从政治上、纪律上、道德上、工作上对怎样做合格党员作出了高度概括和精准定位，每一名共产党员都要铭记在心、躬身践行。最后，好党员首先要做个好人，接下来比好人要更进一步。也就是说，相比普通群众，党员应当是带头的人、示范的人，要比群众做得更好。缺乏信仰、精神空虚、妄议中央、自以为是，还是个党员吗？没有组织观念，不服从组织分配，个人利益至上，还是个合格党员吗？该尽的义务不尽，该做的表率不做，还是个好党员吗？不是。作为一名共产党员，就要时刻记住，我们的第一身份是党员。入了党，就要接受党的管理、接受党的教育、接受群众的监督，履行好党员的义务，发挥好党员的作用，决不能把党员身份作为"敲门砖"、提拔的条件。有这种动机是十分错误的，也是有害的。

第三，关于好干部。从我们党的历史看，好干部的标准，大的方面说就是德才兼备。同时，好干部的标准又是具体的、历史的。不同历史时期，对干部德才的具体要求又有所不同。革命战争年代，对党忠诚、英勇善战、不怕牺牲的干部，就是好干部。社会主义革命和建设时期，懂政治、懂业务、又红又专的干部，就是好干部。改革开放以来，拥护党的路线方针政策，有知识、懂专业、锐意改革的干部，就是好干部。当前，我们正处于全面建成小康社会的历史方位，好干部的标准有了新的时代内涵，习近平总书记明确提出了"信念坚定、为民服务、勤政务实、敢于担当、清正廉洁"的"20字"好干部标准，这是新时期干部的实践准则和奋斗方向。

干部是国家工作人员、公职人员、公务人员，是管理者，有的还是领导者。干部手中，掌握的是国家公器，掌握的是社会公共资源怎么调配、怎么组合、怎么优化。掌握这个权力的这支队伍，是推动经济社会发展最重要的一支力量,是维护公平正义最重要的一支力量,也是为社会提供公共服务最重要的一支力量。我以为,好干部首先必须是个好人,不是好人是当不好干部的。往往心术不正的干部,一有机会就膨胀,很容易出事。当一个好干部,就必须掌好公器、用好公权,公器永远不能私用,公私一定要分明。这是当干部的基本常识,也是基本要求。公权是把双刃剑,可以使人高尚,也可以使人堕落;能成就一个人,也能毁掉一个人。在用权之前一定要想清楚,谁给了我们权力?我们为谁掌权?必须牢记,一切权力来源于人民,人民才是权力的所有者;人民授权给我们,我们就要对人民负责。每一名干部都要秉公用权,只能用它来造福人民、造福社会,不应当有别的用途。"金杯银杯,不如老百姓的口碑;金奖银奖,不如老百姓的夸奖。"让人民满意才是执政为官的最高标准。人民对美好生活的向往,就是我们的奋斗目标!

第四,关于好领导干部。领导干部是什么?很简单,在干部中担任了一定职务的人,有中高级领导干部,也有基层领导干部。在中国共产党的领导下,所有的干部都是一个层级一个层级选拔上来的,这是了不起的一件事。

职务就是责任。领导干部职务越高,责任就越大,要求也越高,本事也要越大。一个好的领导干部,首先,要有庄严感、使命感、责任感,要明确自己的责任、担起组织的重托、认清肩负的使命,要对党绝对忠诚、对人民绝对敬畏、对组织绝对老实、对事业绝对负责。这是对管理者、领导者的政治要求。其次,要愿意干事、能够干成事,还要会共事。团结比什么都重要,领导干部要有团结协调能力。团结最重要的是按规矩、按原则办,互相尊重、大家商量着办,原则性和灵活性相统一,情和理都要兼顾。有些领导干部能力有一点,但不知道怎么共事，这样的干部对事业没有好处，也走不远，也干不成事。最后，人要正，心要正，思想要正。不要复杂，别人复杂你自己不能复杂，不能搂肩搭背、吃吃喝喝、称兄道弟，那都是靠不住的。要将心比心，以心换心，工作之中有上下级之分，但人格上都是平等的，没有哪个领导干部可以把下属当作家丁、家臣来使用，这种特权思想要不得。官气十足，个人膨胀，凡是有这种毛病的干部往往就容易出事。此外，还要抵抗诱惑。现在社会上陷阱多、圈套多，绝不能被这些陷阱和圈套所迷惑、被"围猎"。哪怕是百分之一的侥幸都不能有。很多干部出事就是因为侥幸，觉得别人都这样搞，自己不搞吃亏，自己搞了别人也不会知道。殊不知，没有不透风的墙。必须时刻保持敬畏之心，永远要管住"一念之差"。

二、怎样成为一个好人、好党员、好干部、好领导干部

总的来说，要成为一个好人、好党员、好干部、好领导干部，一靠自律，二靠他律，两者缺一不可。而他律是通过自律起作用的。成长为一个好的领导干部，一靠个人努力的内因，二靠组织培养的外因。任何事物都是内因和外因结合的结果，外因也是通过内因起作用。

第一，一定要有正确的世界观、人生观、价值观。这非常重要、非常实际，跟每一个人都分不开，是理想信念问题，是个"总开关"问题。习近平总书记强调指出："理想信念是共产党人精神上的'钙'，没有理想信念，理想信念不坚定，精神上就会'缺钙'，就会得'软骨病'。"这段话，高度概括了坚定理想信念的重要意义，科学分析了信仰迷茫的严重危害。"小德川流，大德敦化。"有不同的世界观、人生观、价值观，就会作出许多不一样的选择，不同的路径、不同的心态、不同的习惯。当官是为了体现自身价值没有错，但仅仅是一个方面。

另一个方面,最重要的还是责任。领导干部要尽责任,不能把职务当作一种待遇、一种炫耀,那是最严重的误区和对组织的背叛。选择了当官,就不能选择发财。必须要有这种正确的世界观、人生观、价值观。现在社会价值也是多元的,如果哪个干部有经商的欲望、经商的本事或者经商的兴趣,也可以去,但要离开干部队伍。经商致富为社会作贡献,解决就业、提供税收,但不能把当干部与经商发财混在一起。所以说,坚定理想信念,解决好"总开关"问题,是做一个好的领导干部的第一位要求。

第二,一定要不断地学习、实践,不断地提升自己。无论是一个国家、一个民族还是一个政党,如果不加强学习、不提高自己,势必落后于时代。习近平总书记指出:"中国共产党人依靠学习走到今天,也必然要依靠学习走向未来。我们的干部要上进,我们的党要上进,我们的国家要上进,我们的民族要上进,就必须大兴学习之风,坚持学习、学习、再学习,坚持实践、实践、再实践。"当今世界正处于大发展、大变革、大调整时期,如何应对发展新理念、新常态、新挑战?从根本上讲,除了学习之外,别无二法。从政者,必须要从学。学习最重要的是读书。"腹有诗书气自华。"读书的人至少有三个世界,过去的、现在的、未来的都知道一些,至少内心充实,灵魂得到安宁。领导干部要多读书、读好书,有用的书要看,相关的书要看;闲情逸致的书要读,开阔思路的书更要读。一年阅读25本书只能算保本,50本书以上才是优秀。读起书来,几十年如一日,越学越觉得自己渺小,越学越觉得自己知识短缺。读书人不读书,也是一种背叛。不管什么学历,都不能不读书。多读书的基础上,还要善于总结。毛泽东同志讲,他是"靠总结经验吃饭的"。领导干部要学会这一套,不学会总结经验,没有反思能力,是做不好领导工作的。大家要明白,经验是经验、教训也是经验,自己的经验是经验、别人的经验也是经验,自己的教训是教训、别人的教训也是教训。优秀的领导干部,就是在不断学习读书、不断总结经验中成长、成熟、成才的。

第三,一定要以事业为重,把工作作为第一兴趣。我们的工作,每个阶段都有不同的任务,每个时期都有不同的目标。但不管处于什么阶段、什么时期,关键是要立足职能、立足岗位,把每一项工作都做精、做细、做出彩。兴趣才是最好的老师。做好领导工作,首先要把工作作为第一兴趣。兴趣就是一种心理真正自觉的倾向,要从心灵深处迸发出做好工作的强烈愿望,把所承担的工作作为第一兴趣来做,如果把其他乱七八糟的东西,比如"拉关系""织网络""做私事"作为第一兴趣,把所谓的"个人爱好"作为第一兴趣,那就全颠倒、全混乱了,是做不好工作的。有了兴趣,还要干事。干部是干出来的。履好职、尽好责、当个"循吏"是最基本的要求;干大活、干出彩、干出水平,做个"能吏"、有本事的官是事业的需要。但不管是"循吏""能吏",好官、有本事的官,都是要干、都要在状态。做好领导工作,有的时候还要有点焦虑。不焦虑的干部不是好干部。保持适度的紧张感是有好处的,对每一个干部都有好处,对健康也有好处。如果百无聊赖、完全懒洋洋地塌下来了,事业、健康都会受到损害。所以说,一个好的领导干部,就一定要把工作作为第一兴趣,要用心,要认真,要变成自觉,人在岗上、岗在心上。

第四,一定要特别注意自身修养、党性修养、品格修养,守住底线,增强自己的真理力量、人格力量。做好领导工作,关键靠什么解决问题?靠"官位",靠"压"、靠"吓"是不行的。真理的力量、人格的力量才是永恒的,每个人都一样。做好领导工作最重要的是控制,控制的基础上才能有序,才能履行职责职能,尔后才能出新出彩,万万不能倒过来。具体来讲，就是管理一个地方、管理一个部门，要能够使大多数人都敬爱你、信赖你、喜欢你，这才是一个优秀的领导干部。如果做不到这一条，也至少要保证运转正常、控制得住。这也是一种工作水平、一种领导艺术、一种人格力量。这就要靠真理的力量，看你是不是公道正派，是不是有水平，是不是能解决问题，是不是敢于面对问题，是不是维护公平正义。再就是靠人格的力量，听其言、观其行，自己做得怎么样、能不能起到示范带头作用，是不是内心强大、挺起脊梁做人，是不是两袖清风、一身正气等。正所谓，"千锤百炼始成钢"。真理的力量、人格的力量，不是一朝一夕就能够形成，必须经过不断的历练和磨炼。领导干部一定要不断加强自身修养、党性修养、品格修养，勤于自修、善于自省、严于自律，真正做一个大写的人，做一个合格的党员，做一个组织和群众都认可的干部，做一个党组织放心、人民拥戴的优秀领导干部。

着力打造一支特别能战斗的巡视干部队伍*

巡视工作是党章赋予的重要职责和党要管党、从严治党的重要手段，是加强党内监督的重要形式。我们党的巡视工作，从1922年党的二大首次确立党的特派员制度以后，就伴随我们党一路走来，无论革命战争年代，还是从中华人民共和国成立到党的十八大之前，在发展壮大党组织和党员队伍、推动重大方针政策落实、解决党内自身突出问题等方面发挥了重要作用。党的十八大以来，中央颁布《中国共产党巡视工作条例》，党的十八届六中全会审议通过《中国共产党党内监督条例》，进一步推进了巡视工作制度化、规范化，巡视工作聚焦党风廉政建设和反腐败斗争在力度和强度上空前强化，中央完成了10轮巡视，实现了"全覆盖"，查处的违法违纪案件很多是巡视发现的线索，巡视成了党内监督的重要方式，成了推进全面从严治党的一把"利剑"。巡视取得的这些成绩，关键在于以习近平同志为核心的党中央推进全面从严治党的坚定决心和对巡视工作的坚强领导，也取决于广大巡视干部自身过硬、特别能战斗。全面从严治党永远在路上，巡视工作不是权宜之计，是严格党内监督必须长期坚持的重要方法和手段，巡视工作只能加强、不能削弱。所以，巡视干部一定要提高政治站位，提升专业素养，认真履职尽责，努力成为一支让党放心、人民信赖、忠诚干净担当的过硬队伍。

---

* 原载于《云岭先锋》2017年第4期，原标题为《打造一支特别能战斗的巡视干部队伍》。

一、锤炼对党绝对忠诚的政治品格

对党绝对忠诚是好干部的首要品质，是对党员干部的基本要求。党的十八大以来，以习近平同志为核心的党中央，以清醒坚定的政治力掌控大局方向，以现代科学的治国思想引领国家发展，以持续不断的变革创新激活内生动力，以天下为公的博大情怀凝聚力量，统筹推进"五位一体"总体布局和协调推进"四个全面"战略布局，使伟大斗争取得了新胜利、伟大工程取得了新成效、伟大事业取得了新进展。巡视部门是政治机关，巡视工作是政治工作，必须把讲政治作为第一要求。巡视干部要把对党忠诚作为首要的政治品格，形成一种深入骨髓的基因，这样才能让党放心。对党忠不忠诚，直接体现在是否牢固树立"四个意识"，能不能以强烈的责任感、使命感，把巡视工作任务牢牢扛在肩上、紧紧抓在手上。

对党忠诚是持之以恒的忠诚。锤炼对党忠诚的政治品格，就要加强党性锻炼，加强马克思主义理论修养，加强党员意识的培养，坚定正确的理想信念，强化共产党员的宗旨意识，强化科学文化修养等，在改造客观世界中自觉运用党性规范自己的行为，克服和抵制各种错误思想，改造主观世界，不断开创实践和认识的新境界。首要的是坚定理想信念。党的奋斗史表明，共产党员坚定的理想信念是党的事业不断成功并兴旺发达的强大动力和根本保证，是加强党性锻炼的"压舱石"。习近平总书记把理想信念比作共产党人精神上的"钙"，理想信念不坚定，就会"缺钙"，就会得"软骨病"；习近平总书记在党的十八届六中全会上进一步强调，党内政治生活出现这样那样的问题，根子还是一些党员、干部理想信念这个"压舱石"发生了动摇，世界观、人生观、价值观这个"总开关"出现了松动。就巡视干部而言，党性强不强直接影响工作底气,关系到能不能坚持原则,能不能向问题精准"开刀"。关键是要开展严肃认真的党内政治生活。开展严肃认真的党内政治生活,是我们党作为马克思主义政党区别于其他政党的重要特征,是我们党的光荣传统。1927年,毛泽东同志通过"三湾改编"把"支部建在连上",使革命有了中心力量,使红军历经艰难奋战而不溃散。现在,每一个巡视组都建立了党支部,巡视组的干部,要很自觉、很严肃地参加组织生活会,把组织生活会作为自我教育、自我管理、自我改造,增强党性修养的内在要求和必要途径,认真开展批评和自我批评,深刻剖析自身存在的问题,切实提高自我净化、自我完善、自我革新、自我提高的能力。

二、严守纪律规矩的底线

打铁还需自身硬。正人先正己,监督者更要接受监督。有的巡视干部认为,进入巡视组,就是进了"保险箱""避风港",有了"护身符",法规纪律的"刀口"就不会朝向自己。有这个想法是很危险的。在实际工作中,巡视组一入驻某个单位,就会被很多人盯上,打探消息的,反映情况的,甚至套近乎、交感情的,什么情况都有,存在被"围猎"的风险。所以,一定要慎之又慎,自己不打倒自己,谁也打不倒你。

信任不能代替监督,巡视干部作为监督别人的人,更要把党的纪律和规矩挺在前面,严格遵守政治纪律、组织纪律、廉洁纪律、群众纪律、工作纪律、保密纪律。这些纪律中,特别要严守政治纪律。政治纪律是最根本、最重要的纪律,遵守党的政治纪律是遵守党的全部纪律的基础。遵守党的政治纪律和政治规矩,最核心的是坚持党的领导,任何时候都要保持头脑清醒、站稳立场、保持定力,把政治纪律和政治规矩挺在前面,坚决维护党中央的集中统一领导。决不能口无遮拦、说三道四,口大气粗、自以为是,高高在上、盛气凌人。特别要严守廉洁纪律。在干部群众看来,巡视干部是作风过硬的表率、廉洁自律的模范、刚正不阿的代表。如果在巡视干部中发生了腐败问题,对党的形象和威信杀伤力更大。"若要人不知,除非己莫为。"东汉刺史杨震路过昌邑时,王密送上十斤黄金,并告诉"晚上没有人知道",但杨震生气地说:"天知、地知,你知、我知,怎说无人知晓?"这也是巡视干部要有的节操气度。大家一定要牢记:"天上不会掉馅饼,地上到处是陷阱""手莫伸,伸手必被捉"。一定要严格遵守《中国共产党廉洁自律准则》《中国共产党纪律处分条例》《中国共产党巡视工作条例》的纪律要求,用更高的标准、更严的要求约束自己、规范自己,从拒绝一份礼品、一顿宴请、一个红包做起,净化自己的生活圈、朋友圈、社交圈,真正做到挡得住诱惑、耐得住寂寞、经得起考验,崇廉拒腐,清白做人,干净做事,努力做一个高尚的人、纯粹的人、有益于人民的人。

三、保持敢于担当的精神品质

敢不敢于担当,不仅直接关系到巡视工作的质量水平,还关系党的形象,关系人心向背,关系事业成败。巡视干部是我们党的诊断器,是"X光机""望远镜",是"千里眼""顺风耳""侦察兵"。巡视工作就要敢于当"包公"、唱"黑脸"、"米缸里挑虫子",巡视干部一定要敢于担当。

敢于担当,就要敢于坚持原则、敢于亮剑,敢于同歪风邪气作坚决斗争。要敢于向问题亮剑,紧扣政治标准和政治偏差,深入查找被巡视单位党的组织和党的领导干部尊崇党章、党的领导、党的建设和党的路线方针政策落实情况、加强党风廉政建设情况，着力发现解决党的领导弱化、党的建设缺失、全面从严治党不力，党的观念淡漠、组织涣散、纪律松弛，管党治党宽松软等问题。当然，我们不能搞"欲加之罪、何患无辞"的那一套，一定要客观公正、公道正派。要敢于坚持原则，依法依规依纪办事，把个人关系和社会干扰置于脑后，不怕得罪人，面对矛盾和问题，不绕过，不躲闪，敢于较真，把使命责任扛在肩上。要敢于紧盯重点难点，也就是要善于抓住重点人、重点事、重点问题，比如，紧盯经济活动多，专项经费多，群众反映多的部门、处室，紧盯与群众利益密切相关的地方和单位领导班子特别是主要负责人等，什么关键就抓什么，什么是重点就盯什么。要敢于一抓到底，敢盯关键人，敢盯关键事，敢啃"硬骨头"，以"钉钉子"精神，敢于动真碰硬，发现了苗头就要有"九头牛也拉不回"的较真劲，不管问题有多大，有多复杂，只要露头，就敢于穷追猛打，不辨出个真伪决不松手。

四、练就精于内行的专业素养

《中国共产党巡视工作条例》明确，对应当发现的重要问题没有发现的，视情节轻重，给予批评教育、组织处理或者纪律处分；涉嫌犯罪的，移送司法机关依法处理。这就要求巡视干部业务能力必须过硬，要提高专业素养。专业素养是专业知识、专业能力、专业作风、专业精神的统一。巡视干部的专业素养最终体现在能不能发现问题，这也是巡视干部的思想政治水平、政策理论水平、实际工作能力的体现。巡视中很多问题潜藏隐蔽很深，如果思想政治水平、政策理论水平达不到一定程度，就没有了"尺子"，失去了标准；如果知识面不够广，谈话就问不到点上，不能把问题发现出来、挖掘出来，很容易被"障眼法"蒙蔽。特别是当前巡视工作重点转到政治巡视上来，政治巡视是政治体检，重点查找的是政治标准、政治偏差方面的问题，要求巡视干部具备更强的政治警觉性和政治鉴别力。

随着全面从严治党的纵深推进，巡视任务不断增多、内容不断拓展，对巡视人员专业能力的挑战越来越突出。很多时候，巡视组与被巡视单位是一种"博弈关系"，说明巡视工作应对的挑战和考验在不断增大。所以，巡视干部要清醒地认清自己的短板，自觉主动地补齐自己的短板。要提高单兵作战能力。巡视谈话期间，有的单位有四五百人，而巡视组只有几个、十几个人，如果不能"单兵作战"，覆盖面就会很小，发现问题的渠道就窄了许多。所以，对于巡视干部来说，提升个人实践能力，增强单兵作战能力很重要，也很紧迫。一要提高发现问题的能力。树立问题意识，把有没有问题、是什么问题作为巡视工作的重要目标，敢于大胆假设，慎于小心求证；善于抓住问题本质，运用"大数据"思维，收集处理来自纪检监察、组织、审计等部门的大量信息，将不同来源、不同部门的信息交叉印证，相互比对，去伪存真，去粗取精；善于"解剖麻雀"，透过现象看本质，分析问题的根源，注重研究个性与共性的关系，见微知著。二要善于优化工作方法。发扬党的优良作风，坚持走群众路线。一般情况下，领导干部是不会主动反映问题的，大多数问题线索是一般干部和群众提供的。巡视干部要深入群众，善听群众语言，乐于跟一般干部群众打交道，打消他们的顾虑，这样才能听到真话实话。要练就调查研究的基本功，掌握调查研究工作方法、技巧，避免摸不着头脑，辨不清方向。要提高工作的机动性，善于开展机动式专项巡视，因人而变，因事而变，更加机动灵活，这样才能找准问题，更有针对性。

五、提高知大局晓大势的能力

不管从事什么工作，首先要弄清楚这个机构为什么存在、工作职能是什么，把工作规律、特点研究深、研究透。还要善于站在高于自己所处位置的一两个层次，来思考、谋划、推进所从事的工作，把与所从事工作相关联的已经存在的形态、状态和尚未出现、将要出现的事情分析研究透彻。这是一名干部，特别是领导干部非常重要的能力，看一个干部有没有真本事、真功夫，这一点很重要，也是把工作干好、干出彩最重要的一把"刷子"。做不到这一点，就算不上一名优秀的干部。

巡视干部要知晓大局大势，就要强化学习钻研，提高认清形势、把握形势的能力。不能凭经验、照习惯办事。经验是好东西，但如果过分依赖经验，不结合变化了的新形势、出现的新情况，工作就会陷入被动，更做不到精耕细作自己的"一亩三分地"。一要知晓服务的中心、大局是什么。要站在党委的角度，搞清党委在思考什么、在干什么、需要我们做什么。也要知道中央纪委、中央巡视办指示要求是什么、主要在做什么、招法招式是什么。不然，不仅自己的视野、思路、办法会受到局限，还容易出现工作上的偏差。"做事不由东，累死也无功。"如果自作主张，另搞一套，工作就没有什么意义，还可能带来损害。二要认识到巡视工作永远在路上。全面从严治党、作风建设、反腐败斗争永远在路上。随着全面从严治党向纵深推进，巡视工作作为党内监督体系的重要组成部分和有力举措，肩负的政治责任会更加明确，标准要求会更严更实，工作任务会更加系统，工作机制会更加科学。三要紧扣巡视工作的重心。随着形势环境的变化，不同时期、不同阶段，巡视工作的重点任务在不断调整、不断变化。比如，当前的重点是政治巡视，查找重点是政治上存在的偏差。此举意味着巡视不仅要查找领导干部的经济问题，更要查找其政治问题，决不允许领导干部与党中央步调不一致，与中心任务相偏离。

六、养成学习研究的自觉习惯

任何工作要干出彩，都得在学习研究中推进。一般情况下，工作的过程就是发现问题、解决问题的过程。巡视干部具不具备学习研究能力，直接关系到查找、发现问题的能力。当前，巡视工作正朝着政治巡视聚焦发力，正朝着更严更实的方向迈进，如果不重视学习、不重视研究，要想把工作干好、干出彩是很难的。所以，巡视干部要把学习放在第一位，把在研究状态下工作作为一种习惯。

一要把学习作为一种常态。现在是知识本位、能力本位的时代，知识就是能力。据统计，最近50年人类社会创造的知识比过去3000年的总和还要多，知识更新的周期从过去的100年、50年、20年缩短到5年、3年。美国未来学家托夫勒说过："今天的文盲，不再是不识字的人，而是没有学会学习的人。"就是说，不学习就是庸俗的开始。所以，巡视干部要把重视学习、重视研究作为一种责任、一种精神追求、一种生活方式。巡视干部学什么？要学好党章党规，掌握开展巡视工作的遵循和"尺子"，把握巡视工作的性质、定位、问题界定等，增强工作的底气；要学好习近平新时代中国特色社会主义思想，掌握巡视工作的思想武器和行动指南，深刻把握党要管党、从严治党的深刻内涵，确保思路清、方向明；要学好中央、省委重要政策文件，把握本地管党治党形势任务的特殊性，把握共性与个性、主要和次要问题；要锻炼巡视工作业务能力，掌握发现问题的方法技巧，提高发现问题的能力，更好地抓住问题的本质，努力拓宽知识面、优化知识结构、完善知识体系。不管是哲学、历史、文学，还是经济、科技、法律、领导科学等，都主动学习、广泛涉猎。同时，还要积极主动地向实践学习、向群众学习、向他人学习。有个"127"的法则叫领导学原理，10%是书本上学的，20%是跟着别人学的，70%是自己实践磨炼出来的。实践磨炼，就要善于取人之长、补己之短，使自己的沟通协调、应对复杂局面、解决问题、文字综合等能力得到提高。二要坚持在研究状态下工作。巡视工作要求越来越严，如果不去深入研究，就把握不住工作的特点和规律。特别是政治巡视，查找的是政治偏差，发现起来难度更大。所以，巡视干部要学习研究、重视研究、善于研究，把研究作为一种工作理念、工作方法，深入研究巡视工作的过去和现在、本质特征、深层次矛盾等问题，在研究中改进工作方式方法，在研究中深化认识，在研究中找寻规律。

七、加强道德品质的自我修养

以德立身是中华民族传统文化的重要组成部分。习近平总书记强调："什么样的人该用，什么样的人重用，都要把德放在首位。"不管是在革命战争年代还是和平建设年代，德才兼备、以德为先始终是我们党的干部路线。发现领导干部道德品质方面的问题，是巡视工作的重要内容。巡视干部作为管别人的干部，人品素质更要过硬，人格修养更要好，示范作用更要强。

很多领导干部出问题，多数不是出在"才"上，而是出在"德"上。一般人无德，其影响可以想见；而领导干部失德，就会影响很坏，甚至危害人民利益，有损党的事业。所以，巡视干部要坚持以德修身，加强中华民族传统优秀文化的自我教育、自我塑造，加强政治道德、思想道德、职业道德建设，常修为政之德，不断提高道德水平、陶冶道德情操，做一个讲道德、有操守的人。要坚持以德用权，以道德为杠杆，增强宗旨意识、服务意识和组织观念、纪律观念，遵守党的纪律规矩不动摇，执行党的纪律规矩不走样；常怀敬畏之心，敬畏人生、敬畏权力、敬畏法纪、敬畏人民，时刻警醒自己，慎权、慎微、慎独、慎友，如履薄冰、如临深渊，做到为政不移公仆之心、用权不谋一己之利，刚正不阿、公道正派。要坚持以德律己，加强道德自律，坚守道德底线，自重、自省、自尊、自爱，常思贪欲之害、常怀律己之心，以高尚的精神追求抵御腐朽思想和灯红酒绿的侵蚀，从细微处着手，从小事做起，一尘不染、一身正气，堂堂正正做人、老老实实干事、清清白白为官，永葆共产党人的政治本色，以严防"灯下黑"的实际行动确保巡视干部队伍的先进与纯洁。

新任职的领导干部要着力提升七种能力

成长为一个好干部,一靠自身努力,二靠组织培养。当干部,一要靠得住,二要有本事。岗位就是责任,职务越高责任越大。俗话说,"没有金刚钻,别揽瓷器活"。对于新任职的领导干部来说,是不是真有"几把刷子",能不能尽快适应新岗位、担起新使命,也是一次新考验。能力素质是多方面的,能力素质的提升是量变到质变的过程,需要多管齐下、长期努力,对于新任职的领导干部来说,要着力提升以下七种能力尤为重要。

第一,着力提升政治能力。牢固树立政治理想,正确把握政治方向,坚定站稳政治立场,严格遵守政治纪律,是习近平总书记对提高政治能力内涵的科学诠释。我们党是用马克思主义理论武装起来的先进政党,必须旗帜鲜明讲政治。党员领导干部的第一身份是党员,第一属性是政治性,第一能力是政治能力。新任职的领导干部更加需要注意加强政治历练,自觉把讲政治贯穿于党性锻炼全过程,使自己的政治能力与担任的领导职务相匹配。一要增强"四个意识",对党绝对忠诚,坚决维护以习近平同志为核心的党中央权威。党的十八届六中全会确立习近平同志为党中央的核心、全党的核心,新任职的领导干部必须对党绝对忠诚,把维护习近平总书记的核心地位作为最重要的政治纪律,切实增强政治意识、大局意识、核心意识、看齐意识,真正在灵魂深处牢固树立起习近平总书记的核心地位,在思想上政治上行动上同以习近平同志为核心的党中央保持高度一致。二要把稳政治方向，站稳政治立场，自觉践行以人民为中心的发展思想。革命理想高于天，理想信念是领导干部安身立命的根本。要坚持共产党人价值观，筑牢信仰之基、补足精神之钙、把稳思想之舵，坚定中国特色社会主义道路自信、理论自信、制度自信、文化自信。要树立正确的世界观、权力观、事业观，做到以信念、人格、实干立身。民心是最大的政治。北宋思想家张载曾说过："为天地立心，为生民立命，为往圣继绝学，为万世开太平。"人民立场是马克思主义政党的根本政治立场，人民利益是我们党一切工作的根本出发点和落脚点。领导干部越是身居高位，越要始终保持与人民群众的血肉联系，始终与人民群众站在一起、干在一起，把人民对美好生活的向往作为我们的奋斗目标。三要加强政治历练，时刻严格自律，始终保持共产党人的政治本色。政治能力不会自己形成，也不会随着党龄增加或职务升迁而自然增强。优秀干部是在艰难困苦的磨砺中成长起来的，是在党内政治生活的淬炼中成长起来的，也是在斗争中成长起来的。新任职的领导干部要敢于坚持真理，修正错误，永不自满、永不懈怠。要把讲政治这根弦始终绷得紧而又紧，把提高政治能力贯穿于思想、工作、作风的各方面，贯穿于党内政治生活和党内监督的全过程。要善于从政治上观察和处理问题，从政治上辨别和判断是非，决不能在重大政治问题上立场摇摆、态度暧昧。要增强党内政治生活的政治性、时代性、原则性、战斗性，把批评和自我批评的武器用够用好，提高发现和解决自身问题的能力。要发扬斗争精神，既敢于斗争，又善于斗争，决不能搞"爱惜羽毛"，当所谓的"开明绅士"。要严格自律，防微杜渐、形成习惯，始终不放纵、不越规、不逾矩。

　　第二，着力提升适应能力。顺势而为，如同顺水推舟，自然省时省力，事半功倍；逆势而为，则如逆水行舟，劳神费心，往往不进反退。善于随着身边事物变化而不断调整适应，就是提高适应能力的过程。古语讲，"君子如器"。新任职的领导干部面临着到新岗位、新地方甚至跨度非常大的领域任职，只有根据环境变化准确自我定位，尽快融入环境、融入集体、融入群众，较好适应新工作、熟悉新岗位、履行新职责，才能打开工作局面。一要尽快熟悉新环境。新任职的领导干部特别是异地交流干部到一个新的地方、一个新的岗位，一方面，要尽快熟悉这个地方、这个单位的历史文化、人文环境、资源禀赋等情况，熟悉这个地方、这个单位的过去与现状、优势和劣势、特点和规律，掌握重点工作、重点问题的来龙去脉；另一方面，要跳出这个地方看这个地方，以问题为导向，推进工作。二要尽快融入干部群众。要深入基层干部群众和工作一线，主动接地气，虚心向干部群众学习，尽快相互了解熟悉，尽快融入。要放下架子，善于团结发动干部职工，充分调动他们的积极性、主动性和创造性。三要尽快熟悉新工作。尽快了解新岗位、新工作的基本职能、工作要求、主要流程和适用的法律法规，对工作重点、工作难点做到心中有数；尽快调适心态，找准定位，形成系统科学的工作思路和工作方法。

第三，着力提升掌控能力。掌控能力，顾名思义，就是一种掌握、控制的能力。新任职的领导干部或多或少都掌握一定的公共资源，要按辩证法办事，提升掌控能力，切忌当拍胸脯表态、拍脑袋决策、拍屁股走人的"三拍"干部。一是既要着眼长远，又要活在当下。习近平总书记指出："广大干部要坚持历史观点，把科学发展作为衡量政绩的主要标准，做到立足当前、着眼长远、统筹兼顾。"立足当前，就是要活在当下，树立强烈的时间观念，做到今日事今日毕，日清月结，事不过夜，马上就办。要提升一两个层次看问题，根据大局大势，结合自身实际，掌控好进度和节奏，长计划、短安排、立即做。二是既要到位，又不越位。要尽好本职、守好本分，不越位越权，不无事生非。信息要对称，多请示、勤沟通；自觉摆正位置，个人得名获利的事少做，担责补缺的事多做。三是既要全力以赴，又要量力而行。要把握好全力以赴和量力而行的关系，条件成熟的时候，全力以赴达成目标；条件尚不成熟的时候，则不能盲目行动，千万不能"赶鸭子上架"。

第四，着力提升推动能力。习近平总书记强调，提高领导干部推动科学发展的能力，是当前干部队伍建设的一项根本任务。总书记还指出，当前"为官不为"主要有三种情况：一是能力不足而"不能为"，二是动力不足而"不想为"，三是担当不足而"不敢为"。这些现象有以下几种具体表现：一是不思进取的"庸官"，不求过得硬，只求过得去；二是推诿扯皮的"躲官"，只要不出事，宁愿不做事；三是作风漂浮的"看官"，不抓落实，不做实事；四是办事拖沓的"懒官"，犯慵懒病、逍遥病；五是装聋作哑的"木官"，该尽的责任不尽，该管的事不管。"为官避事平生耻。"干事是干部的天职，担当是干部的使命，有多大担当才能干多大事业。新任职的领导干部必须增强危机感、责任感、使命感，真抓实干，敢于担当，以踏石留印、抓铁有痕的劲头，深刻认识到：过去优秀不等于现在也优秀，平台并不代表本事，一定要发扬钉钉子精神，一锤接着一锤敲，善始善终、善做善成，把各项工作落到实处。一是坚持稳中求进的工作总基调。"稳"是基础、是前提，是发展的底线，是进步的基石，行稳才能致远；"进"是目的、是任务，是改革发展大势，只有积极进、主动进、持续进，才能为"稳"奠定更加坚实的基础。要正确处理好"稳"与"进"的关系，立足于现有的工作基础考虑问题，认真研究吃透前任制定的工作思路，科学谋划工作，保持工作的连续性；同时也不能停滞不前，要通过科学创新推动工作、促进事业发展，决不能满足于一般化、过得去，原地打转。二是善于抓重点、重点抓。抓工作、干事业，要善于分清轻重缓急，统筹推进。要明白孰重孰轻，学会运用辩证法，善于"弹钢琴"，抓住主要矛盾和矛盾的主要方面，找准切入点，重点突破，以点带面，全面推进；要明白谁先谁后，学会急事缓办、缓事急办，把最重要最紧迫的工作放在第一位来抓，顺序推进。三是必须有一抓到底的作风。要敢于担当，敢理"旧账"，狠抓落实、善抓落实，提高执行力。要处理好原点与终点的关系，领受任务是原点，完成好任务是目标，要经常修正方向，按着既定轨道前行，圆满完成既定任务；处理好方法与效率的关系，加强合作，善于借力，取长补短，充分发挥团队"1+1＞2"的执行能力优势，在抓具体抓细节中提高执行的效率和效益；处理好担当与坚持的关系，遇到问题和困难不推脱、不放弃，敢于迎难而上，拿出滴水穿石的韧劲，久久为功，把事情坚决地贯彻落实下去；处理好反馈与评估的关系，要有及时反馈的"复命意识"，注意适时反馈、阶段性反馈，事中要反馈、事后更要反馈，将重点放在总结成功的体会和失败的缘由上，研究如何提高执行的质量和水平。

第五，着力提升学习力研究力。习近平总书记强调："中国共产党人依靠学习走到今天，也必然要依靠学习走向未来。"提高学习力研究力是领导干部面临的永恒课题。一要提升学习力。当今时代，知识更新的速度越来越快，学习的需求量越来越大。在农耕时代，一个人读几年书，就可以用一辈子；在工业经济时代，一个人读十几年书，才够用一辈子；到了知识经济时代，一个人必须学习一辈子，才能跟上时代前进的脚步。新任职的领导干部要养成学习的习惯，主动学习、快乐学习、创新性学习、着眼未来学习，不断提高自身的学习能力，真正做到"活到老，学到老"。二要始终在研究状态下工作。调查研究是谋事之基、成事之道；没有调查，就没有发言权，更没有决策权。实践与研究是相辅相成、相互促进的关系，在工作实践中提高学习研究能力是最直接、最有效的方法。正如春秋时期政治家子产所言："政如农功，日夜思之，思之始而成其终。"新任职的领导干部要学会和坚持在研究状态下工作，运用科学的方法探求工作的本质和规律。要用脑子干活，不仅要苦干实干，还要巧干会干。要把研究作为一种习惯，作为一种工作理念、工作方法，做到坚持从群众中来，到群众中去。三要善于总结经验。毛泽东同志曾经说过，他是靠总结经验吃饭的。大总结有大收获，小总结有小收获，不总结没收获。任何事物都有其自身与众不同的特性，但无论事物如何复杂、如何变化，其背后都存在着必然的内在联系和发展趋势，这就是规律。规律是客观的，领导干部把握不了规律，就难以总结提升。这就要求新任职的领导干部要善于把平时零碎、肤浅、表面的感性认识，上升为全面、系统、本质的理性认识，提高认识和运用客观规律的水平，使思想和行动既不落后也不超越于客观实际，切实增强工作针对性和有效性。

第六，着力提升团结共事能力。习近平总书记指出："力量不在胳膊上，而在团结上。"团结出凝聚力、战斗力，团结出智慧、出成绩，团结出干部、出人才。一个领导班子，讲团结是大政治，会团结是真本事，团结好是高水平。一要善于用事业凝聚人。毛泽东同志在《党委会的工作方法》中指出："我们不仅要善于团结和自己意见相同的同志，而且要善于团结和自己意见不同的同志一道工作。"科研人员要求新求异，领导干部要求同求稳。新任职的领导干部要善于把干事业、促发展作为团结班子成员、团结身边同事的基础，树立以"事业为重"意识，用事业凝聚人心，在共事、谋事、干事中增进团结。要虚怀若谷，懂得包容，尊重和欣赏别人的个性，包容别人的缺点和不足，做到容人、容言、容事。团结共事不是无原则的迁就，在大是大非面前决不能含糊、不和稀泥。要充分运用批评与自我批评武器，坚持原则，善于在批评中增进团结。二要正确处理好集体领导与个人分工负责的关系。"互相补台，好戏连台；互相拆台，一起垮台。"担任"一把手"的同志，面临由干事到谋事、由献策到决策、由幕后到台前、由分管到统管的角色转变，如何开好局、起好步，尤为重要。要想全局、谋长远、蓄后劲，保持工作的连贯性和持续性，做到身在事之中、心在事之上。要善于授权、善于宽容、善于放权，做到总揽不包揽、放手不甩手、信任不放任。担任副职的同志，要做到心想全局、维护全局，服从不盲从、补台不拆台、分工不分家，积极出谋划策，抓实抓好分管的工作。每个班子成员都要出于公心，把党和人民的利益看得重一些，把个人的得失看得淡一些，小我服从大我，个人服从组织，发出一个声音、形成一个拳头、拧成一股绳。三要自觉贯彻执行民主集中制。搞好团结，最重要的是按规矩办事，严格执行民主集中制的各项规定。凡是重大决策、重大项目、重要人事任免和大额度资金使用，都要充分发扬民主，广泛听取意见，多沟通多商量，集思广益，择善而从，集体讨论决定，决不能搞一言堂、个人说了算。集体决策一旦作出，即便个人有保留意见，也要各负其责，不折不扣地贯彻执行，决不能搞自由主义、各行其是。要坚持大事讲原则、小事讲风格，坚持不利于团结的话不说、不利于团结的事不做，把团结作为一条政治纪律来要求，从而形成心齐、气顺、风正、劲足的生动局面。

第七，着力提升自我革新能力。新形势下，党面临着"四大考验"和"四种危险"，全党要增强紧迫感和责任感，增强自我净化、自我完善、自我革新、自我提高能力。我们党是最具自我革命精神的党，具有极强的自我修复能力，这种自我净化的特质反映党的先进性质和崇高追求，彰显着党的独特政治优势和鲜明执政品格。新任职的领导干部只有具备自我革新的精神，不断自我完善，革除不合时宜的落后思想观念、工作作风、工作方法，才能彰显共产党人先进品质，紧跟时代步伐。一要善于自我认知。人贵有自知之明。领导干部对自己是什么样的人、能力有多强、能干多大的事，要有清醒正确的认识，千万不可错把平台当本事，更不能只看到自己的优势长处，看不到缺点和问题。要经常检视反省自己，善于找到自我完善、自我提高的坐标，以刀刃向内的勇气"祛病强身"，防止小问题变成大问题、"小管涌"变成"大塌方"。二要自觉加强修炼。自身修炼永远在路上，没有休止符。领导干部加强修炼的过程，就是不断自我革新的过程，最重要的是按照习近平总书记提出的好干部"20字标准"，强化"五项修炼"，做到信念坚定常"补钙"，为民服务练本领，勤政务实创佳绩，敢于担当见精神，清正廉洁保操守。三要敢于接受监督。监督是一种约束，也是一种爱护。使用就是最大的信任，越是信任越需要监督。领导干部要自觉加强自我监督，强化底线思维，做到"吾日三省吾身"；自觉接受党和群众的监督，运用手中的权力全心全意为人民服务，让权力在阳光下运行；自觉接受同事的监督，不断发现和改进自身和工作中的不足；自觉接受班子成员的监督，让"咬耳朵、扯袖子、红红脸、出出汗"成为常态。

年轻干部理应扎实打好"底子"*

任何一个干部的成长都是内因与外因共同造就的,也就是说,既要靠组织培养,也要靠自身努力。习近平总书记指出,好干部要做到"信念坚定、为民服务、勤政务实、敢于担当、清正廉洁"。总书记的明确要求,需要我们终身去实践,尤其是年轻时代要打好"底子","底子"不打好是会摔跤的。要做一个好干部,首先要做个好人,要有好的品行、好的品德,但好人不一定能做干部,因为干部有特殊要求,要有担当、有责任感、有使命感,要有奉献、要有领导能力。对于年轻干部来说,从自身努力的角度来讲应做到以下几点:

第一,要有一种正确的且强烈的愿望。自己想成为一个什么样的人,定位要搞清楚,自己这个没想明白,或者假装明白了,实质不明白,那么就一定会产生很多困惑,路一定是走不好的。目标越高,动力越大。我们共产党人最重要的是要有理想信念,理想信念高于天。革命先辈前赴后继,甚至连自己的生命都不顾,就是为主义而战、为正义而战。只有拥有坚定的理想信念,人生才会有持久、强大的内在动力。理想指引人生方向,信念决定事业成败。有了理想信念支撑,就能为社会多担责任,就能真心实意地为人民谋福祉,同时也就能更好地实现自身的价值。如果有正确的人生观,我们的愿望就一定是庄严的、神圣的、有价值的、有意义的。如果老想自己比较安逸一点、

---

* 原载于《刊授党校》2016 年第 2 期。

钱多一点、舒服一点、自由一点，或者有点好名声，这就说明还不具有这种正确的强烈的愿望。选择了当干部，就是选择了奉献，领导干部都是在某个岗位、某个职务上发挥作用、行使权力的。岗位就是责任，职务就是责任。领导干部掌握的是公器、公权，必须大公无私、先公后私、公私分明，而不能谋私利、不能搞特权；要有爱民的情怀、尽社会的责任。不能把它作为自己升迁的工具，作为一种待遇、一种名声，而是必须清楚认识到，职务越高，责任越大。

　　第二，要有比较强的认知能力。自古以来，有一个问题大家都在讨论，都很困惑，也比较难的一件事，那就是如何真正认识自己。我们每一个人既是个体的人，又是社会的人，还是组织的人。所以真正认识自己、了解自己认知能力的状况显得特别重要。只有真正认识自己了，才知道自己的长处、短处是什么，才知道自己要修炼的是什么、要努力的是什么、要克服的是什么、要补充的是什么。凡是骄傲自满、自以为是的人，在社会上是很难合群的、很难得到他人认可的，也是自身缺陷比较大的，也就很难走好、走远。毫无疑问，年轻干部拥有很多优势，包括年轻的优势、知识的优势、情商和智商的优势。要有自信心，这种自信心来自于我们的实力，信心贵如金。没有信心，人生的路便走不好，工作也做不好；同时也不能自负，也要知道自己的缺陷。

　　现在有一个需要我们注意的问题就是，说情商比什么都重要。有的人说，"85%靠情商获得成功"。情商当然重要，但任何一个人的成功，智商、情商、意商（意志力）、境界都很重要。因此情商要占到85%的份额的说法是值得商榷的。每个人都要重视人际关系，但绝对不能刻意去追求人际关系。任何情况下不能自己把自己搞复杂，要以简单对复杂。王者之道，浩浩荡荡，"多些道，少些术"，这个做人之根本。意志力也很重要。一个干部，经不经得起挫折，受不受得了考验，意志力、心理承受能力就可以把人的档次区分开来，距离拉开来。还有境界的问题，一个人没有一点境界，太小气、格局太小，气象就一定小。凡事为自己打算，往往是贪小便宜上大当。一定要少点小聪明，多一些大智慧。要有一点境界，考虑到人类、国家、社会、他人，要有个大的格局。人很难过百岁，现在生活条件更好了，人的寿命在增长，但100岁以上的人还是很少。就算是100岁，我们小时候让人家照顾、抚养还要学习；年轻的时候还是"青苹果"，一下子担当不了重任、磨炼；老了以后还要人家照顾，也不可能尽什么更多的社会责任，七扣八扣，能够自立于社会、服务于社会、贡献于社会的年限并不多，尤其是担任领导干部的时间不是很长。所以工作时间不多，为人家服务的时间不是很多，就更要好好珍惜，要有境界。

第三，要不断地学习、不断地实践。一个优秀领导干部的成长，很重要的就是要靠孜孜不倦地学习。现在，知识量隔几十年、几年翻一番，想要紧跟时代，唯一的办法就是坚持学习、终身学习，还要善于学习。学习力将是人与人之间拉开差距的一个很重要的方面，包括能不能够坚持学、善不善于学、会不会学、学习的速度如何等。学无止境。人生的高度往往得益于阅读的广度。看的是书，读的是世界。当然，学习不仅要向书本学，还要向实践学、向社会学、向老百姓学。老百姓对生产生活、对人生都有比较通透的认识，这可是一个要好好学习的大书，我们读懂了这部书，对我们人生大有裨益。其次就是实践，实践出真知。实践是最好的老师。学习的目的完全在于运用，离开了运用也毫无意义，能转化知识的人才有本事，那就靠实践来体现、来验证。我们现在是在基层工作，基层确实是最重要、最好的课堂。人生有了这一课，把这碗酒好好地喝下去，人生就有胆量、有底气了。

吃过苦，了解中国最底层的情况，也知晓农民生产生活的状况，将会一辈子受益。千万不能把在基层工作作为一个负担，一有负担就纠结，一纠结就痛苦，凡事多想正面，正面思考有助于一个人的身心健康。大道理管住小道理，自己想过来也想回去，不然现在心理疾病频发，搞得自己心理抑郁就麻烦了。还要学会总结、学会反思，总结自己、总结他人，可以少走很多弯路，对工作有阶段性总结，对我们学习、思考、做人、处事也有阶段性总结。古人讲"一日三省吾身"，即使不是每天，也应每周、每个月、每年进行总结。有的人一辈子不总结，始终自我感觉良好，其实是"脚踩西瓜皮，滑到哪里算哪里"，这样是得不到提升的，悟不到、悟不出道理来的。还要反思，反思是一种自信心的表现，反思也是一种能力。严格来说，没有反思能力的人是一个不完整的人，更谈不上是一个高尚的人。谁都有缺点，谁都会犯错误，反思了、纠正了、自己认知到了就可以了。别人都坏，就自己好，其他人都不好，所有人都看不惯，这恰恰说明自己有问题，至少是修养不够、看法偏激。

第四，要有平常心、同情心和良好的心理承受能力。心智成熟的人最强大。心理成熟跟年龄有没有关系？有点关系，但关系不大。有的人五六十岁也不成熟，有的很年轻就比较成熟。这里指的是心智成熟，而不是老谋深算。心理承受能力是一个正常人，尤其是一个担任社会公职的人非常重要的一个条件。遇到事情能够从容对待，遇到挫折敢于面对，凡事向好的方面去想、向最坏方面做准备。有一点英雄气概，有一点大无畏的精神。这种气概和精神对我们每一个人，尤其年轻人都是非常重要的。要有很好的心理承受能力，需要经过不断的磨砺，自己要有意识提高这方面的能力，同时还要注意要拥有平常心。不能好高骛远，要立足于此时此地的人生，干什么就干好什么，千万不能够这山望着那山高。要以平常心对待社会、对待人生，对待自己的功过、名利。还要有一颗善良的心、同情的心，为人不善，不要说做领导干部，做人都不合格。与人为善，乐道人之善，多看别人的长处，是我们每一个人应该具有的品格。当然善也包括孝心，一个连父母都不爱、不孝敬的人，很难指望他去爱别的人、爱人民。所以我以为，凡是不孝敬父母的干部基本上不是好干部。即使慷慨激昂、表态很好也都是装出来的。生你、养你的父母都不爱、不孝敬，还想让你当了领导以后去同情、爱护老百姓，去为社会作奉献，几乎荒唐。向上、向善、不纠结、积极，应该成为我们的一种习惯。习惯是什么？习惯就是惯性，一种心理倾向。心理学告诉我们：三周可以建立起一种习惯，坚持三个月便可以培养一个习惯。不管什么习惯，从心理学这个角度，都可以建立起来。年轻干部应当在做好本职工作的同时、在刻苦学习磨炼的同时要特别注意培养自己诸多的好习惯，这是终身受益的大事。

第五，要有比较强的自制能力。我们都是活生生的、个体的、社会的人，我们都希望得到尊重，都希望自身价值得到体现，这些应当说都是对的、都没有问题的。但是，我们不是生活在真空当中，自制能力也是一种很重要的能力。人靠两种力量来管好自己，一个他律，一个自律，缺一不可。而自律是一种尤其在没有监督的情况下表现出的良好的行为，那更可贵、更宝贵。特别要注重廉洁自律，不是自己的东西不能要，什么叫好人什么叫坏人很难定义，但可以肯定的是，坏人不是他的东西他也想要，他抢人家的东西，肯定是坏人；好人是自己的东西他也愿意奉献给别人，这是好人。当然，好人、坏人不是这么简单定义的，很复杂，但至少这也包含这个方面的内容。年轻干部一定要养成廉洁自律的习惯。因为，随着年龄的增大、资历的增强、贡献的增加、才干的增强，年轻干部的职务也越来越高，这是规律。掌的权大了，巴结你的人多、奉承你的人也多，这就考验自制能力。位不在高，廉洁则名；权不在大，为公则威。廉树威，贪失信；廉兴国，贪失家。

西双版纳有一种树，叫望天树，高达80多米，可谓出类拔萃。我常想，望天树为何能长得这么高、这么好？这是值得我们思考并且可以从中得到启示的。一是它脚踏实地。它的根基大，身为树之王，占的地盘也大，脚踏实地。一般树有多高，根就有多深、就有多宽。二是它心无旁骛。它就是一门心思往上长，不顾一切往上长，自身不断成长、生长。三是它勇往直前，不畏艰难往上冲。四是长成这种结果，就是出类拔萃。我真诚地希望，我们的年轻干部能够真正地做到脚踏实地、心无旁骛、勇往直前、出类拔萃，为我们党、为我们国家作出更大的贡献！

乡镇工作大有可为*

乡镇是我国最基层的政权组织，是我们党在基层执政的重要基石，可以说是"宏观之末、微观之首"。乡镇党委是党在农村各项事业的领导核心，而乡镇党委书记则是这个领导核心的"火车头"，党务、政务、事务系于一身，没有几把刷子还真干不好。在决战脱贫攻坚、决胜全面小康、实现跨越发展的关键时期，乡镇党委书记责任重大、使命光荣，要把习近平总书记"做政治的明白人、发展的开路人、群众的贴心人、班子的带头人"的要求作为工作的基本遵循，珍惜机会、扎根沃土、奋发有为。为此，给乡镇党委书记提出六条建议。

一、乡镇是个大学校大舞台

乡镇是党和政府联系农村群众的桥梁与纽带，也是推动一方发展、带领一方群众致富、维护一方稳定的前沿阵地。在乡镇工作，可以经风雨、见世面、练本领、作贡献，因此，可以说乡镇是个大学校、大舞台。作为乡镇党委书记，应当敬重、珍爱这一岗位，既做好基层"作业"，也考好基层"试题"；既在这所大学校里汲取营养、增长才干、砥砺品格，也在这个大舞台上挥洒汗水、发挥作用、作出贡献、实现价值。

乡镇是服务奉献的重要岗位。乡镇处在农村工作第一线，直接

---

* 原载于《刊授党校》2017年第10期。

面对群众、直接联系群众，发展经济、改善民生、安全生产、维护稳定等各方面的任务繁重，在乡镇工作就意味着服务和奉献。作为干部，"干"是当头的，必须要有庄严感、使命感、责任感，严肃认真地对待岗位，不折不扣地做好工作，这既是对组织负责、对父老乡亲负责，也是对自己负责。选择了当乡镇党委书记，就意味着要比一般干部服务得更多、付出得更多、奉献得更多，特别是面对一些急难险重任务时，经常是"两眼一睁，忙到熄灯"。在一些艰苦边远地区，有的还要自己骑着摩托车、自行车去下乡，有的还要徒步翻山越岭才能到达，很辛苦。被误解、抹黑的情形也不是没有，有些是外界能直接看到、感受到的，更多的是背后看不到的，很不容易。但组织把干部放在这个位子上，原本也不是让你来享福的，所以要学会自我调适，确保身心健康，这样才能更好、更持久地服务奉献。不能吃苦、拈轻怕重，不去付出却要收获，这是不可能的。

乡镇是学习锻炼的重要平台。在乡镇经常会遇到各种各样的问题，通过对群众的生存状况、生产生活情况、风俗人情、文化历史等直接接触，可以增进对国情的了解，也能激发自己的责任感。要学习工作化、工作学习化，在学习与工作的良性互动中不断汲取智慧、增强本领、超越自我。要端正态度，以群众为师，学习群众乐观豁达的态度、朴实善良的品质、简单处事的智慧，正所谓高手在民间，群众中蕴藏着无穷的智慧和力量。要勤奋工作，以实践为师，在实践中深化认识、获得真知、增强本领，进而更好地推动工作，做到从实践中来、到实践中去。要放下姿态，以基层干部为师，不要以为职务高就一定本领高，自己是党委书记就一定比一般干部、村干部的能力强。事实上，他们更熟悉基层情况和具体业务，更掌握群众工作方法，更能和群众打成一片。要善于总结反思，不断提高自己，白天看听讲，晚上读写想,让感性认识上升为理性认识,在总结反思中提高,从而少走错路和弯路。大总结有大收获,小总结有小收获,不总结就没收获。

乡镇是培养干部的重要渠道。"宰相起于州郡,猛将发于卒伍。"扎根人民群众、打牢实践基础,是年轻干部成长的根本途径,很多优秀的领导干部都有着丰富的基层工作经历和一线实践经验。事实一再证明,越是条件艰苦、困难大、矛盾多的地方,越能锻炼人、越能造就人,这也可以说是干部成长的一般规律。卓越是煎熬出来的,伟大是坚守出来的。王阳明曾说过:"人须在事上磨,方能立得住;方能静亦定、动亦定。"任何磨难都是难得的经历和财富,干部不经千锤百炼就提拔到重要岗位,往往德才难以胜任,关键时刻也很难经受住考验,再好的苗子也长不大。乡镇党委书记是干部成长的重要起点和县级以上领导干部的重要来源。一个优秀的乡镇党委书记只有经过多方面的磨砺,才能褪掉娇气傲气暮气,锤炼出坚强的意志品质、高超的能力本领、过硬的工作作风,成长为一个各方面都比较成熟的领导干部。

二、一枝一叶总关情

郑板桥在任山东潍县知县时,写过一首著名的诗:"衙斋卧听萧萧竹,疑是民间疾苦声。些小吾曹州县吏,一枝一叶总关情。"字里行间充分体现了他对百姓疾苦的关心。封建社会的官吏尚且如此,我们共产党的干部更应该不忘初心,把人民群众对美好生活的向往作为自己的奋斗目标,把群众呼声当作第一信号,把群众利益当作第一追求,把群众满意当作第一标准,做到"民之所忧,我之所思;民之所思,我之所行",始终保持与人民群众的血肉联系和鱼水深情。

要经常走进群众的门槛。"密切联系群众"是我们党的最大政治优势,"脱离群众"是我们党面临的最大现实危险。历史的教训反复告诉我们，干部不了解群众，不代表群众，就会被人民抛弃。乡镇党委书记与群众的距离，说简单一点就是一道门槛的距离，只有经常走进群众的门槛，群众才会把我们放在心坎；只有我们把群众当亲人，群众才会把我们当亲人。要带着感情去，真心实意地走近群众、了解群众、融入群众，与群众交朋友、结亲戚，使自己和群众"根连着根、心连着心""像吸铁石紧紧凝聚在一起""如石榴籽一样抱成一团"，才能做好群众工作，才能赢得民心，这是我们一切工作的出发点和落脚点。如果把与人民群众的关系搞成"蛙水"关系，需要群众的时候就像青蛙一样跳下去，不需要就上岸，群众是不会认可你、拥护你的，你也一定干不好。

要把实事办到群众的心坎上。人心是最大的政治、民生是最大的政治。"知屋漏者在宇下，知政失者在草野。"我们的工作是否符合基层实际、能不能真正地为百姓造福，群众最有发言权。不倾听群众"原生态"的声音，就会造成信息不对称，作出的决策、提供的服务就很可能驴唇不对马嘴，再忙活也是白搭。作为乡镇党委书记，要从与群众生产生活密切相关的具体事情做起，从群众最不满意的问题抓起，坚持不懈办顺民意、解民忧、惠民生的好事实事、有温度的事，真正把实事办到群众的心坎上，让群众有更多的获得感，让群众的幸福更有质感。有的乡镇党委书记做事不怕群众有意见，就怕领导没看见，一心想着引起"上头注意"，不顾实际地大干快上，搞一些所谓的"政绩工程""面子工程"，结果浪费了时间和资源，也寒了群众的心，这是十分危险的。

要关注弱势群体困难群众。各地情况千差万别，发展水平参差不齐，但都不可避免会有一些弱势群体和困难群众，如残疾人、孤寡老人、留守儿童等，他们生活上存在困难，心理上需要慰藉，遇到急事难事时可能会不知所措，需要我们特别地关心关注。足寒伤心、民寒伤国。群众在我们心里有多重，我们在群众的心里才有多重。乡镇党委书记既要做好面上的工作，也要关注个体利益，要有怜悯之心、恻隐之心，当仁不让成为弱势群体、困难群众的"主心骨"，帮他们释疑解惑，解决燃眉之急，以情暖人、以情感人、以情化人，把党的温暖送到这些群众的心上，让他们生活得更有尊严，千万不能熟视无睹、见怪不怪、麻木不仁，那是在降低自己的品格，也是在损害党的形象。有时候在群众看来是很难的一件事，通过组织出面、干部帮忙也许就能轻易解决。谁家因病返贫求医无门、谁家房屋倒塌无处安身、谁家残疾人不能就业，我们乡镇党委书记出面解决了，群众心怀感激，当然这不是我们工作的目的，这是应尽的职责。

要常怀感恩之心歉疚之情。我们党是依靠群众发展壮大的，是在群众的支持下夺取政权的。要敬畏群众，牢记党与群众是舟水关系、鱼水关系：水能载舟亦能覆舟；水可以没有鱼，鱼却永远也离不开水。我们即使做出了一点成绩也不应沾沾自喜，而是要感恩组织和人民给了自己干事创业的机会和舞台；做不好就是失职，就对不起组织的重托和人民的期望，应该深感歉疚。要常想想为什么做官、做官为谁服务，哪些事情做错了、哪些工作有差距，是否尽到了自己的职责。千万不要认为做了一点事就是对群众的"恩赐"，就要群众感恩戴德，更不能认为当了领导就是当了"官"，就沾上"老爷气"，这就颠倒始末了。要把对群众的感恩歉疚之情作为一种觉悟，化作实实在在的爱民之举、为民之行。经常拿感恩歉疚之情这面镜子照一照，就会有压力感、羞愧感，就会知耻而后勇，知差而奋进，在位一天，"赶考"一天，走好新的长征路。

三、履好职尽好责

岗位就是责任，职务就是责任。当官避事平生耻，既然在乡镇党委书记这个岗位上，就必须在其位谋其政，履好职尽好责。但是有的同志缺乏基本的职业精神，比如不注重学习，专业素养和工作能力跟不上时代节拍；不勤于思考，推动发展想不出金点子，解决问题拿不出好招数；不勇于作为，改革创新意识不强，习惯"敲锣打鼓"，不善于当"主角"等。心中有点子、手中有刷子，工作才能驾轻就熟、游刃有余。乡镇党委书记要克服这些不足，真正练就几把拿得出手的刷子。

要有执行的能力。上面千条线，下面一根针；上面分系统，下面是总统。乡镇一级干部的主要工作就是抓执行和落实。邓小平同志说过："世界上的事情都是干出来的，不干，半点马克思主义都没有。"乡镇的整体状况怎么样，很大程度上是乡镇党委书记执行力的体现。一个没有一定执行能力和推动力的干部肯定不是一个合格的干部。现实中，一些领导干部错误地认为，执行仅仅是下级的事情，与领导者本人无关。其实，领导执行过程也是领导责任划分的一个过程，落实执行力是从领导本身开始的，绝不仅仅是下级执行的问题。作为"一把手"，必须该挂帅时挂帅、该出征时出征，坚决杜绝工作部署多、检查督促少，一般号召多、跟进指导少的问题，以过硬举措推动执行。执行过程中要经常修正方向，执行完毕后要注意反馈和评估，以利再战。执行力只能从执行中获得，不可能通过空想获得，要强化"立即做、马上办"的理念，牢牢抓住现在的时间做事，克服拖拉懒散的恶习，不讲条件、不找借口、不推责任，以服从、诚实的态度，敬业、创新的精神，把工作落细落小落到实处。

要有脱贫攻坚的能力。决战脱贫攻坚、决胜全面小康的重点在农村，难点也在农村。作为乡镇党委书记，一定要以脱贫攻坚引领经济社会发展全局，把打赢脱贫攻坚战作为头等大事来抓，以经济增长支撑脱贫攻坚、以改革创新推动脱贫攻坚、以民生改善巩固脱贫攻坚，加大力度、加快进度，切实增强农村"造血"功能和自我发展能力，把各族群众的巨大创造潜力最大限度地激发和释放出来，真刀真枪带领群众走出一条符合本地实际、富有自身特色的经济发展路子，加快转型升级，实现弯道超车，不让一个贫困村掉队、一个贫困群众落下。要实打实解决一批群众关心关注的教育、医疗卫生、住房、健康养老、食品药品安全等民生问题。如果只想当官不想干事，只想揽权不想担责，干两三年还是"涛声依旧"，每年都是"重复昨天的故事"，就没有资格做领导工作。

要有维护稳定的能力。"治理之道，莫过于安民。"乡镇党委书记处在处理问题的第一线、利益诉求的最前沿，妥善应对处理矛盾问题，是应该练就的基本素质。一要未雨绸缪，对群众关注的热点有回应，对群众反映的问题尽快解决，在维权中维稳，做到发现在早、处置在小，从源头上减少和消除矛盾纠纷，避免"小事拖大、大事拖炸"。不出事才是大本事，能够把所有的问题矛盾消化在基层的时候，才是这个地方管理得最好的时候。二要沉着冷静，出了事也不要怕事，决不能自己"躲着"、让其他干部"顶着"，要亲临一线找准矛盾和问题的根源，做到"看菜吃饭，量体裁衣""兵来将挡，水来土掩"，以"霹雳手段、菩萨心肠"，切实把问题和矛盾解决在当地、化解在基层，把群众的愁容、怒容变为笑容。要综合施策，运用法律、政策、经济、行政等手段和教育、协商、疏导等方法化解矛盾，切实做到诉求合理的解决到位、诉求无理的教育到位、生活困难的帮扶到位、行为违法的处置到位，为本地经济社会发展营造良好环境。

要有抓班子带队伍的能力。如果把一个乡镇比作一艘船，那么党委书记就是船长。"船长"既要考虑将"船"带往何处，对重大问题作出决策；又要用好每一个"船员"，把班子带好、把队伍带正，带领大家齐心协力把船划向目的地。抓班子带队伍是各级领导干部，特别是主要领导干部永恒的主题，乡镇党委书记不光要管好自己，还要为本地留下一支素质过硬的队伍，这是最大政绩，是衡量一个领导优秀的重要标准。要当"班长"不当"家长"，坚持民主集中制，公道正派、搞好团结、相互补台、容人容言容事，不搞一言堂、亲亲疏疏和山头主义。要学会授权和用人，大权独揽、小权分散，善于辨德识才、用人长处，充分调动一切积极因素、整合一切有效力量、激活一切工作激情，依靠集体的力量去谋事、去干事。在工作中要严管厚爱、生活上要关心到位、相处上要将心比心、成长上要创造机会，既抓工作又育人，让干部始终在充满希望的氛围和环境中工作。要把抓好党建作为第一责任，带动辖区广大党员把做合格党员的要求转化为自身的习惯和自觉，推动全面从严治党持续向基层延伸，为本地发展积聚强大正能量。

要有一呼百应的能力。领导就是既要"领"又要"导"，要带领率领大家干、引导指导大家走。乡镇党委书记是领导一个集体的，不是一个人在战斗，在管理的区域范围内、在组织群众发动群众的过程中、在处理各种重大事件中，都要有一呼百应的能力，这是一块试金石。说话没人听、办事没人跟，直接反映出没有影响力、没有威信，那就不是一个合格的领导干部。做领导有三重境界：一是力服，具有权威的力量，让人不敢不服；二是才服，具有智慧的力量，预见能力、判断能力和工作水平都比别人高出一等，让人不得不服；三是德服，拥有人格的力量，什么事都身先士卒，讲大局、重公道、有操守，让人不忍不服。权威的力量是组织赋予的，而智慧的力量和人格的力量则需要自身不断修炼养成，如果只能以力服人，不能以才服人、以德服人，这样的领导必定是没有威望的，对群众也就没有什么号召力。作为乡镇党委书记，要吹得响集结号和冲锋号，就要不断提升自己的能力素质和人格魅力，努力做到第三重境界，善于组织群众、引导群众、维护群众，做一个真正有威望、组织放心、群众信赖的人，进而把基层的各种力量紧紧凝聚在党组织周围，带领广大干部群众脱贫致富奔小康。

四、既要顶天又要立地

顶天立地原意是指头顶青天、脚立在大地上，形容做人光明正大、气概豪迈。实际上，对于乡镇党委书记来说，不仅做人要顶天立地，做事也要顶天立地，也就是既要上接"天线"又要下接"地气"，找到结合点，作好"结合"这篇大文章。"结合"是很重要的一种领导方法，没有这种能力，在乡镇是干不好的。

要理论武装与基层实践相结合。有些乡镇党委书记可能会觉得自己从事的都是一些具体工作，理论学习可有可无，甚至认为理论学习影响了日常工作，这些思想是千万要不得的。只有用科学的理论武装头脑，才能在大是大非问题上保持头脑清醒、旗帜鲜明、立场坚定。要深化对中国特色社会主义理论体系特别是习近平新时代中国特色社会主义思想的学习，读原著、学原文、悟原理，不断提高理论素养，增强行动的自觉性和正确性。当然，基层工作纷繁、复杂、具体，单凭经验感觉和理论知识，或是坐在办公室听汇报，也是无法做好的。必须在用科学的理论武装头脑的基础上，结合基层丰富多彩的生动实践来推动工作，获取大量第一手资料并进行分析研究，科学合理确定工作目标、提出工作举措,并在实践中落实工作任务、检验工作成效,总结提升为经验性、规律性、理论性认识,达到以知促行、以行促知、知行合一的效果。

要上情与下情相结合。上级的各项方针政策,是着眼全局的,具有宏观指导性。要与党中央保持一致,向党中央看齐,认真学习研究党的路线方针政策,坚定不移、不折不扣地贯彻执行好上级决策部署,这是对每一个领导干部的基本政治要求,但也不能一味地沉迷于揣摩上级意图、迎合上级口味或当"传令兵"、照葫芦画瓢、生搬硬套和机械执行。要立足实际,在学深学透和准确把握上级决策部署的基础上,根据当地实际情况,找到结合点来创造性地抓好贯彻落实,把上级的普惠性政策、普遍性要求,转化为推动本地工作的思路、举措和成果,既确保党的各项惠民政策不走样、执行不落空,又确保地方发展好、群众得实惠,达到"组织放心"和"群众满意"的有机统一。

要方向与方法相结合。顶天是方向,方向不对努力白费;立地是方法,方向正确之后,方法便为王。方向是发展趋势,是世界观;方法是工具,是实现目的的手段。当前,我国经济发展已进入新常态,社会也在发生深刻变革,地方领导干部必须看得清发展方向,把得准时代脉搏,提高辨别力、判断力,从全局看"形",从长远看"势",扫清迷雾、看到规律、看清未来,这样就会知道往哪个方向走、要做些什么、怎么做、做到什么程度,就会有"功成不必在我"的气度和"前人栽树后人乘凉"的胸襟,多做一些打基础、管长远的工作,这就是方法。陈云同志讲的"比较、交换、反复"就是对辩证思想方法的精辟概括。要牢牢把握大局大势、看得到抓得住机遇,学会相时而动、乘势而上、顺势而为,切不可违背规律、逆势而动,否则就会贻误一地的发展、祸害辖区的群众。

五、要有英雄气平常心

乡镇工作千头万绪，面对各种复杂棘手的具体问题和形形色色的工作对象，需要有点"英雄气"才能搞好工作。"英雄气"不是简单的"霸气"、蛮横的"匪气"，而是既要有"知识"又要有"胆识"，敢于担当负责，勇往直前。同时，也要始终在头脑上保持清醒、在行动上恪守理智，以平常之心对待"名"，以淡泊之心对待"位"，以知足之心对待"利"，只有这样，才能走远走长，才能永葆党员干部的纯洁本色。

既要当英雄也要当百姓。乡镇党委书记既然身处这个岗位，就要有点英雄气、有点血性，要有点境界、有点情怀、有点追求，以"朝受命、夕饮冰"的事业心、"昼无为、夜难寐"的责任感，想尽一切办法为民谋利，做好工作，决不辜负党的期望和人民的信任，做一名好党员、好干部、好领导干部。同时对自己也要有清醒的认识，无论做到哪个岗位，都应当身居要职而无骄人之心、肩挑重担而无傲世之意，都要始终牢记自己来自百姓，始终还要回归百姓，"吃百姓之饭，穿百姓之衣，莫以百姓可欺，自己也是百姓"，切不可"官升脾气长"，自以为高人一等，觉得什么事都比别人高明，开始仰视自己的成绩，俯视周围的人和事，过度的自信乃至自负，以至于随心所欲、不受约束，走上了自我覆灭的绝径。

既要胸怀全局又要埋头做事。乡镇党委书记作为基层领导干部，要有大局观、胸怀全局，能够跳出自身看自身、高出两三个层次看问题，干事创业要站在全县、全市，乃至全省、全国的角度来思考、谋划，这样才能找准方向、找到差距、迎头赶上，不能只盯着自己的"一亩三分地"，搞自娱自乐，做无用功。找准了方向，更要善作善成，在眼界上、谋划上当统帅，指点江山、激扬文字；在落实上、具体工作中当小兵，养成把重要工作抓在手上的习惯，注重亲自上手，具体去做,把工作落到实处、取得实效。事非经过不知难,只有当过几回"热锅上的蚂蚁",才知道怎样处理应急的事情、处理难办的事情,才能对如何解决各种矛盾有所了解并积累一定的经验,也才能有所成长和进步。

既要迸发激情又要理性作为。激情可以让人干劲十足、敢冲敢闯,理性可以让人冷静思考、严谨务实。要想做好领导工作,必须在激情与理性的结合上找到一个平衡点,既充满激情又不失理性,实现两者的有机统一。乡镇党委书记一定要有一种"躺着想事、坐着议事、站着干事"的工作激情和创业冲动,面对机遇敢于抢抓、面对艰险敢于探索、面对落后敢于奋起、面对竞争敢于拼搏,始终保持"人争第一、事争一流"的进取精神;要有会干事的策略,做到实事求是,注重持续,多谋善断,遵循客观规律,科学论证,民主决策,敢干而不蛮干,苦干而不傻干;要有干成事的理性,强调冷静客观,强调全面与远见,以理性驾驭自己的激情,把求真务实和开拓创新相结合,把高昂的斗志和理性的思维相结合,把饱满的激情和务实的态度相结合,既不妄自尊大也不妄自菲薄,既看到不足也看到希望,形成昂扬向上、奋发有为的精气神。

既要敢抓敢管又要看淡得失。敢不敢担当、能不能干事、有没有作为,是对领导干部的检验标尺。农村工作是具体的,光会作报告没用,要敢抓敢管、敢于担当、能解决实际问题。作为一名乡镇党委书记,要始终牢记自己的第一职责是为党工作,要拎着"乌纱帽"为民干事,而不能捂着"乌纱帽"为己做"官",为官无为也是过。要敢于攻坚克难,敢啃"硬骨头"、善于"涉险滩",担得起责、担得起难、担得起屈、担得起过,对工作不敷衍、对矛盾不回避、对责任不推脱,真正做到"想出头就要先埋头,要出彩必须多出力"。尤为重要的一点是，要学会看淡得失和名利，正确看待人生挫折、工作磨砺，正确预期未来发展，千万不能急于求成、眼高手低，一定要循序渐进、稳扎稳打。要学会平视一切，平视我们的成绩，平视周围的人，很多干部出问题就在于自我膨胀、自我认识不够，没有能够平视一切。人生没有彩排，一直都是现场直播，稍有不慎就会犯错误甚至身败名裂。要在需要面前学会选择，在诱惑面前学会放弃，在信仰面前学会坚守，始终遵从内心的召唤，保持心灵的纯净。

六、打铁还需自身硬

领导干部要想让人信服、让人敬重、让人跟从，自身也必须过得硬。古语有言"治人者必先自治，责人者必先自责，成人者必先自成"，说的也是这个道理。自身建设永远在路上，永远没有休止符，乡镇党委书记要严格落实"三严三实"要求，尤其要过好政治关、廉洁关，以过硬素质，创造过硬业绩。

政治素质要过硬。政治是统帅，是灵魂。过硬的政治素质，是领导者一切素质的根本和核心。乡镇是基层，但不要以为在基层就可以口无遮拦、为所欲为，要知道没有不受监督的特殊党员。要始终坚定正确的政治方向，不断加强党性修养，筑牢"总开关"，坚定理想信念，补足精神上的"钙"，始终牢记第一身份是共产党员，在党言党、在党忧党、在党为党、在党兴党，切实增强政治意识、大局意识、核心意识、看齐意识，切实增强道路自信、理论自信、制度自信、文化自信。要始终对党忠诚老实，忠诚党的信仰，忠诚党的组织，忠于人民，永远不当"两面人"，在任何时候、任何地点、任何情况下，都要把心中有党深深烙在灵魂深处，一刻也不能放松，一刻也不能懈怠，牢记"忠诚比能力更重要"。要始终严守党的政治纪律和政治规矩，任何时候任何情况下都必须与党中央保持高度一致,不越界、不越轨、不越底线。

道德品行要过硬。道德品行是做人之本、为政之基。古人把立德、立功、立言作为"三不朽"之事,而且把"立德"放在了首位。以德修身、以德立威、以德服众、以德定行,是干部成长成才的重要因素,许多干部出问题,不是出在才上,而是出在德上。要把德的修养贯穿自身成长的全过程,明大德、守公德、严私德,做一个高尚的人、纯粹的人、有道德的人、脱离了低级趣味的人、有益于人民的人,以德的力量去赢得人心、赢得事业。要有家庭美德,赡养父母有孝心、善待妻儿有爱心,培育良好家风,这是最起码的要求和做人的底线,一个人如果连父母都不孝敬、连子女都不抚养,他肯定是什么社会责任也不愿承担的。要心理阳光,胸中要有大气象,心中要有大情怀,有爱心、有同情心,不能看不得别人好,甚至为了自己的利益或好恶就去诬告陷害别人。事实上,只有先成为一个好人,才能成为一个好的领导干部。

廉洁自律要过硬。公生明,廉生威。当官发财两条道,当官就不要发财,发财就不要当官。要始终恪守廉洁自律准则,把纪律和规矩挺在前面,学会掌控自己,自觉远离低级趣味,自觉抵制歪风邪气,不能有任何的侥幸心理和机会主义,天上掉下来的馅饼往往就是地上的陷阱。要常算贪欲的政治账、经济账、家庭账,筑牢思想防线,保持清醒头脑,珍惜领导职务和领导岗位,珍惜来之不易的为党和人民奉献的机会,驰而不息地抓好作风建设。要自律自觉,牢记"从善如登,从恶如崩"的古训,自重自警自省,慎微慎独慎初,做到大事不糊涂、小事不马虎。要依法秉公用权,遵守规矩用权,恪守权力边界,做到用权有原则、办事守规矩,切实做到"大节"不偏离、"小节"不丧失,确保权力不发生"霉变",不让权力这把"双刃剑"砍倒自己。

做好乡镇工作要有几把刷子*

乡镇作为我国五级政权体系的最后一级,是我们党和政府联系服务群众的桥梁纽带,也是推动一方发展、带领一方群众致富、维护一方稳定的前沿阵地,可谓宏观之末、微观之首。乡镇是一个大课堂、一所大学校、一个大舞台。乡镇党委书记是一个地方领头人,少则管几千人,多则要管几万、十几万人,是一个地方名副其实的"大领导"。形势在变,任务在变,但是不管怎样,乡镇党委书记要干得顺手、干出名堂,就得有几把刷子。

第一把刷子:上下结合的能力。乡镇是一线作战部。从中央到县一级党委、政府的决策部署、政策文件,各级领导同志的指示要求,还有群众的期望诉求,都汇聚到这里来推动、来落实。上面来的都是上级机关、上级领导,部署多、要求多;下面对的都是服务对象、衣食父母,诉求多、期望高。做到对上负责与对下负责相结合、上下关系都处理好了,就不会顾此失彼、疲于应付。乡镇党委书记如果上不接"天线"、下不接"地气",就不知道自己是从哪里来、要到哪里去,这样就不会得民心,也注定走不远。"结合"是一个哲学问题,也是一种很重要的领导方法。实践中,作好"结合"文章要善于"顶天立地"。所谓"顶天",就是要"接天线",站得高、看得远,站稳立场,吃透上情,听党中央的,听上级组织的,不断增强核心意识、看齐意

---

* 原载于《领导科学》2017年2月上。

识，准确把握上级领导机关的决策部署、政策文件的精神要求，不折不扣抓好贯彻落实。这是对乡镇党委书记最基本的要求。做不到这一点，政治上就不合格，就不称职。"顶天"，并不是一味无原则地迎合，也不是只当"传令兵""二传手"，生搬硬套，依葫芦画瓢，一定要结合本地实际，找准结合点，找到突破口。所谓"立地"，就是要"接地气"，自觉主动地深入基层、深入实际、深入群众，与基层融为一体，与群众打成一片，自觉融入群众的生产生活，摸准乡情民意，坚持实事求是原则，一切从实际出发，掌握特点、把握规律、把握时机、节奏、力度，创造性地开展工作，让各种政策措施在农村基层生根开花结果。

第二把刷子：一呼百应的能力。乡镇工作任务繁重、事务繁杂、责任重大，这就需要有较强的组织动员、统筹协调的能力，通俗地讲，就是"一呼百应"的能力——说话有人听，办事有人跟。乡镇党委书记官不大，但手里有实实在在的权力，权力大多数时候很管用，但不用或乱用，都会适得其反。伴随权力有效运行的，一个是能力，另一个是威信。能力是硬实力，威信是软实力。一个领导干部有能力，不一定有威信，关键是看他有没有人格魅力。人格魅力是软实力，虽然看不见，但一直发挥着作用，特别是在关键时刻最能够体现出来。比如，在处理护林防火、救灾抢险、安全生产和群体性事件等关键时刻，以及兴修水利、筑路架桥、居住环境整治和发展产业等重点难点工作时，乡镇党委书记很快把大家组织起来、思想统一起来，一声令下便一呼百应，这就是有能力、有威信的表现。从这个意义上讲，能否做到"一呼百应"，是检验乡镇党委书记能力的试金石。比如，发展产业、修路、架桥、建水库、移民搬迁等民生工程，本来群众很欢迎，但在组织过程中出了问题、发生了意外，或是个别群众有意见时，如果做不到"一呼百应",就没法下手、没法组织,导致问题扎堆,到处冒泡,工作无法推进,发展没有起色,这样的干部就不称职,更谈不上优秀,让组织不放心、群众不满意。要做到"一呼百应",就要有担当的精神,有责任、有觉悟、有情怀,不怕事,勇于任事;就要有担当的本事,讲方法、讲火候、讲艺术,能干事,干得成事;就要有人格的力量、真理的力量,使广大干部群众心服口服,愿意跟随、听从号令。"一呼百应"能力,不可能一蹴而就,也不是"短平快"的功夫,经验需要点滴积累,能力需要磨炼提升,威信也要在一点一滴中持续树立。

第三把刷子:执行推动的能力。乡镇的主要任务就是执行落实,虽然也作很多决策,但大多数决策是围绕如何执行落实来进行的。作为乡镇党委书记,具备较强的执行力和推动力非常重要。不同的乡镇,发展基础、资源禀赋、区位优势、工作基础等千差万别。现在干部考核评价不仅横向比、还纵向比,不仅看现状、还看基础,不仅看显绩、也看隐绩。如果一个地方与其他地方基础条件差不多,但是发展水平差异很大,就说明这个地方的主官不用心,工作推动不力。乡镇工作很具体,要想推动一项基础设施建设、培育发展一个支柱产业、应对处理好各种危机矛盾,就得真抓实干,不能来虚的假的,更不能耍嘴上功夫,一门心思汇报表现。邓小平同志说过:"世界上的事情是干出来的,不干,半点马克思主义都没有。"干部要想干成事业、干出政绩,就得立足当前,真干实干。"干"是一种政治担当,在其位、谋其政、尽其责。想不想干、敢不敢干,体现干部的工作状态、精神状态,也能看出思想作风、工作作风。工作不在状态、干事劲头不足,思想作风、工作作风就会出现问题,就会对上级的决策部署、政策文件不认可、不接受,甚至有抵触情绪,干起事来也就拖拖沓沓、有气无力。

这是对党不忠诚不老实的体现。"干"是一种工作能力，一项任务只有落实下去了，一个矛盾问题只有妥善解决了，并且是公平、公正、公开地得到妥善处理，才算有本事。比如，很多乡镇都在培植支柱产业，有的地方搞得有声有色，有的地方耗费了很多精力，却总不见起色，一个很大原因就是推动力有差距。"干"是一种为民情怀，干部是干出来的。一个干部干不干事，直接反映对群众有没有感情，对群众负不负责。只要心里装着群众，就不会想着怠政、懒政，就会千方百计地干事创业。习近平总书记说过，"穿百姓之衣，吃百姓之饭，莫以百姓可欺，自己也是百姓。"乡镇党委书记是群众的天然一分子，千万不能把自己当"官"来对待。中国老百姓最讲究礼尚往来，你对他好一分，他会对你好十分。郑板桥对百姓的事"一枝一叶总关情"，乡镇党委书记作为共产党的领导干部更应该做到！

第四把刷子：抓班子带队伍的能力。乡镇党委书记作为"班长"，不光要管好自己，还要带出一个好班子、好队伍来，这是责任，更是本事。既然是一把手，比起一般干部，要更有气度、更有格局、更有涵养、更有思想、更有方法，否则，就会没有威信，很难尽责履职；就会当得很狼狈，自己很纠结、很痛苦。首先，心一定要正。心不正一切都不正。心正之人，德才兼备，公私分明，有胸怀、有境界、有格局、有素养、有道德、有爱心，能按党的纪律规矩办事，也就能做到公道正派。心不正的人，满脑子"小九九"，不谋事只谋人，到处经营人际关系，到处投机钻营，把岗位当作捞取政治资本的跳板，这是最大的负能量。一个领导干部心不正，就是政治素质、道德品行有问题；一个领导班子里心不正的人多了，就会离心离德，不仅带不好队伍，更没办法做好工作，也一定会出事。其次，要注重学习反思。对于现代人来讲，学习是一个习惯、是一种生活方式。乡镇党委书记要注意避免事务主义，少一些应酬接待，多抽时间学习各方面知识，持续提升履职能力。社会是最好的老师，基层是最大的课堂。要善于在实践中、在基层一线、在老百姓身上汲取智慧和营养。就一个人来说，学习很重要，总结反思更重要，不经历内心的纠结就不会有实实在在的成长。古人说，吾日三省吾身。一般人做不到，但一个星期总得反思一次，总结反思一下哪些该做不该做、哪些做的不妥、还有哪些差距、特别是我到这里要干什么、为什么能在这个岗位、我的饭碗是哪里来。要反思得清清楚楚，一点含糊不得。反思是自信的表现，反思是提高的需要。还要学会平视一切。《菜根谭》里说："立德修身——高处立、平处坐、低出行。"乡镇党委书记身为党员领导干部，自信一些是应该的，信心贵如金，但不能过，过了就是自负。不能平视，就会自我膨胀。变坏往往是从变蠢开始的，人一自负就会变蠢，就以为自己最聪明、最了不起，谁也不放在眼里，谁的意见都听不进，甚至组织的话也不听，盲目轻率、随心所欲、不受约束，最后腐化变质，锒铛入狱。作为党的干部，要清醒地认识到自己是公职人员，行使的是公权。自己的第一身份是共产党员，第一职责是为党工作。要做到自律自觉，也就是自身要过得硬。素养决定一个人走得好不好、远不远。素养来自自觉自律，但更要靠外在的约束。作风建设永远在路上，全面从严治党只会越来越严、越来越深入，绝不是一阵风。在党规国法面前，千万不能有侥幸心理。不仅自己要做好，而且要带着大家做好。

认真开展谈心谈话活动
经常性近距离有原则地广泛接触干部*

习近平总书记指出："对干部经常开展同志式的谈心谈话，既指出缺点不足，又给予鞭策鼓励，这是个好传统，要注意保持和发扬。"谈心谈话是人与人之间交流思想情感、沟通工作最直接、最常用、最有效的方式。组工干部尤其是组织部长认真开展谈心谈话，经常性、近距离、有原则地接触干部，根本目的是为了知事识人、因事择人、精准科学选人用人，也是培养造就党和人民需要的好干部的必由之路。

第一，突出经常性，强化对干部的日常了解。路遥知马力，日久见人心。要全面认识一个干部，仅靠一两件事、一两次接触或任前考察是远远不够的。一段时间以来，一些组织部门和组织部长对谈心谈话制度的重要性认识不到位，谈话过程流于形式、谈话内容随意性大、谈话效果不太理想，经常是不提拔不谈话、不换届不谈话、不出事不谈话、干部不"找上门"不谈话，对干部知之不深、知之不细，出现了一些德不配位、力不从职，人岗不相适的干部，一些干部甚至"带病提拔""带病上岗"，严重损害了政治生态和从政环境。因此，了解识别干部、培养选拔干部，必须把功夫下在平常，经常看、长久看，看经常、看长久，做到知根知底、知长知短，解决好识人不深、识人不准的问题。

---

* 原载于 2017 年 3 月 24 日《中国组织人事报》，原标题为《经常性近距离有原则地接触干部》。

在经常性调研中谈。增强工作主动性，利用开展综合调研、专题调研、工作接触等机会，有计划、有目的地与干部开展谈心谈话，重点了解干部本人情况、班子运行情况、班子成员履职情况、存在的问题和意见建议，加强对领导班子和领导干部政治素质、能力绩效、工作作风、个性特点等方面的了解，特别注重对"活"情况的跟踪关注，全面、动态地了解识别干部。

在日常性考核中谈。建立干部日常考核评价体系，综合运用平时考核、年度考核、任期考核等多种方式，经常、广泛、反复地接触干部，有针对性地了解干部遵守纪律、履职尽责、廉洁自律、个人有关事项等方面的内容。既注重了解日常工作情况，也及时跟踪了解干部在应对重大突发事件、完成急难险重任务中的表现，全面、历史、辩证地评价干部。

在监督执纪中谈。监督执纪不仅是处理干部、问责干部，更重要的是防微杜渐。要通过健全完善日常联系通报机制，注重收集整理纪检监察、审计、信访、巡视（巡察）、个人有关事项核查等执纪监督方面信息和网络舆情反映的干部有关情况，及时进行约谈函询、诫勉谈话，纠正偏差，把问题消灭在萌芽状态。

在落实责任中谈。落实谈心谈话责任制，把与干部谈心谈话作为改进党内民主、推动全面从严治党的一个重要环节，作为组织部门特别是组织部长的一门基本"功课"。要采取分级负责、分片联系、突出重点的方式，建立党委（党组）负责人对班子成员和下一级组织负责人、领导班子成员与分管单位负责人、组织人事部门负责人与管理范围内的干部谈心谈话的机制，每年至少进行一次，形成一级谈一级，层层抓落实的良好态势。

第二，实现近距离，做到与干部面对面交流。"不细观则不能明识。"近距离接触了解干部,是组织部门察人识人的传家宝,也是组工干部"接地气"、改作风的好载体。近年来,一些官员有意无意地与干部保持距离,有的是怕被误解为拉拉扯扯、搞小圈子,怕干部提出不合理诉求无法解决;有的是刻意保持"神秘感",用"望远镜"看干部;还有的认为手里有名册和简历,用不着面对面接触干部。事实上,了解识别干部不仅要从外围了解其声誉口碑,更要近距离接触,面对面地沟通交流,做到对干部情况的了解由远及近、由表及里,真实掌握干部的思想状况和能力素质。

开展一对一双向约谈。组织部长找干部谈心谈话,是职责所系,可以掌握干部的思想动态,提振干事创业的精气神。要坚持一对一的个别约谈访谈,既可干部"上门来"也可组织部长"上门去"。组织部门也是干部之家,当干部有想法、有心事、有委屈想要找组织诉说时,也要及时安排会面、接受约谈,让干部敞开心扉,讲真话、讲实话。这样才能了解掌握各方面的情况,也有利于解决工作中的矛盾问题和干部的思想疙瘩。

用好面对面工作会谈。通过民主生活会、"三会一课"、工作汇报等近距离接触干部的机会,观察干部对重大问题的思考,看其见识见解;观察干部对群众的感情,看其品质情怀;观察干部对待名利的态度,看其境界格局;观察干部处理复杂问题的过程和结果,看其能力水平,既看显绩又看潜绩,既看优点又看缺点,既看优中之缺又看短中之长,切实给干部"画好像",做到提情知人、提人知情,知事识人。

深入一线访谈恳谈。"兼听则明,偏听则暗"。谈心谈话不能只听干部本人怎么说,群众口碑才是检验干部的试金石。干部干得好不好、平常表现怎么样,群众看得最清楚、体会最真切、最有发言权。因此,谈心谈话要延伸到基层、延伸到群众,深入干部八小时外的朋友圈、生活圈、家庭圈,广泛听取"他管的""他服务的""他身边的"知情者的意见建议,验证平时对干部了解的情况,使"群众公认"这把尺子不变形、不失真,真正把人看准用准。当然,也要防止弄虚作假式的假"口碑",防止偏听偏信、失真失实。

讲究方法真谈深谈。与干部谈心谈话,看似简单,但要谈好、谈出成效,也要注意一定的方法与技巧,多采取拉家常、促膝交谈等方式,缩短组织与干部的心理距离,掏出干部的真心话,力争见人见事见思想。日常谈话注重了解情况,做到"三必清",即班子运行中存在的问题必须摸清,干部思想、工作状态以及个人诉求、家庭困难必须弄清,干部群众反映突出的问题必须搞清。任免谈话突出思想引领,教育引导干部讲政治、顾大局,正确对待个人进退留转。提醒谈话坚持治病救人,把红脸出汗、"放狠话"与听意见、促工作结合起来,及时扭紧思想的"阀门"。

第三,坚持原则性,增强干部工作的公信力。组织部门是党的政治机关,组织工作是党的政治工作。组织部门和组工干部必须讲政治、顾大局、有原则。一段时期以来,接触了解干部出现了一些庸俗化的倾向,有的搞亲亲疏疏,以个人利益为目的去接触干部,经营所谓的"人脉";有的逢迎讨好、跑风漏气,严重损害了干部工作的公信力。组织部门特别是组织部长在经常性、近距离地广泛接触干部中,必须坚持工作交往原则和底线,无私心、零物质,理直气壮、合情合理。

坚持公道正派。公道正派是组工干部最基本的职业操守,也是组工干部最大的德,关系人心向背。组织部长与干部谈心谈话时不能带上关系和私利看人、戴上有色眼镜看人、先入为主看人,要坚持公道正派,从巩固我们党长期执政地位的高度出发,从营造风清气正的政治生态和干事创业的从政环境出发,在谈心谈话时实事求是、光明磊落、坦坦荡荡、刚直无私，公道对待干部、公平评价干部、公正使用干部，最大限度地盘活用好我们党的核心执政资源。只有这样，干部工作才有公信力，才能得到干部群众的信任、信赖、信服。

坚持平等真诚。干部都是党的干部，不是某个人的家臣。无论职位高低，都应该保持人格上的平等。组织部长接触干部，要态度真诚、语言真诚，坚持同志式的平等关系，真心实意与干部交心谈心。不能自觉高人一等、居高临下，给人冷冰冰的面孔。尤其是面对基层一线的党员干部，更要与他们"坐到一条板凳上"，让他们感到受尊重、被信任。要有容人容事的胸襟，见得了有个性的人、听得进刺耳的话，多站在他人的角度考虑问题，注重以理服人、以情感人。

坚持严管厚爱。谈心谈话作为严管厚爱干部的重要手段，既要适时提醒，咬耳扯袖，让干部知足知戒，也要关心关爱，春风化雨，润物无声，谈出正能量。实践中，一些勇于担当、个性鲜明、有本事、不怕得罪人的干部难免会遭到非议和误解，要敢于为他们撑腰鼓劲，切实做到为担当者担当。那些心系群众、不事张扬、不跑不要的干部，那些因风气不正长期受冷落却始终坚守正道、扎实工作的干部，更要主动关心、大力支持。

注重实效性，强化谈心谈话的结果运用。与干部谈心谈话，经常性、近距离、有原则地接触干部，不是拉关系、混脸熟，也不是漫无目的地吹牛、聊天，而是要坚持问题导向，不断加强对干部的了解，为选准用好干部打下坚实的基础。要用好谈心谈话成果，坚决避免为谈而谈，走过场、搞形式。

健全谈心谈话大数据。建立健全谈心谈话台账，详细记录每位干部的谈话内容，按照班子运行、干部队伍建设、人民群众评价、个人意愿诉求、存在问题及线索、意见建议等进行分类梳理，形成干部工作的大数据。要推进干部动态信息记实系统建设,及时补充完善干部谈心谈话的新情况、新变化,有机融入领导班子配备结构模型,用指标和数据来协助开展干部选拔任用工作,做到按岗选人、人岗相适,实现以事择人、用其所长,避免主观性和随意性,不断提升选人用人的科学性。

加强谈心谈话的分析研判。对谈心谈话过程中发现的问题,要善于运用巡视、审计、信访等各方面的成果进行印证式分析研判,重点关注"三个是否一致",即班子运行情况与工作开展情况是否一致,干部一贯言行与阶段性表现是否一致,组织了解掌握情况与群众口碑是否一致。在此基础上,将谈心谈话了解到的真实情况,作为班子和干部选拔、年度考核评价、奖优罚劣的重要依据;有针对性地加强领导班子和领导干部思想政治建设、专业化能力建设,优化干部成长路径,优化领导班子结构,精准科学选人用人,增强领导班子整体功能。

做好谈心谈话的督办反馈。对谈话中了解到的有关问题,要及时调查核实,可根据工作需要有选择地向班子主要领导和干部进行反馈。对符合政策、可以解决的,要及时研究解决,不能解决的,也要及时反馈说明,不合理的要求要批评教育;对需要整改的被谈话对象,要及时提醒并做好跟踪了解,加大督办力度,推动整改落实;对一些普遍反映的共性问题,则要加强顶层设计,逐步从制度层面加以规范和完善,真正把谈心谈话作为补齐短板、促进工作、提升水平的载体和举措,使谈心谈话务实管用、取得成效,避免一谈了之、谈完了事。

发挥干部考核指挥棒作用
为精准科学选人用人打牢基础*

识别人才，举贤荐能，是治国理政的根本。经过长期的探索实践，我们党的干部考核制度取得了长足的发展。党的十八大以来，中央明确提出要完善干部考核评价机制，促进领导干部树立正确政绩观。习近平总书记强调，干部考核要在协调推进"四个全面"战略布局中发挥重要作用；要改革和完善干部考核评价制度，用好考核结果，解决突出问题。这为进一步加强和改进干部考核工作提供了遵循。建立科学规范的考核评价机制，必须形成更加鲜明的用人导向，切实发挥干部考核的指挥棒作用。

一、坚持干什么考什么，突出干部考核评价工作的导向性

考什么、评什么，是决定干部考核评价工作质量和成效的关键。针对干部考核评价中"一刀切""千人一面"、流于形式等问题，要按照体现全面性、突出针对性、增强约束性的要求，在完善考核评价指标体系上下功夫，把干部考核评价工作的导向性真正体现出来。

坚持把政治标准放在首位。习近平总书记强调："党的高级干部要牢固树立政治理想，正确把握政治方向，坚定站稳政治立场，严格遵守政治纪律，加强政治历练，积累政治经验，自觉把讲政治贯穿于党

---

* 原载于 2017 年 8 月 2 日《中国组织人事报》，原标题为《发挥干部考核指挥棒作用》，有改动。

性锻炼全过程，使自己的政治能力与担任的领导职责相匹配。"党的干部第一属性是政治属性，核心能力是政治能力，讲政治是党员干部必备的根本素质。因此，考核评价指标要鲜明地凸显政治标准，把政治上强不强、合格不合格摆在第一位，作为一项基本要求来考量，注重了解干部在树立"四个意识"、坚定理想信念、遵守政治纪律和政治规矩等方面的情况。尤其要突出党政正职这个关键少数，考核各级党组织书记，首先看抓党建工作的成效，注重了解履行全面从严治党、党风廉政建设、选人用人、抓班子带队伍等主体责任的情况。

客观评价工作实绩。按照统筹推进"五位一体"总体布局和协调推进"四个全面"战略布局的要求，牢固树立并切实贯彻创新、协调、绿色、开放、共享的发展理念，合理设置实绩考核评价指标和权重。既注重考核内容的全面性，看领导班子推进经济、政治、文化、社会、生态文明建设和党的建设等各方面工作成效，又注重考核内容的个性化，看解决本地区本部门改革发展中突出矛盾和问题的成效，尤其要强化供给侧结构性改革、脱贫攻坚、生态环保、节能减排、安全生产、人口资源、社会稳定、党风廉政等指标的考核。考核评价干部不仅要看经济建设取得的成绩，同时还要看落实社会保障、保护生态环境、发展教育医疗等民生事业的情况，充分体现发展速度与发展质量效益相统一、激励性与约束性相统一的要求。

实行分级分类考核。注重分析把握不同区域、不同行业、不同级别、不同年龄段干部的特点，解决"上下一般粗""左右一个样"的问题。按照职能相近、工作相近的原则，区分党群政务、经济管理、社会服务、科研院校等单位类别，在体现共性要求的基础上各有侧重，分级分类设置突出工作特点和岗位职责的考核评价指标。针对不同单位领导班子及其成员的工作实际，突出评估要素或考核重点，实现个性化考核、精准化评价，提高干部考核评价的客观性和针对性，为选好用好专业化能力强的干部夯实基础。

二、把功夫下在平时，真正发挥考核评价在干部工作中的基础性作用

"操千曲而后晓声，观千剑而后识器。"干部考核作为一个系统，有其自身的特点和规律。针对当前考核评价过多过杂、方法不活、针对性不强等问题，坚持把功夫下在平时，突出平时考核评价的基础性作用，综合运用年度考核、专项考核、干部考察、谈心谈话等多种方法，多渠道、多层次、多侧面了解干部，提高干部考核评价结果的精准度和公信度。

建立干部日常考评档案。积极推行平时考评制度，以实施重大决策部署、完成重点工作任务、解决突出矛盾和日常作风表现为考核重点，采取听取考核对象报告工作，广泛开展谈心谈话，深入实地调研走访等方式，收集记录、科学分析领导班子和领导干部工作情况和作风表现的重要信息，实现即时、动态、连续地跟踪了解。要把日常谈心谈话作为组织部门考核了解干部的重要方法和常态化措施，多打交道、多谈心、多沟通，从日常学习工作生活中全面了解、客观分析，搭建上下沟通、互动交流的平台，掌握干部的"活情况""新变化"。

健全干部考评数据库。注重依托组织、纪检、审计等部门掌握的信息，分类建立干部基本信息系统、干部考核评价信息系统、干部履职尽责信息管理系统和干部管理监督信息系统，重点收录干部信息、机构信息、数字档案等内容，实现对干部基本信息的全面归类、比较分析和准确应用。将干部干了什么事、干成了什么事、突出业绩和贡献等客观性指标纳入考评体系，收集积累、动态跟踪领导干部的一贯

表现和历史考评数据，对民主测评、民意调查等测评结果进行系统整理、综合分析，为加强干部队伍宏观管理、优化配置等提供信息技术服务和辅助决策支持。

强化综合分析研判。借助信息技术手段，对海量数据的科学建模进行深度挖掘分析，为全方位、多角度、立体式考评干部提供决策依据和技术参考。注重对平时考评了解情况的汇总和综合分析研判，运用大数据动态分析法，对各单项考核结果进行科学研判，提升单项评估、综合评估、跟踪测评能力，使考核数据标准化、规范化、直观化，不简单地以地区生产总值及增长率排名，或以民主测评、民意调查得票得分衡量政绩和确定考核等次，最大限度地保证干部综合考核结果的全面性和系统性。

三、考用结合、以用促考，让干部考核评价由"软指标"变成"硬杠杠"

考核评价是干部"选、育、用、管"制度链中的基础环节，是加强干部选拔任用、教育管理的重要保障。考核结果只有在运用中才能发挥作用、体现价值、得到检验。针对考核评价结果束之高阁、缺乏刚性和考用脱节等问题，要强化考核评价结果的综合运用，奖勤罚懒、赏优罚劣，鼓励先进、鞭策落后，形成激励干部干事创业的机制。

把考核评价与激励干部有机结合起来。严格落实考核制度，发挥考核指挥棒作用，把求真务实的导向立起来，把真抓实干的规矩严起来，让真干假干不一样、干多干少不一样、干好干坏不一样。对领导干部考核，既要全面考核"德、能、勤、绩、廉"的情况，又要注重考核精神状态和工作作风，让求真务实、扎实苦干、廉洁奉公的干部受褒奖、有荣誉，让不作为、慢作为、乱作为的干部受到警醒和鞭策。

把考核评价与监督干部有机结合起来。要树立"考察考核也是监督"的理念，把强化干部考评作为加强领导班子建设、转变干部作风、巩固执政基础的有效抓手。对考核中发现的结构不合理、运行状况不好、干部群众意见较大的领导班子和领导干部，及时进行调整。通过考察考核，及时发现、有效甄别"带病"干部，发现苗头性、倾向性问题，及时提醒谈话或者函询；发现轻微违纪问题的，进行诫勉谈话，咬耳扯袖、责令整改。

把考核评价与推进干部能上能下有机结合起来。要把考核结果作为领导班子建设和领导干部使用的依据，畅通干部"下"的渠道。明确不胜任现职干部的认定标准，明确不称职、不胜任现职领导干部的概念、标准和认定依据，对群众反映问题较多的单位主要领导进行约谈或函询，对在年度考核中不称职票超过三分之一、工作不在状态和精神状态不佳的干部进行诫勉谈话，根据情况做出调岗、降职、降级等处理；对违反党纪政纪的干部，及时与纪检机关沟通，加大组织处理力度。要尊重考评结果，依据考核的定量评价结果，决定领导干部的升降去留，实行岗位淘汰，让"有为者有位，无为者让位"，真正形成"创业者、绩优者上，守摊者、绩平者下"的导向。

四、强化主体责任，形成干部考核评价工作整体合力

干部考核工作的质量与目标实现，关键在于考核主体作用的发挥和考核能力的提升。在干部考核评价工作中，"谁来考核评价，怎么组织实施"是一个非常关键的问题。

强化各级党组织的领导责任。各级党委必须坚持党管干部原则，积极承担领导、组织、管理、监督、考核干部的主体责任，强化领导把关作用，改进民主测评、民意调查等手段，推行分级分类考核。坚

持经常性、近距离、有原则接触干部，加强综合研判，从全面、历史、辩证的角度考核干部。切实加强对干部考核评价工作的统一领导和统筹协调，整合考核力量，归并考核项目和种类，减少"一票否决"事项，防止多头考核、重复考核。

强化组织部门和纪检机关的职能责任。组织部门要严格落实考察责任，提高知事识人的能力。把党和人民需要的坚持事业为上、公道正派，不折不扣按照党政领导干部考核工作规定办事的好干部选出来、用起来。在深入考察的基础上，对干部作出实事求是、客观准确的评价，不搞模糊描述、千人一面。纪检机关要严格落实监督责任，加强对考核工作的监督，充分发挥督查检查的助推作用，认真受理举报、申诉，严肃查处违反考核工作纪律的行为。干部考核组要严格落实建议责任，认真履行职责，按照规定的程序和要求实施考核，全面准确地了解和客观公正地反映情况，公道、公平、公正地评价干部。

强化干部群众的监督责任。群众对干部履职尽责情况、德才表现和工作实绩最有发言权。要通过增加考核评价工作透明度，拓展和畅通群众了解干部的渠道，根据考核干部岗位确定不同身份群众参加评议等措施，使群众确有实据地评价干部。坚持把群众评价作为干部考核的重要依据，搭建面向社会，涵盖考核对象、考核内容、考核方法及党务政务公开、信息交流等内容的网络考核平台，实现由体制内封闭评价向社会化开放评价转变，让更多的干部群众参与其中，成为干部考核的共同实践者、推动者，提高干部群众对干部考核工作的知晓度、参与度和满意度。

干部教育培训要旗帜鲜明讲政治*

党的十九大报告提出,把党的政治建设摆在首位,党的政治建设是党的根本性建设,决定党的建设方向和效果。中国共产党人依靠学习走到今天,也必然依靠学习走向未来。干部教育培训是建设高素质专业化干部队伍的先导性、基础性、战略性工程,也是加强思想政治建设的根本途径。解决问题的干部教育培训,才是最好的和最讲政治的教育培训。干部教育培训要旗帜鲜明讲政治,必须坚持把讲政治作为鲜明导向,善于从政治上谋划、部署、推动干部教育培训工作,把政治建设贯穿于干部教育培训全过程。

一、要把坚持正确的政治方向作为干部教育培训的根本原则

习近平总书记强调:"领导干部学习,要正确把握学习的方向。"干部教育培训姓"党",坚持正确的政治方向是教育培训工作的根本原则。各级组织部门作为干部教育培训的主要组织者,必须增强党性意识、原则意识,一切办学活动、研讨活动,都必须坚持党性原则、遵循党的政治路线,牢牢把握教育培训正确方向。

教育培训必须体现党的意志。干部教育培训是党培养干部的重要方式,是一种组织行为。党和人民的事业需要什么样的干部,我们就要努力教育培训出什么样的干部。干部教育培训必须坚持以党的旗帜

---

* 原载于《全国干部教育通讯》2017年第8期。

为旗帜、以党的使命为使命，符合和满足组织需要、事业需要和岗位需要，自始至终都充分体现党的意志，恪守党的政治纪律和政治规矩，在思想上政治上行动上自觉同以习近平同志为核心的党中央保持高度一致，决不能在方向上犯错误、出偏差。在干部教育培训的内容体系中，要把马克思主义理论教育作为第一任务，把党性教育放在更加突出的位置，注重政策法规、业务知识、科学人文素养等方面的教育培训，全面提高干部专业化素质和能力。教育培训的目标、导向、思路、载体都必须充分体现新时代党对领导干部素质的需求；教育培训项目、内容的设计和组织实施都必须紧紧围绕习近平总书记提出的好干部标准来进行；教育培训的师资力量建设必须注重加强党性锻炼和提高政治素养，这样才能充分发挥教师"导"的作用，真正以自己的政治素养和实际行动来影响和带动学员补钙壮骨、固根守魂，帮助干部练就"金刚不坏之身"。

教育培训必须注重政治引领。谋划事业发展，制定改革措施，培养干部人才，推动工作落实，都要着眼于我们党执政地位的巩固和增强，着眼于党和人民事业发展。只有注重政治引领，才能始终确保教育培训的社会主义办学方向。要把教育培训作为政治引领的重要途径，分层分类组织各级干部和各类人才进行培训。集中力量抓好抓实县处级以上领导干部和中青年干部的教育培训，帮他们找准政治站位，增强政治意识，强化政治担当，提高政治能力，发挥示范带头和标杆引领作用。根据政治形势任务需要来扩大培训覆盖面，把更多的人才和非公有制经济组织、社会组织人士纳入培训对象，增加培训班次，不断提高他们的政治素养。保障全体党员干部接受教育培训的权利，尤其要针对基层党员干部培训机会偏少的情况，推动优质培训资源向基层倾斜，采取送教下基层、对口支援、结对帮扶等措施，加大对基层干部培训的扶持力度，着力增强基层组织政治功能，不断巩固党的执政基础。

二、要把提高政治能力作为干部教育培训的重要内容

旗帜鲜明讲政治是我们党作为马克思主义政党的根本要求。党的十九大报告指出："全党同志特别是高级干部要加强党性锻炼，不断提高政治觉悟和政治能力，把对党忠诚、为党分忧、为党尽职、为民造福作为根本政治担当，永葆共产党人政治本色。"政治能力是领导干部的第一能力，提升干部政治能力是干部教育培训的首要内容。

坚持用习近平新时代中国特色社会主义思想武装党员干部。政治上的坚定来自理论上的清醒，思想建设是党的基础性建设。当前和今后一段时期，必须精心组织好党的十九大精神的教育培训，自觉以习近平新时代中国特色社会主义思想武装头脑、指导实践、推动工作，教育引导广大党员干部牢固树立"四个意识"，坚定"四个自信"，做到"四个服从"，坚决维护以习近平同志为核心的党中央权威和集中统一领导。抓理想信念教育、党性教育，推进"两学一做"学习教育常态化制度化等，都要把学习贯彻习近平新时代中国特色社会主义思想摆在首位，教育引导党员干部解决好世界观、人生观、价值观这个"总开关"问题。要紧密联系党和国家事业发生的历史性变革，紧密联系中国特色社会主义进入新时代的实际，紧密联系我国社会主要矛盾的重大变化，紧密联系"两个一百年"奋斗目标和各项任务，自觉运用理论指导实践，不断提高新时代坚持和发展中国特色社会主义的能力。

政治能力不提升，其他专业能力的教育培训搞得再好也等于零。中国特色社会主义伟大旗帜始终高高飘扬，领导干部不断提高政治能力十分重要。领导干部的政治能力不是与生俱来的，也不会随着职务

的提升而自然提高。提高领导干部政治能力是一项系统工程，教育培训是其中一个非常重要的方面。当前，我们正处在实现"两个一百年"奋斗目标的历史交汇期，我们党要继续推进具有许多新的历史特点的伟大斗争、党的建设新的伟大工程、中国特色社会主义伟大事业，对领导干部政治能力提出了新的更高的要求。要从党和国家工作大局出发，充分认识加强领导干部政治能力教育培训的重要性和紧迫性，把领导干部政治能力的提升作为干部教育培训的首要任务来抓，注重提高各级领导干部把握方向、把握大势、把握全局的能力和保持政治定力、驾驭政治局面、防范政治风险的能力。在抓好领导干部政治能力提升的同时，也要注重教育引导领导干部增强学习、改革创新、科学发展、依法执政、群众工作、狠抓落实、驾驭风险等各方面的本领，使党的领导干部队伍既政治过硬又本领高强。

三、要把严以治教作为干部教育培训的纪律要求

没有规矩，不成方圆。习近平总书记强调："讲规矩是对党员、干部党性的重要考验，是对党员、干部对党忠诚度的重要检验。"现代政党都是有政治纪律要求的，没有政治上的规矩不能成其为政党。在我们党所有的纪律和规矩中，第一位的是政治纪律和政治规矩。因此，干部教育培训工作要严守党的政治纪律和政治规矩。

必须把参加教育培训作为重要的纪律要求。干部教育培训是我们党一项十分严肃的政治工作。按不按规定参加教育培训，是各级领导干部是否严格遵守政治纪律和政治规矩的重要体现。在实际工作中，确实还存在干部长期不训、重复培训、凭个人喜好参训等问题，不仅浪费了干部教育培训资源，还破坏了干部教育培训的严肃性。必须认识到，越是重要岗位、关键岗位的干部，越是工作骨干，越要加强教

育培训。这方面,《干部教育培训工作条例》已有明确规定,具有强制性要求和刚性约束,必须严格执行,不能由领导干部凭个人喜好,挑肥拣瘦。各级党委及组织人事部门要充分用好组织调训这个主要方式,进一步增强干部教育培训的政治性、计划性、严肃性。要对长期未参加培训的干部严格实行点名调训,通过教育培训看干部是否严格遵守政治纪律和政治规矩,把干部接受教育培训情况作为干部考核的内容和任职、晋升的重要依据;要树立正确的用人观念,干部培训后不一定提拔使用,但提拔使用前必须培训,干部学得好不一定提拔使用,但学得不好就不宜提拔使用。

必须把全面从严的要求贯穿于教育培训始终。党要管党、从严治党是我们党的一贯方针。干部教育培训落实这一要求,就必须把"三严三实"要求贯穿干部教育培训全过程,从严从实教育干部,做到严以治校、严以治教、严以治学。现实中,仍有个别领导干部参加培训时不专心学习,自我要求不严,甚至利用培训的机会拉关系、搞圈子,背离干部教育培训的目的,损害干部队伍的形象。实践证明,没有严格的管理,就不可能有良好的学风。加强学风建设、从严从实管理学员,这是从严治党、从严教育干部的重要内容,是干部教育培训有力有效的重要保证。要坚持实事求是,坚持理论联系实际的马克思主义学风,坚持问题导向,反对主观主义、教条主义、形式主义,防止空对空、两张皮。干部一旦进了培训机构,就是普通学员,任何人都不例外。要认真落实中央八项规定精神和中组部加强学员管理的有关规定,切实把学员管严管好,杜绝相互吃请、公款宴请、搞"小圈子"等现象,对违规违纪的,发现一起查处一起,决不姑息,宁严勿松、宁紧勿散、宁苦勿纵,使干部专心学习培训的过程成为锤炼党性、作风养成的过程。

着力抓好党性教育和专业化能力培训*

干部教育培训作为建设高素质干部队伍的先导性、基础性、战略性工程，在推进中国特色社会主义伟大事业和党的建设新的伟大工程中具有不可替代的重要作用。中央一直十分重视干部教育培训工作。党的十八大以来，习近平总书记多次对干部教育培训作出重要指示，提出了一系列新思想新观点新要求。他指出：中国共产党人依靠学习走到今天，也必然要依靠学习走向未来。总书记一系列的重要指示，为加强和改进干部教育培训工作指明了方向、提供了遵循。在干部教育培训工作中，首要任务是抓好理想信念教育，确保我们的江山不易色、政权不丢失、道路不改变。要坚持干什么学什么、缺什么补什么，有针对性地学习掌握做好领导工作、履行岗位职责所必备的各种知识。要发扬理论联系实际的马克思主义学风，带着问题学，拜人民为师，做到干中学、学中干、学以致用、用以促学、学用相长。要坚持从严治校、从严治教、从严治学，切实加强学员管理和学风建设。

干部教育培训工作者必须深入学习贯彻习近平总书记的系列重要讲话精神，特别是关于加强干部教育培训工作的重要指示精神，围绕协调推进"四个全面"战略布局，始终坚持干部教育培训的正确政治方向，始终突出理想信念、党性教育，始终注重干部专业化能力培训。

第一，加强干部党性教育和专业化能力培训是协调推进"四个全

---

* 原载于《刊授党校》2016年第1期，原标题为《切实抓好党性教育和专业化能力培训》。

面"的必然要求。习近平总书记提出的"四个全面"战略布局，明确了党、国家和军队各项工作的总纲领、总方针。协调推进"四个全面"战略布局，关键在党、关键在人、关键在培养造就一大批"信念坚定、为民服务、勤政务实、敢于担当、清正廉洁"的好干部。这迫切需要我们加强干部党性教育和专业化能力培训，通过切实有效的教育培训，教育广大干部坚定理想信念、增强党性修养，在思想上政治上行动上始终同以习近平同志为核心的党中央保持高度一致；帮助干部不断提高推进"四个全面"的能力，真正使他们既具备过硬的思想政治素质，又具有领导经济社会发展的专业化水平，为协调推进"四个全面"战略布局提供有力支撑。应当看到，党性修养和专业能力对于干部来说，不可偏废、缺一不可，两者都很重要。但我们必须清醒地认识到，理想信念和党性修养是一个干部的"灵魂"，是管根本、管长远的。《干部教育培训工作条例》在总则中明确指出，干部教育培训工作要"以德为先，注重能力"。我们要始终把加强干部党性教育作为首要任务、作为干部教育培训的主课和必修课，与此同时，把能力培养贯穿始终，切实提高干部德才素质和履职能力，使他们成为党和人民需要的好干部。

第二，加强干部党性教育和专业化能力培训必须突出重点。抓重点、带全面，是开展工作的一个重要方法。不管是党性教育，还是专业化能力培训，涉及的内容都很多，必须突出重点、抓住关键。在党性教育方面，最根本的是要抓好马克思主义基本原理和中国特色社会主义理论体系的学习培训。当前和今后一个时期，要把深入学习贯彻习近平新时代中国特色社会主义思想作为重中之重，推动干部持续"补钙""加油"，坚定理想信念，解决好世界观、人生观、价值观这个"总开关"问题。要大力开展党章的教育培训，引导党员干部掌握党章基本内容、遵守党章各项规定。要加强《中国共产党廉洁自律准则》《中国共产党纪律处分条例》等党规党纪的教育培训,使党员干部自觉做到守纪律、讲规矩,知敬畏、存戒惧。在专业化能力培训方面,要紧紧围绕贯彻落实党的十八届五中全会精神,按照《中共中央关于制定国民经济和社会发展第十三个五年规划的建议》要求,切实加强干部专业化能力培训,提高各级干部领导经济发展的能力,重点提高创新发展、协调发展、绿色发展、开放发展、共享发展的本领。

第三,加强干部党性教育和专业化能力培训必须注重质量。解决问题的干部教育才是好的干部教育,教育教学质量是干部教育培训的生命。《干部教育培训工作条例》明确提出,要全面提高质量和效益。如何围绕"四个全面"战略布局,进一步提升党性教育和专业化能力培训的质量?一要增强针对性。干部教育培训是为党的事业发展服务和干部健康成长服务的。面对"四个全面"战略布局,首先要熟悉干部、研究干部、搞好需求调研,找准干部在推进"四个全面"实践中,思想上有什么困惑、能力上有什么短板。在此基础上,遵循干部成长规律和干部教育培训规律,综合考虑组织需要、岗位需要和个人需求,坚持干什么学什么、缺什么补什么,有针对性开展党性教育和专业化能力培训,从而做到以问题为导向,有的放矢、因材施教、提高质量。二要增强实效性。根据内容要求和干部特点,综合运用讲授式、研讨式、案例式、模拟式、体验式等教学方法,增强培训效果。加强党性教育,要充分发挥红色教育基地的震撼作用、先进典型的示范作用、反面案例的警示作用,把强有力的理论灌输和启发式的情感传输结合起来,让党员干部既感动"一阵子",更受用"一辈子"。加强专业化能力培训,重点要加大实践教学和案例教学的分量,善于利用改革开放和现代化建设中的鲜活案例来开展教学,注意推动领导干部上讲台，注意组织学员围绕工作当中的热点难点问题深入研讨，提高解决实际问题的能力。三要坚持经常化。在推进"四个全面"的进程中，来自各方面的困难、风险和挑战必然会不断出现。需要增强危机意识，以时不我待的精神，坚持不懈地抓好干部党性教育和专业化能力培训，帮助他们持续增强党性修养和提高专业化水平，担负起在推进"四个全面"中的历史责任。

第四，加强干部党性教育和专业化能力培训必须从严从实。围绕"四个全面"战略布局，加强干部党性教育和专业化能力培训，事关全局、责任重大，必须按照"三严三实"的要求，一项一项落到实处。一要认真制订计划。制订好年度调训计划，增加党性教育分量，不仅大力开展党性教育专题培训，而且在其他各类班次中，都设置党性教育专门教学单元或内容，确保干部每参加一次培训就要接受一次党性教育。二要加强督促检查。适时开展专项督查，通过实地调研、访谈学员等形式，了解各地各部门加强干部党性教育和专业化能力培训的情况，进一步总结经验、发现问题、推动工作。三要严格考核评估。注意在教育培训考核评估中，细化完善党性教育和专业化能力培训评估指标体系，加强对评估结果的分析运用，促进教学改革，落实培训任务。严格考核干部在参加党性教育和专业化能力培训中的学习态度、学习表现、学习效果等，把培训考核情况作为干部任职、晋升和年度考核的重要依据，引导干部自觉接受党性教育、主动提高专业化能力。

干部教育培训旨在解决问题[*]

提高干部的工作本领，需要加强教育培训。什么样的教育培训才是好的教育培训呢？事实告诉我们，真正解决问题的教育培训才是好的教育培训。正如习近平总书记所指出的那样："领导干部加强学习，根本目的是增强工作本领、提高解决实际问题的水平。"干部教育培训作为以统一干部思想认识、提高干部履职能力为目的的一种有组织的学习活动，搞得好不好，最终要看是否提高了干部运用马克思主义立场观点方法分析解决实际问题的能力。

一、以问题为导向是干部教育培训的基本遵循

问题是学习的原点，也是激发干部学习热情的兴奋点。问题，就是现实生活中急需研究解决的各种矛盾。学起于思，思源于疑，学习和思考是从疑问开始，以解决问题为落脚点的。干部接受教育培训的目的非常明确，就是要通过学习培训解决他们在思想上和工作中遇到的问题。如果教育培训与他们的思想、工作没有联系，就难以调动他们学习的积极性，也就难以达到培训的效果。干部教育培训必须遵循干部学习特点和规律，以干部思想上和工作中的问题为学习研究对象，或将干部遇到的实际问题带到培训中去，组织干部边学习、边研究、边推进工作；或在培训中创设与工作中相似的情景，让干部在情景模拟

---

* 原载于 2015 年 7 月 21 日《人民日报》，原标题为《教育培训重在解决问题》。

中体验、反思，提高解决问题的能力。

历史是问题的消亡和解决，现实是问题的存在和发展。问题是时代的声音，也是理论和实践的结合点。理论联系实际，重在问题导向，联系问题、解决问题。如果说理论和实际之间有一座可以沟通的桥梁，那么解决问题就是这样一座桥梁。从某种意义上讲，理论联系实际的过程，就是运用理论发现问题、分析问题、解决问题的过程。中国特色社会主义事业的每一个胜利、每一个进步，无不是我们党基于"问题意识"，在善于学习中倾听时代声音、顺应历史潮流，运用马克思主义理论研究分析解决问题作出正确决策的结果。新形势下各种新情况、新矛盾、新问题层出不穷，如果我们不能以正在做的事情为中心，以人民群众迫切需要回答和解决的实际问题为出发点，就难以在纷繁复杂的客观实际中把握关键，就不可能在抓住和解决主要矛盾的过程中做好工作。

学起于思、思源于疑，学习和思考从疑问开始，以解决疑问为落脚点。我们党的干部教育培训工作历来强调解决实际问题，注重理论与实践相结合。毛泽东同志明确指出，对在职干部的教育和干部学校的教育，应确立以解决实际问题为中心，以马克思列宁主义的基本原则为指导的基本方针。当年的红军学校、中国人民抗日军政大学之所以有名，就是因为适应了战争环境的需要，以提高学员的思想政治素质和实战能力为主要目标。今天的干部教育培训要体现价值、受干部欢迎，也必须适应时代需要，以问题为导向，从"四个全面"战略布局需要出发，紧密联系改革发展稳定实际，紧扣干部思想和工作实际来开展，切实提高干部解决实际问题的能力。

二、干部教育培训要集中解决干部的世界观是否正确、方法论是否对头两大问题

世界观是人们对整个世界总的看法和根本观点，主要解决世界"是什么"的问题；方法论是人们认识世界、改造世界的一般方法，主要解决"怎么办"的问题。世界观、方法论是"总开关""总钥匙"，管根本、管长远，决定着人们的思维方式、人生态度、价值取向和行为尺度，决定着人生成败。综观近年来因违法乱纪而被查处的干部，究其根源都是"总开关"出了问题。实践反复证明，一个政党如果没有科学的世界观和方法论指导工作，就不可能把党建设好，把国家发展好；一个干部如果没有正确的世界观和方法论，就不可能始终保持头脑清醒、作出正确决策，也就不可能走稳走远，成为党和人民需要的好干部。

马克思主义哲学是辩证唯物主义和历史唯物主义，深刻地揭示了客观世界，特别是人类社会发展的一般规律，是关于自然、社会和思维发展的普遍规律的世界观，也是总结实践经验、解决实际问题的方法论，是指引我们共产党人前进的科学武器。党的干部最根本的素质能力，就是要学习掌握马克思主义世界观、方法论，善于运用马克思主义立场、观点、方法分析和解决实际问题。习近平总书记强调，党员干部"首先要认真学习马克思主义理论，这是我们做好一切工作的看家本领，也是领导干部必须普遍掌握的工作制胜的看家本领"。现在世情、国情、党情发生了深刻变化，领导干部要胜任我们党所肩负的重任，赢得具有许多新的历史特点的伟大斗争胜利，迫切需要用马克思主义武装头脑，用科学的世界观和方法论分析判断形势，在错综复杂的环境中始终保持清醒头脑和坚定信心，在剧烈变动的矛盾运动中

从容应对挑战，掌握工作主动权，始终站在时代前列。

因此，干部教育培训一定要着眼于解决干部的世界观和方法论这个根本性问题，把马克思主义理论作为主要内容，使之更加生动地进入教材、更有特色地进入课堂、更有针对性地进入干部头脑，切实提高干部运用马克思主义立场观点方法解决问题的能力。一方面，要坚持不懈地深入学习马克思主义基本原理，学习掌握辩证唯物主义和历史唯物主义，学好这些最基础、最根本的内容，从源头上完整准确地理解中国特色社会主义，知道我们从哪里来、根扎在哪里、要走向哪里；另一方面，重点学习好中国特色社会主义理论体系，特别是习近平新时代中国特色社会主义思想，深刻领会讲话的基本内涵、精神实质，准确把握贯穿其中的立场观点方法，真正掌握观察事物、分析形势、把握方向、干事创业的思想武器。

三、干部教育培训要帮助干部解决实际问题，必须坚持干部为本、实践为本、运用为本

干部教育培训的对象是干部，聚焦点是干部思想和工作中遇到的实际问题。只有认真研究干部、真正懂得干部，才能有针对性地为干部服务。帮助干部解决问题首先必须找准问题，这样才能有的放矢。干部教育培训必须牢固树立按需培训理念，以问题为导向来设计培训班次、专题和课程，努力做到党的事业需要什么就培训什么，干部成长缺少什么就培训什么。解铃还须系铃人。解决干部思想和工作中的实际问题，最终还得靠干部自己。要激发干部学习的内生动力，大力发扬民主讨论、积极探索、求真务实的学习风气，推广研究式、案例式、体验式、模拟式等互动式、参与式教学，增强干部自主学习、自我反思意识。要改变灌输式、填鸭式的方法，坚持贴近时代、贴近实

际、贴近干部,用干部易于接受的方式,深入浅出地回答干部关注的重大理论和现实问题,引导干部自觉做到学而信、学而用、学而行。

实践是干部学习提高的最好课堂。干部教育培训必须牢固树立实践第一的观点,充分运用改革开放和社会主义现代化建设这个实践大课堂,把实践中的好经验好做法作为鲜活教材,把实践中涌现出来的优秀领导干部、先进模范人物作为教师,组织学员到实践第一线去学习,到作为实践主体军的人民群众中去学习,坚定中国特色社会主义理想信念,提高理论联系实际的能力,增强推动科学发展、促进社会和谐的本领。

联系实际,是干部"学"的根本方法,解决问题是干部"学"的根本目的。干部教育培训必须把联系实际、学以致用贯穿于全过程各方面。干部要带着问题参训、潜下心来学习,把学习党的创新理论与"四个全面"实践结合起来,同加强党性锻炼结合起来,把学习成果转化为科学发展的正确思路和举措,转化为坚守共产党人精神追求的自觉行动,努力做到学与用、知与行相统一。教师要联系实际教,以研究现实问题为重点组织教学活动,在坚持正确政治方向的前提下,不唯本本、不唯教条,正确回答干部关注的热点难点问题,增强说服力感染力。组织上要把理论联系实际的能力作为考核干部学习成果的重要内容,改革干部学习考核方式,研究制定把理论素养和学习能力作为选拔任用干部重要依据的具体办法,引导干部自觉做到学以致用、用以促学。

从严管理监督干部重在日常*

加强干部日常管理，贵在经常、重在认真、要在细节。必须牢固树立信任不能代替监督、信任是前提、严管就是厚爱的理念，把从严要求、从严管理贯穿干部队伍建设全过程，突出问题导向，抓住"关键少数"，精准科学施策，推动从严管理监督干部进一步走向制度化、规范化、常态化。

把谈心谈话作为强化干部日常管理监督的"基本功"。完善和落实干部谈心谈话制度，把功夫下在平时，经常性、近距离、有原则地接触干部，构建干部思想与诉求表达机制、干部苗头性问题纠正机制，使咬耳扯袖、红脸出汗常态化。分层分类落实谈话责任，明确谈话内容，加强督促检查，坚持"一对一"谈话和"双向约谈"，做到上级一把手与下级一把手必谈，党政正职与班子成员必谈，各级领导干部经常性地与所联系的班子和干部主动谈、深入谈、有针对性地谈，组织部长对本级管理的干部应普遍地开展谈心谈话活动。认真落实《关于组织人事部门对领导干部进行提醒、函询和诫勉实施细则》，对干部苗头性、倾向性问题，及时进行提醒、纠正，有的放矢地进行函询和诫勉，使干部切身感受到组织就在身边，监督无处不在、约束无时不有。

把经常性考核作为激发干部干事创业热情的"动力源"。把日常考核与选拔任用、培养教育、管理监督、激励约束、追责问责等有机

---

* 原载于《云岭先锋》2017年第10期。

结合起来,推进干部考核工作常态化。强化平时考核,改进年度考核,根据工作需要开展专项考核,构建年度考核、专项考核、任职考察、换届集中考察配套衔接的考核考察体系。在对干部考核过程中既要以目标为导向,又要以问题为导向,严把政治关、廉洁关,坚决防止"带病提拔"。注重树立在一线考核干部的导向,通过实地调研、民主生活会、述职述责述廉等方式,多渠道、多层次、多侧面深入了解、全面掌握干部的现实表现,在经常性考核中发现问题、分析问题、解决问题。把严格管理干部和热情关心干部结合起来,针对一些干部中存在的"为官不为"问题,健全完善容错纠错机制,最大限度调动广大干部的积极性、主动性、创造性。

把严肃党内政治生活作为党员干部自我监督的"净化器"。从思想教育入手,利用理论中心组学习、教育培训等形式,抓好《党章》《新形势下党内政治生活若干准则》《党内监督条例》等党内法规的学习教育,教育引导广大党员干部增强纪律规矩意识,自觉同违反党内政治生活原则和制度的现象作斗争。严格落实民主生活会、"三会一课"等组织生活制度,认真对照检查,开展批评与自我批评,找准问题、对症下药、抓好整改,切实增强党内政治生活的政治性、时代性、原则性、战斗性,促使每个干部都按照党内政治生活准则和党的各项规定办事。

把完善监督体系作为强化干部管理监督的"制度链"。把"选、育、考、管"等各个环节贯通起来,把事前、事中、事后监督统一起来,把行为管理和思想管理、工作圈管理和社交圈管理统一起来,补齐制度短板,注重配套衔接,形成更加完整的干部监督管理链,从整体上提高监督效果。充分调动各方资源,织密监督之网,将监督途径由组织监督、纪检监督、巡视监督向司法监督、审计监督、舆论监督不断拓展，积极发挥人大、政协以及群众监督的作用，形成上下贯通、纵横交错的监督体系。注重运用信息化手段，加强干部监督信息档案建设，将举报信访信息、党纪政纪处分情况、巡视报告、审计报告、个人有关事项报告、选人用人检查问题线索等整合起来，加强梳理分析和甄别，发挥大数据系统预警功能，提高监督信息运用的科学化水平。

真正的人才一定要拥有"四张牌"*

事实告诉我们,人才要有作为、有贡献,成为党和人民需要的优秀人才,就必须拥有"四张牌"。

第一张牌:要拥有较高的政治素养

中国共产党是无产阶级政党,党章规定:"党除了工人阶级和最广大人民群众的利益,没有自己特殊的利益。"在新民主主义革命时期,党团结带领人民争取民族独立、人民解放是最大的政治;在社会主义革命、建设和改革时期,实现国家富强、人民富裕是最大的政治。当前和今后一段时期,全面建成小康社会、实现第一个一百年奋斗目标,推进第二个一百年奋斗目标、实现中华民族伟大复兴的中国梦就是党最大的政治。任何反对党的领导、反对中国特色社会主义的人才,不管有多大的才能都不能用。人才是党和政府培养的,理所当然要为实现最广大人民群众的利益服务,要为社会主义现代化建设事业服务。

现代意义上的政党,是围绕一定的政治纲领、按照一定的政治路线、为实现一定的政治目标而组织起来的政治组织,讲政治是其内在要求。讲政治不是老调重弹,不是空洞的政治口号,更不是"文化大革命"中搞的极左政治,而是有很强的现实针对性。人才一旦在政治上不过关,本事越大,负面作用越大。有少数人才价值取向扭曲,对

---

* 原载于《刊授党校》2017年第7期,原标题为《优秀人才要有"四张牌"》。

国家和人民没有感情，一些学者公开发表和传播各种攻击诽谤党的领导、抹黑社会主义的言论，有的甚至沦为西方组织"分化"图谋的工具和打手。诸如此类的问题，必须高度重视，从政治上加以解决。人才如何提高政治素养？一是增强政治意识。人才只有自觉增强政治意识，才能坚定正确的政治方向，善于从政治上观察、分析、解决问题，保持政治清醒。当前，意识形态领域多元思想文化、多种话语体系、多个舆论场相互交流交融交锋，西方国家加紧实施"西化""分化"图谋，企图动摇马克思主义的指导地位，动摇人们的价值取向；敌对势力挖空心思散布各种有害信息，歪曲事实、颠倒黑白、混淆是非，企图抹黑中国共产党的领导，颠覆社会主义制度；境内外一些别有用心的组织和个人，不断变换手法，制造思想混乱，争夺人心，企图侵蚀党执政的群众基础，破坏团结稳定的大好局面，对此，广大人才必须头脑特别清醒、眼睛特别明亮、立场特别坚定。二是真心实意拥护党的领导。一些人认为，执政党管自己的干部天经地义，但是，对人才管理是否同样适用却存在疑义。坚持党管人才原则，不是指狭义上的"管理"人才，更不是"管住"或者是"管制"人才，而是一种真心爱护人才、培育人才、凝聚人才、用好人才的理念及实践。因此，党管人才就是党爱人才、党兴人才、党聚人才，通过制定政策、营造环境、整合力量、提供服务，为一切有志成才的人提供更多发展机遇和更大发展空间。中国共产党是执政党，任何团体、个人都要维护党的领导，在党的领导下开展工作。人才作为社会主义建设主力军，更要拥护党的领导，更要坚持在党的领导下开展工作，坚定中国特色社会主义道路自信、理论自信、制度自信、文化自信，提高对中国特色社会主义事业的政治认同、理论认同、价值认同、情感认同。特别是人才队伍中的共产党员，更应该增强政治意识、大局意识、核心意识、看齐意识，在思想上政治上行动上同以习近平同志为核心的党中央保持高度一致。否则，纵然才华横溢，满腹经纶，也不能很好地为人民服务。三是自觉自愿地为党工作、为民服务。自觉自愿地为党分忧、为国尽责、为民奉献，是每个公民神圣的职责和使命。人才作为社会的精英，能力越大，责任就越大，更应担负起实现中华民族伟大复兴的时代责任。毛泽东、周恩来、刘少奇、朱德、邓小平等党的第一代中央领导集体都是那个时代的先知先觉者，是最伟大的领导人才，他们在领导革命、建设和改革事业中，都无比自觉为党工作、为民服务。新中国成立后，以钱学森、钱三强等为代表的著名科学家掀起了第一次归国潮，他们自愿为振兴中华而舍弃了国外的优厚待遇。近年来，随着我国经济社会的迅猛发展和国际地位的跃升，以及国家"千人计划""万人计划"等一系列重大人才工程的全面实施，海外优秀人才加速回流，使我国逐步成为世界各国优秀人才施展才华、创业发展的热土。大批留学生和高层次人才从出国到归国转变，这源于千百年来一脉相承的桑梓情怀与报国抱负，更为根本性的原因，则是祖国这片发展的热土和梦想的天空，让无数出国者人心思归，生出为祖国干一番事业的壮志豪情。可以断言，随着改革开放的深入和国家的繁荣富强，将会有越来越多的优秀人才集聚到中国梦的伟大事业中来。

第二张牌：要拥有过硬的专业能力

在社会主义市场经济条件下，人才不仅仅看学历、资历和各种证书，更要注重实际的能力、发挥的作用、创造的价值，以实践、社会和市场作为检验的主体。能力是人才最显著的标签，是衡量人才最基础、最可比的标准。人才的能力是具体的，其中最核心、最基础的就是专业能力，也就是要具备专业的知识、专业的技能、专业的素养。

关于人才专业化能力，有几个问题很重要：一是人才具备专业化能力很重要。人才是经济社会发展的重要组成部分，人才表现为知识、技术、体能等的综合价值，创造性是人才最重要的本质特征，否则就不成其为人才。要具有创造性就必须具有专业化能力，否则就是盲动。21世纪是一个高端人才竞争的年代，谁拥有了最完备的人才队伍，谁就拥有了发展经济社会的强大后援。习近平总书记指出："要择天下英才而用之，广泛吸引各类创新人才特别是我们最缺的人才，如首席科学家、战略科学家、世界级科技大师、风险投资企业家等。"人才能力还要表现在为经济社会发展作出实际贡献。二是如何评估人才的专业化能力。人才是否算得上"真正的人才"，不是自封的，更不是自夸的，最基本的就是同行业的比较、同行业的认可，也就是要让人才评价人才。人才评价是专业性很强的工作，俗话说，隔行如隔山。不同学科之间存在专业壁垒和信息不对称，很多时候是"内行知道，外行不知道；下面知道，上面不知道；一线知道，领导不知道"，只有具备专业眼光和评价能力，由专业人才评价专业人才，才能慧眼识珠。当然，同行评价不是熟人评价、"小圈子"评价，不能搞成让"人情"说话、让"关系"作主；也不能搞跨领域的专家评价，专家不是"万事通"，一旦脱离其专业领域，就不再是专家。这是一条基本的原则。三是如何提升人才专业化能力。最重要的就是要做到"安、专、迷"，匠心独具、态度专一、干一行、爱一行、钻一行。做学问、搞科研，要安下心来，专注起来，迷恋全深，始终保持唯真求实、淡泊名利的态度，把时间和精力放在潜心研究上，才能不断取得更多创新成果，攀登科技高峰。科学研究、理论研究有时是十分枯燥的，需要日积月累，老老实实下功夫，来不得半点投机取巧。纵观古今中外的学术大家，他们有一个共同之处，就是真正醉心于学术，潜心其中，自得其乐。

梁启超在饮冰室书斋，14年倾心致力于学术研究，完成了长达148卷的《饮冰室合集》，为中华民族留下了蔚然壮观的文化瑰宝。瑞典科学家诺贝尔一生不抽烟、不喝酒、不玩牌、不赌钱、不跳舞。为了研制炸药，他痴迷执着，克服种种障碍，以坚韧不拔的精神坚持试验成功。科学家群体受到社会的尊重和追捧，是社会进步的一种体现。但是，如果把各种社会活动、兼职任职都加到科学家身上，过多地挤占他们的科研时间，就会让他们不堪重负，影响科研创新。

第三张牌：要拥有较强的学习力和创新力

习近平总书记指出："梦想从学习开始，事业从实践起步。"当今世界，知识信息快速更新，学习稍有懈怠，就会落伍。世界上没有生而知之者，没有不学而能、无师自通的人。人才都是在学习上走在前列的人。但知识是无穷尽的，学习是无止境的。有的人才自我认知不足，自以为独领风骚、笑傲群雄，自我感觉良好，不注意更新知识结构，研究能力和创新能力与实践的需要存在明显差距；有的"躲进小楼成一统，管他春夏与秋冬"，只盯着本专业闭门造车、自娱自乐，不注重向实践学习、向群众学习，造成了理论与实践脱节。

在知识经济时代，新技术改变了知识信息的传播、储存和运用的基本模式，学习与生存是人类面临的两大主题，学会学习才能学会生存，会学比学会更重要。农耕时代，能读几年书就可以用一辈子；工业时代，能读十几年书勉强还可以应付；而到了知识经济时代，人可以离开学校，却离不开学习。只有主动学习、终身学习、创新性学习、着眼未来学习，才能真正做到"活到老，学到老"，不断适应社会的需要。一是正确认知自我。善于找到自我完善、自我提高的坐标，从坐标中找准自身的定位，从对标中找出自己的问题和不足。要站在全国乃至世界人才的大局中去对标，多与国际和国内发达地区的同领域相比，在研究成果、推动发展等方面认清差距、查找不足，增强学习的紧迫感，找到精准发力的突破口。二是具备创新思维。一个人是否具有创新思维，是一流人才和三流人才之间的分水岭。所有的学习与研究最终都是为了创新和突破。一个人才可以引领一项科技创新，催生一个产业，带动一方发展，乃至影响和改变世界。要始终保持不知足、不安分的状态，敢于否定前人、否定自己，突破常规、挑战权威，在自己的研究领域作出开创性的贡献。三是积极投身实践。实践出真知，实践出人才，这是人才成长最根本、最管用的规律。习近平总书记勉励广大科技工作者，要把论文写在祖国的大地上，把科技成果应用在实现现代化的伟大事业中。"两弹一星"、载人航天、探月工程、杂交水稻、量子通信、超级计算机等伟大实践，培养造就了一批又一批科技领军人才。立足当下，以正在做的事情为中心，这是党和国家培养人才和人才成长最基本的路径和规律。要深入总结依托重大工程发现和培养人才的成功经验，经过"实践—认识—再实践—再认识"的循环反复，去粗取精、去伪存真，由此及彼、由表及里，通过深入研究上升为带有普遍规律性的认识。要坚持在创新实践中识别人才、培育人才、凝聚人才，引导人才深入群众、深入生产一线、深入现实生活，真正让人才在实践中锻炼成长、在基层一线建功立业。

第四张牌：要拥有良好的个人形象

形象就是个人品牌，就是一个人的"软实力"。高层次人才，是所属行业里的公众人物，在公众眼里会不自觉地成为一种导向、一种引领、一种范本，其个人形象尤为重要，一言一行直接关系到这个领域、这个行业的公信度。

信息网络时代，形象效应很容易扩散，具有"黑洞效应"。因此，一些人才的形象问题也随之浮出水面。比如，论文造假、学术抄袭、成果偷窃等学术腐败屡见不鲜；有的打着"权威"的名号乱发议论、混淆视听、误导公众；有的道德败坏、道貌岸然，私下里干着见不得人的事；有的一切向钱看，游走于政商两界，多头通吃等。既然个人形象是品牌，就要精心呵护，千万不要干"砸牌子"的事情。人才形象应当是什么？笔者认为，主要包括学富五车的学者形象，知事明理的智者形象，道德高尚的个人形象，充满正义的公众形象。一要坚持以德立身。人生在世，立身重要。木秀于林靠固本，人显于众靠自身。人才只有以高尚的道德作动力，才能将聪明才智转化为对祖国和人民有用的财富。回想过去，新中国成立后，李四光等一大批具有崇高爱国热情的科学家，毅然放弃国外优越的生活条件，投入祖国的怀抱，用自己的智慧改变着祖国的贫穷和落后，成为以德立身的典范。要加强中华民族传统优秀文化的自我教育、自我塑造，加强政治道德、思想道德、职业道德建设，常修为人之德、为事之德，不断提高道德水平、陶冶道德情操，做一个讲道德、有操守的人。二要增强社会责任感。每个人都生活在社会中，任何人脱离了社会都不可能生存和发展，更不可能成就任何事业。是否具备强烈而牢固的社会责任感，不仅关系个体理想信念的实践，更与国家前途、民族命运密切相关。一个不关心社会的人，不可能在未来的工作中走得远。如果人才没有为党、为国家、为人民服务的意识，就不是国家所需要的人才。特别是高层次人才，一定要树立一种对党、对国家、对人民负责任的态度和情怀，努力有所作为。三要坚持求真务实的工作作风。求真务实作为马克思主义认识论的本质概括，既是一种精神、一种作风，也是一种品质、一种责任。功利是一个人成才的天敌。有极个别人才热衷于当"社会活动家",有点学问就到市场上去赚钱;有的大学教授不是把时间花在学术研究上,而是整天忙于"走穴"。务实是中华民族的传统美德,是成就一切事业的前提。要把务实作为一种责任、一种追求、一种境界、一种美德,不断培养务实精神、务实习惯,脚踏实地,沉下心来,潜心搞研究、做学问;对待工作要真诚,不能弄虚作假、玩弄学术,成为学术上的"两面人";要避免好高骛远,搞形式主义,做表面文章。

四要保持谦卑的品格。科学家之所以谦卑,展示的不单是严谨治学的优良品格,更有科学大家敬畏真理、虚心求索的心灵。人们对规律的认知是不完整的、支离破碎的。实际上,优秀的科学家往往是谦卑的研究者。他们始终在自己的研究领域默默耕耘着,怀着对自然、科学的崇敬之情不断探索,推进着人类对宇宙、对自然奥秘的认识。伟大的科学家,深知天地的无穷和自身的局限。他们身上的谦卑,并非虚伪矫饰,而是源于对自己的清醒认识和对科学的虔诚,这才是大智慧、真见识。正如苏格拉底所言:"只知道一件事——就是我一无所知!"

  凤飞千仞,非梧不栖。当今世界,国家、地区之间的人才争夺日趋激烈。人才拥有了这"四张牌",就拥有了选择的机会和竞争的优势。

三 自身建设

组织工作要力求做到"五个注重"*

做好新形势下的组织工作,既面临良好机遇,也面临不少考验。这就需要认清"时"和"势"的新变化、新要求,增强大局意识,强化责任担当,弘扬进取精神;这就需要不断改进工作理念、工作方法、工作作风。只有这样,才能更好地适应当前组织工作面临的新形势,从而切实做好组织工作。

第一,注重持续。党的事业,是继往开来、薪火相传的事业。人事有代谢,往来成古今。在我们党的干部管理体制内,进退留转是必然的也是正常的。但是,组织工作也好,其他工作也罢,都有着自身的规律和特点,都有一个累积的过程。古语有云:"政如农功。"说的是为官干事就像种庄稼,不能急功近利、心浮气躁,必须掌握特点、遵循规律。许多工作不是一朝一夕就能完成,不是一蹴而就的,有的需要好几年才能有所成效,有的甚至需要几届领导班子传承接力、久久为功。党的建设和组织工作一路走来实属不易,取得了很好的工作成绩,也探索积累了许多具有鲜明特点的宝贵经验,积淀形成了很多好的做法和优良作风,我们必须自觉地继承和发扬。尤其需要对那些实践证明是好的做法继续狠抓落实、一抓到底,保持工作的连续性。

第二,注重提升。提升是事物进步发展的一种积极状态。凡事不进则退。应当牢固树立看齐意识,立足基础、主动作为、思进向好,

---

* 原载于《刊授党校》2016年第3期。

以正确的理念、科学的方法、创新的精神、严肃严格严谨的作风，增强组织工作的整体性、协调性、平衡性、连续性。坚持目标导向和问题导向相统一，从最差的入手，向最好的努力，不断提高组织工作科学化水平。组织工作的提升，离不开组工干部的提升，需要组工干部认真把握组织工作的规律、理论及方法，具备很强的组工业务能力，善于用专业思维、专业素养、专业方法来开展工作。干部是干出来的。组工干部是服务干部的干部，自身素质不过硬，服务干部就没有底气。当干部是干什么的？就是发现问题、正视问题、研究问题、解决问题。所以，组织部门的干部要以问题为导向，自觉养成研究问题、思考问题的习惯。组织工作是一门科学、一门专业，需要具备很强的专业化能力才能做好。要把打造过硬队伍作为组织部门履职尽责的根本保证，严控入口、畅通出口、推动交流，培养业务骨干，建一流队伍、创一流业绩。开展岗位练兵、加强业务培训等途径和方法，不断提高组工干部队伍的专业化能力，从而更好地尽职尽责、高水准地完成各项工作任务。各级组织部门要创造条件，加强组工干部专业化培训，着力造就一支热爱组织事业、精通组工业务的专家型干部队伍。要坚持从严治部，切实加强组织部门党风廉政建设，认真履行主体责任，查找廉政风险，自觉接受纪检机构和干部群众的监督，坚决防止"灯下黑"。广大组工干部要把严守党的政治纪律和政治规矩作为不可动摇的"根"和干事创业的"本"，时刻以党纪党规为标尺，规范自己的言行，树好组工干部的良好形象，花大力气建设"讲政治、重公道、业务精、作风好"的模范部门。

第三，注重统筹。统筹是一种重要的工作方法，统筹的目的在于提高效率与效益。目前，一些地方的组织工作整体水平不高、一些老大难问题老在原地打转转，一个很大的原因，就是缺乏统筹的理念和方法，格局不高、境界不高、站位不高，本位主义、部门主义、地方主义抬头，要么一叶障目，只见树木不见森林，要么见子打子，被牵着鼻子走。因此，注重统筹非常重要。具体来讲，一要聚焦主业。组织部门的主责主业就是习近平总书记提出的24个字："搞培训、提素质，选干部、配班子，育人才、聚贤能，抓基层、打基础"。大局清，才能方向明。聚焦主业，就是要紧扣大局，担好主责、干好主业，不偏向、不游离、不散光，坚持有所为有所不为，收缩战线、集中力量、精准发力，既为一域争光，又为全局添彩。二要把控节奏。"欲速则不达""过犹不及"，就是对节奏和力度把控失当的表述。对于领导干部来说，善于把控节奏和力度是工作成熟的表现。组织工作政治责任重大、大事要事叠加，如何高质量地完成工作任务是一个重大考验。这就需要我们善于抓关键、抓重点、抓主要矛盾、抓薄弱环节，紧盯大事要事打攻坚战、紧盯急事难事打歼灭战、紧盯薄弱环节打持久战，牢牢把控工作节奏、力度和质量。三要调度力量。组织工作是党的工作的重要组成部分，不光是组织部门一家的事，需要党的工作部门、社会各方面的积极参与。我们要树立"党建一盘棋"的思想，履行牵头抓总职责，落实各方责任，调动各方力量，发挥各方作用。在选人用人方面，要充分发挥好党委的主体责任、纪委的监督责任、组织部门的考察责任，这是"三位一体"的责任体系，缺一不可，否则，选人用人就会出现这样那样的问题；在落实党建责任方面，要充分发挥各级党委（党组）的主体责任、书记的第一责任人责任、党建工作领导小组的统筹协调责任和组织部门的主业责任，这是融为一体、密切相关的责任链条，只有各方面责任落实到位了，党建责任才会压实，党建工作水平才可能提升；在人才培养引进方面，不仅要调动组织部门、人才队伍的积极性，还要调动好用人单位的积极性；在党的建设制度改革方面，不仅要发挥好牵头单位、成员单位的责任，还要尊重和保护基层的首创精神；在脱贫攻坚方面，不仅要发挥好扶贫工作队、挂钩联系单位的作用，更要注重激发贫困户脱贫致富的内生动力。

第四，注重落实。反对空谈、强调实干、注重落实，是我们党的优良传统。毛泽东同志要求共产党员一定要有"认真实干"的精神，强调"一件事不做则已，做则必做到底，做到最后胜利"。习近平总书记指出，抓落实是领导工作中一个极为重要的环节，是党的思想路线和群众路线的根本要求，也是衡量党员领导干部世界观正确与否和党性强不强的一个重要标志。抓落实，就是讲政治守规矩的具体体现。一要抓事抓项目。项目化管理是抓落实的一种有效办法。要坚持组织工作项目化，把工作目标任务分解成具体项目、打造成典型样板、建立起标准体系，实现由"无形抓、抓无形"到"有形抓、抓有形"的转变，让组织工作可量化、好落实、易检查。二要抓人抓责任。抓落实不能在层层表态、层层开会、层层造声势上做文章，而要牢牢抓住"责任人"这个主体、"责任"这个杠杆、"督查"这个手段。比如，在基层党建工作中，就要牢牢抓住书记这个"牛鼻子"，坚持"书记抓、抓书记""部长抓、抓部长"，层层传导压力，层层压实责任。三要抓细抓具体。天下大事，必作于细。习近平总书记指出："抓落实就好比在墙上敲钉子，钉不到点上，钉子要打歪；钉到了点上，只钉一两下，钉子会掉下来；钉个三四下，过不久钉子仍然会松动；只有连钉七八下，这颗钉了才会牢固。"实际工作中，有些同志总认为当领导就是抓大事、管宏观，习惯于坐机关、发指示，不习惯深入基层解决具体问题；有的同志喜欢抓选干部、配班子这些"大事"，不愿做抓基层、打基础这些"小事"，很多基础性工作没有落细落小落实，工作措施失之于粗、失之于虚，影响了整体工作水平。这些问题必须认真面对，从严从实加以克服。

第五，注重创新。创新永无止境。我们要善于用发展的眼光谋划工作，用改革的精神增添工作动力、用探索的思维拓宽工作路子，让组织工作产出更大的生产力。组织工作创新，涉及很多方面，特别要注意"互联网+"的问题。随着信息时代、大数据时代的来临，信息网络引领我们的世界进入了一个新的时代，给执政党自身建设带来了重大机遇，也带来了严峻挑战。我们必须更加积极主动地拥抱大数据、融入互联网，做大做强做优"互联网+组织工作"这篇大文章，积极探索构建"互联网+党员教育""互联网+干部教育""互联网+干部监督""互联网+人才培养""互联网+机关办公"的党建工作新格局。应当加大对"互联网+组织工作"的探索研究，使之成为提升组织工作水平的一个重要着力点和突破口。

以政治建设为统领提高组织工作质量*

党的政治建设是党的根本性建设,决定党的建设方向和效果。组织路线是为党的政治路线服务的,深入学习贯彻党的十九大精神,推进新时代组织工作,必须以习近平新时代中国特色社会主义思想为根本遵循,以党的政治建设为统领,把党的政治建设摆在首位,对标新时代党的建设总要求和八项任务,提高政治站位、强化政治担当、履行政治责任,锐意进取、永不懈怠,确保组织工作有新气象新作为。

选人用人要突出政治标准。习近平总书记提出的新时期好干部标准,为选人用人树起了时代标杆。我们要突出政治标准,树立正确选人用人导向,培养选拔牢固树立"四个意识"和"四个自信"、坚决维护党中央权威、全面贯彻执行党的理论和路线方针政策、忠诚干净担当的干部。选拔干部突出政治标准,要认真落实中组部部长陈希同志提出的五条标准:一看政治忠诚,是否牢固树立"四个意识";二看政治定力,是否坚定"四个自信";三看政治担当,是否坚持原则、敢于斗争;四看政治能力,是否善于从政治上观察和处理问题;五看政治自律,是否严格遵守党的政治纪律和政治规矩。要把紧把严政治标准这个硬杠杠,注重看干部在政治立场、政治方向、政治原则、政治道路上的一贯表现,对政治上不合格的干部实行"一票否决",及时甄别、坚决清除政治上的"两面人"。

---

* 原载于《组工信息》2017年第109期。

基层党建要强化政治功能。党的政治建设的首要任务，就是必须保证全党服从中央，坚持党中央权威和集中统一领导，确保党始终成为中国特色社会主义事业的坚强领导核心。基层党组织第一位的功能是政治功能，必须毫不动摇坚持和完善党的领导，毫不动摇把党建设得更加坚强有力，不断增强党的政治领导力、思想引领力、群众工作力、社会号召力。要以提升组织力为重点，突出政治功能，补短板、扬优势，重考核、强问责，抓两头、全覆盖，成常态、上台阶，把基层党组织建设成为宣传党的主张、贯彻党的决定、领导基层治理、团结动员群众、推动改革发展的坚强战斗堡垒。大力推进党建标准化，制定并落实各领域基层党组织规范化建设标准，以标准化促基层党建质量提升。加大抓党建促脱贫攻坚力度，把党的政治优势、组织优势转化为脱贫攻坚的发展优势。

人才工作要注重政治引领。人才是党执政兴国的宝贵资源。要坚持党管人才原则，加强政治引领、政治吸纳，大兴识才爱才用才容才聚才之风，做到政治上充分信任、思想上主动引导、工作上创造条件、生活上关心照顾，努力把各类人才团结在党的周围，聚天下英才而用之。要抓住中央鼓励引导人才向贫困地区、革命老区和基层一线流动的契机，持续深化人才发展体制机制改革，重视少数民族地区人才培养，加快推进各类人才计划、高层次人才创新创业园建设，优化人才创新创造创业环境，为本地的经济建设和社会发展提供人才支撑。

自身建设要坚持政治建部。组织部门是政治工作部门、组织工作是政治工作、组工干部是政治干部，政治属性是第一属性。组织部门自身建设一定要坚持政治建部，把旗帜鲜明讲政治作为本质特征、鲜亮底色，作为建部之本、强部之魂，始终坚持党的领导、坚持正确政治方向。各级组工干部一定要提高政治站位和政治觉悟，站在全党的高度来思考和实施具体工作，增强做好组织工作的庄严感、神圣感、责任感和使命感，用担当的行动阐释对党和人民的忠诚。要锤炼对党忠诚的政治品格，践行公道正派的基本要求，提高履职尽责的政治能力，锻造严以律己的过硬作风，秉持专心、专注、专业的工作态度，弘扬严肃、严格、严谨的敬业精神，为把组织部门建设成为"讲政治、重公道、业务精、作风好"的模范部门提供政治保障。

组织部门要认真履行在全面从严治党中的政治责任^{*}

组织路线是为政治路线服务的。围绕中心、服务大局，一直是组织部门的价值遵循。一旦偏离中心和大局，组织工作就会犯方向性错误，自然就失去了应有的价值。当前，学习贯彻落实六中全会精神，是各级组织部门首要的政治任务，必须以高度的思想自觉和行动自觉，自觉摆进去，主动扛起来，坚持学和做统一、知与行统一、世界观和方法论统一，务必确保在全面从严治党中有新作为、新气象。

第一，在抓好思想教育这个根本上履职尽责。加强思想教育和理论武装，是党内政治生活的首要任务，是保证全党步调一致的前提和基础。习近平总书记在十八届六中全会上指出："党内政治生活出现这样那样的问题，根子还是一些党员、干部理想信念这个'压舱石'发生了动摇，世界观、人生观、价值观这个'总开关'出现了松动。"对此，《关于新形势下党内政治生活的若干准则》强调"必须高度重视思想政治建设，把坚定理想信念作为开展党内政治生活的首要任务"，并明确提出，全党同志必须把对马克思主义的信仰、对社会主义和共产主义的信念作为毕生追求，永远保持建党时中国共产党人的奋斗精神。这是新时期党员干部思想教育的核心要素，是"四个自信"的思想源头。

组织部门肩负着思想教育和理论武装的重要职责。当前和今后一个时期，一定要突出增强"四个自信"这个重点，抓好各级领导班子

---

* 原载于《刊授党校》2017年第5期，原标题为《组织部门要认真履行政治责任》。

和领导干部思想政治建设,分级分类抓,全方位全覆盖抓,把中国特色的道路优势、理论优势、制度优势、文化优势全面展现出来。要以《关于新形势下党内政治生活的若干准则》《中国共产党纪律处分条例》为主线,把"两学一做"学习教育引向深入,以"三会一课"为基本制度、以党支部为基本单位、以解决问题发挥作用为基本目标,推动"两学一做"学习教育融入日常、抓在经常、抓出成效。要以先进典型为引领,提振党员干部干事创业的精气神,推动各级领导干部进一步解放思想、迸发激情、勇于担当、团结奋斗。

第二,在抓好选人用人这个导向上履职尽责。选人用人是政治生态的风向标,用人上的不正之风和腐败现象对政治生态危害最烈,坚持正确用人导向是严肃党内政治生活的治本之策。选人用人导向正确,党内政治生活就会正气充沛,干部就会见贤思齐、心齐气顺;导向不正确,就会邪气横生,人心涣散。组织工作是为党和国家选人用人,决不能沦为某个人的"私器",成为少数人牟利的"工具",否则就是严重的失位、失职、失责。《关于新形势下党内政治生活的若干准则》明确,选拔任用干部必须坚持党章规定的干部条件,选人用人必须强化党组织的领导和把关作用,党的各级组织必须自觉防范和纠正用人上的不正之风和种种偏向,任何人都不准把党的干部当作私有财产、党内不准搞人身依附关系。干部是党的宝贵财富,必须既严格教育、严格管理、严格监督,又在政治上、思想上、工作上、生活上真诚关爱,鼓励干部干事创业、大胆作为。

要在选人用人上有新气象,始终坚持党管干部原则,坚持五湖四海、任人唯贤,坚持德才兼备、以德为先,按照党章规定的干部条件,认真落实好干部标准和"三严三实"要求,特别要把政治合格作为第一标准,严把政治关、廉洁关,切实把好干部选出来用起来。要在精准科学选人用人上有新作为，强化党组织的领导、主导和把关作用，坚持知事识人、"研究人"和"研究事"相结合，加大在脱贫攻坚第一线考察识别干部力度，始终做到精准科学选人用人。要在推动干部"能上能下"上取得新进展，督促各级党委（党组）及组织人事部门负起责任来，突出优胜劣汰导向，不作为、不担当、不胜任、不称职的干部要坚决调整下来，形成能者上、庸者下、劣者汰的生动局面。

第三，在抓好从严治吏这个关键上履职尽责。纵观历史，吏治严明就繁荣昌盛，吏治腐败就走向灭亡。从严治党，首先要从严治吏，特别要从严管理领导干部。从严治吏，关键是严明政治纪律。对此，《关于新形势下党内政治生活的若干准则》明确，全党必须自觉服从党中央领导，严格执行重大问题请示报告制度，自觉防止和反对个人主义、分散主义、自由主义、本位主义，不准在党内搞小山头、小圈子、小团伙，对党忠诚老实、光明磊落、说老实话、办老实事、做老实人，党内不准搞拉拉扯扯、吹吹拍拍、阿谀奉承。

贯彻落实这些精神，关键是要把政治纪律和政治规矩挺在前面，从严从实监督管理干部。进一步坚持和完善重大问题请示报告制度，督促各级领导机关和领导干部加强请示报告，自觉接受监督。进一步用好个人有关事项报告抽查核实这个抓手，完善报告事项内容，扩大抽查核实范围。同时，对利用职务便利违规干预干部选拔任用问题，要建立党的领导干部插手干预重大事项记录制度。进一步构建全方位监督管理干部的新格局，综合运用党内监督的各种手段，注重运用巡视、巡察、审计、考察考核、专项检查、个人有关事项报告和财经纪律执行情况检查等反映的问题信息，形成干部监督合力。同时，要坚持严管与厚爱紧密结合，发挥好考察评价的指挥棒作用、选拔任用的导向作用、教育培训的引领作用、管理监督的约束作用、容错纠错机制的正向激励作用,激发干部推动改革发展的内生动力。

第四,在用好组织生活这个经常性手段上履职尽责。党的组织生活是党内政治生活的重要内容和载体,是党组织对党员进行教育管理监督的重要形式。习近平总书记指出:"抓住了严格党内政治生活这个关键点,也就抓住了解决党内矛盾和问题的钥匙。"严肃党内政治生活、净化党内政治生态,是我们党管党治党的宝贵经验。回顾我们党九十多年的光辉历程,正反两方面的经验告诉我们,什么时候党内政治生活正常健康,我们党就风清气正、团结统一,充满生机活力,党的事业就蓬勃发展;反之,就会弊病丛生、人心涣散,各种错误思想、错误路线得不到及时纠正,给党和人民的事业造成严重损害。党员参加一次高质量的组织生活,就等于参加了一次政治体检,获得了一次打扫灰尘、净化灵魂、增强政治免疫力的党性检修。对此,《关于新形势下党内政治生活的若干准则》提出了"五个坚持、六个必须"的具体要求。"五个坚持",即坚持民主集中制,坚持"三会一课"制度,坚持民主生活会和组织生活会制度,坚持谈心谈话制度,坚持对党员进行民主评议。"六个必须",即各级党委(党组)必须坚持集体领导制度;党委(党组)主要负责同志必须发扬民主、善于集中、敢于担责;领导班子成员必须解决执行党组织决定,如有不同意见,可以保留或向上一级党组织提出;批评和自我批评必须坚持实事求是;党员、干部必须于自我解剖;领导干部特别是高级领导干部必须带头从谏如流、敢于直言。

组织部门作为组织生活会的组织者、指导者,有责任在这方面积极作为,重点在提高组织生活的政治性、原则性、时代性、战斗性上下功夫。要把基本制度落实到位,有计划地抓好督查,推动"两学一做"学习教育常态化制度化,把"三会一课"、民主生活会、组织生活会、领导干部双重组织生活会、谈心谈话、民主评议党员等党的组织生活基本制度严格落实到位。要把民主集中制执行到位，对各级领导班子执行民主集中制情况进行专项督查，凡是民主集中制执行不到位、领导班子闹不团结的，坚决进行组织调整。严格党的组织生活，必须始终抓住领导干部这个"关键少数"。要加大督促检查力度，推动各级领导干部带头执行党的组织生活制度，带头抓好分管领域和部门执行制度的督查，切实提高党的组织生活质量，营造良好政治生态。

第五，在加强基层党组织建设这个基础上履职尽责。基层党组织处在工作的最前沿，是党在基层的"神经末梢"。治国安邦，重在基层；管党兴党，重在基础。习近平总书记指出，党的工作最坚实的力量支撑在基层，经济社会发展和民生最突出的矛盾和问题也在基层，必须把抓基层打基础作为长远之计和固本之举。在新的历史条件下，我们党执政面临"四大考验""四种危险"，基层党组织处在经受考验、化解危险的最前沿，只有把基层党组织这个根基打牢，整个党才能坚如磐石；只有持之以恒、固本强基，我们党才能长期执政、永续执政。

要顺利完成战略任务，首要的是把基层基础打牢。必须以更高的站位，更实的抓手，更强的保障，持之以恒、常抓不懈，标本兼治，补齐短板、强化基础、提升水平。站位要高，一方面，坚持不懈推进各领域基层党组织建设，把每个基层党组织建设成坚强的战斗堡垒；另一方面，以开放眼光、包容胸怀和更大气魄格局推动基层党建，充分发挥党的政治优势和组织优势。抓手要实，严肃党内政治生活、强化党内监督，持续抓好软弱涣散基层党组织的帮扶整顿等重点工作；深化基层党建与脱贫攻坚"双推进"，以党建带扶贫、以扶贫促党建；实施"互联网+党建"行动计划，推动基层党建融合创新发展。保障要强，发展壮大村级集体经济，推进村（社区）活动场所建管用，加强基层党组织带头人队伍和党员队伍建设，精准选派驻村扶贫工作队员和第一书记，真正把基层党组织建设成为带领群众脱贫致富的坚强战斗堡垒。

第六，在加强制度建设这个根本保障上履职尽责。党内法规的完备程度，是一个政党是否成熟的重要标志。全面从严治党，要更多地用制度治党、管权、治吏；要体现改革精神和法治思维，深化党的建设制度改革、纪律检查体制改革，努力形成系统完备的党内法规制度体系；要增强制度执行力，坚决维护制度的严肃性和权威性。党的十八大以来，党中央更加重视顶层设计，改革不再拘泥于经济体制改革领域，而是涵盖经济、政治、文化、社会及生态文明"五位一体"的全面改革。中央作出顶层设计，地方就要因地制宜抓落实，不能上下一般粗、煮夹生饭，那样就会产生新的形式主义，陷入"制度陷阱"和"治理失败"：用制度解释制度、制度落实制度，制度在国家治理中丧失了功效。

党的制度建设改革仍旧是今后组织部门的重大政治任务，一定要狠抓落实，一抓到底。要精准落实制度，对《关于新形势下党内政治生活的若干准则》提出的党内学习制度、重大问题请示报告制度、党内选举制度、党的代表大会制度、党员权利保障制度、党的组织生活制度等，要不折不扣、加大力度落实。要推动制度创新，抓好党的建设和组织工作重大问题研究，比如，组织部门如何履行全面从严治党责任、推动全面从严治党向基层延伸、加强干部日常管理监督、切实保护和调动干部积极性、吸引各级各类人才服务本地发展等，都要认真加以研究，争取取得重大突破。要逐级推动落实，建立党内法规制度执行年度考核制度，完善党内法规制度落实情况专项报告、督办和通报机制，加强对党内法规制度执行的考核督查，及时发现和解决突出问题。注重加大制度的宣传和解读力度，推动制度深入人心。

组织部长角色的本质要求*

习近平总书记在 2013 年全国组织工作会议上明确指出，要"把各级组织部门建设成为讲政治、重公道、业务精、作风好的模范部门"，为新时期组织部门自身建设确立了新的坐标。组织部门作为党委实施政治领导和组织领导的重要职能部门，组织部长处于这一部门的关键岗位，所担负的领导工作将直接影响党的工作大局。怎样做一名让党放心、让人民满意的合格的组织部长，既是一个理论问题，更是一个实践问题。就其本质要求，可从以下五个方面进行论述。

一、要自觉站在党的高度来思考和实施具体工作

我们党的各级组织部长必须胸怀全局，自觉站在党的高度来思考和实施具体工作。要真正理解这个问题，我们首先要搞清楚什么是组织工作。那么，什么是组织工作呢？

从政党政治的一般规律来看，任何政党首先必须是一个组织，必须依靠一定的组织原则、组织机构，然后把具有共同理想的人联合在一起，形成一定的组织体系，达到思想、意志和行动的统一，这样才能成其为一个政党。建立组织机构和维护组织体系的工作，就是组织工作的职责，也是它的基本功能。

要认识到组织工作的重要性。第一，党的组织工作是党的全部工

---

* 原载于《领导科学》2016 年 5 月下。

作的基础。党是以组织的形式存在和发展的，党的力量在于组织。党为实现自身团结统一而进行的"五大建设"，都是以组织为载体、通过组织来实现的，都有赖于党的组织工作为支撑和保障。第二，党的组织工作是实现党的领导的重要途径。中国共产党是中国特色社会主义事业的坚强领导核心，党的领导是通过政治领导、思想领导和组织领导来实现的，组织工作对于实现党的领导具有不可替代的特殊作用。第三，党的组织工作是实现党的政治路线的重要保证。政治路线决定组织路线，组织路线保证政治路线的实现。毛泽东同志说过："政治路线确定之后，干部就是决定的因素。"坚持正确的组织路线，对于保证政治路线的实现至关重要。

组织部长无论处在哪个层级上，都在从事着党的自身建设的光荣使命，都必须站位全党，真心爱党、护党、忧党、为党，真正理解党的意图、党的所需，以高度的思想自觉和行动自觉，知责明责、守责尽责。必须始终把全党和全局的利益作为组织工作的立足点和出发点，把工作的政治性与业务性结合起来，把政治原则、政治方向放在首位，决不可以把组织工作作为一般性的业务工作来对待，一叶障目。在新的历史条件下，我们要全面贯彻党的十八大和十八届三中、四中、五中全会精神，深入学习贯彻习近平总书记系列重要讲话精神，协调推进"四个全面"战略布局，贯彻落实五大发展理念，需要坚持正确的组织路线为其服务，特别是全面从严治党，本身就是组织工作的分内之事。我们一定要围绕中心、服务大局，充分发挥职能作用，认真做好组织工作，既为一域争光，又为全局添彩。

二、要自觉高举公道正派这面大旗

公道正派，可以说就是组工干部的代名词，大家耳熟能详，关键是要内化于心、外化于形。公道，就是公平、正直、合理，坚持原则、符合规律；正派，就是作风严谨、品行端正，实事求是、光明磊落，坦坦荡荡、刚直无私。公道与正派互为一体，公道是正派的外在表现，正派是公道的内在基础。

党的组织工作90多年的历程，造就了一支党性坚强、作风正派、业务过硬、工作出色的优秀组工干部队伍。组织部长讲公道，最重要的是选人用人要公道。怎样做到公道选人用人呢？

第一，识别人要公道。组织部长的主要工作对象是干部，对每个干部的表现自己心里都应有一本账。这本账怎么立？就是要公道，坚持五湖四海、任人唯贤的原则，出于公心、实事求是，以好干部标准全面地、历史地、辩证地了解干部、看待干部，多渠道、多角度识别干部，防止偏听偏信，防止看人失真。不能先入为主，特别是不能受关系和利益的羁绊，以人画线、团团伙伙、搞"小圈子"。特别需要做到力戒"三忌"：一忌以某个干部对自己是否尊重为标准，二忌以某个干部与自己是否亲近为标准，三忌以某个干部对自己是否有用为标准。这样带上关系看人、带上私利看人，就一定会把人看偏了，就一定会出问题。

第二，评价人要公道。考察干部关键要坚持德才兼备、以德为先的标准，客观公正地评价干部。严格遵循考察的办法和程序，提高考察的科学性规范性，切实防止主观随意性。尊重考察的结果，按照事业需要和党的原则来衡量。科学分析民主推荐、民主测评结果，既尊重民意，又不简单以票取人。综合运用年度考核、平时考核、任职考察结果，认真听取纪检监察机关、审计部门和巡视组的意见，把定性分析和定量分析结合起来。需要指出的是，在工作中，同志之间有些意见是难免的。善于团结干部，包括团结那些对自己有意见甚至反对过自己的干部一道工作，是我们党的一贯要求。组织部长一定要有这个雅量，决不能凭个人恩怨评价干部，更不能公报私仇。

第三，选拔人要公道。必须始终从党和人民的事业需要出发，坚持因事择人，坚持好中选优、优中选强，把最合适的人放到最合适的岗位上。认真贯彻新时期好干部标准，鲜明地突出"忠诚、干净、担当"、不让老实人吃亏、从基层一线培养选拔干部的用人导向，真正把那些想干事、能干事、敢担当、善作为的优秀干部选拔到各级领导班子中来。深化干部人事制度改革，严格按照《党政领导干部选拔任用工作条例》的规定选用干部，做到坚持原则不动摇、执行标准不走样、履行程序不变通、遵守纪律不放松，用制度和程序保证选人用人公平公正。敢为事业用人才，打破论资排辈、平衡照顾、求全责备等保守观念，大力培养选拔优秀年轻干部，同时注意调动各方面、各年龄段干部的积极性。

第四，处理人要公道。组织上培养一个干部很不容易，对干部要严格要求、严格教育、严格管理、严格监督，但处理干部一定要慎重。坚持纪律面前人人平等，不论亲疏远近一把尺子量到底。对违纪违法的干部，要坚持以事实为依据、以法规为准绳，让被处理者心服口服，让广大干部受到教育。坚持教育在先、防范在先、警示在先，对干部的问题发现在早、处理在小，及时提醒、谈话、诫勉，不让他们在错误的道路上越走越远。坚持惩前毖后、治病救人，对情节轻微受处理的干部，要关心帮助而不是一棍子打死，最大限度地化消极因素为积极因素。对那些敢于坚持原则、敢于较真碰硬但容易得罪人的干部，要多为他们说公道话；对那些敢打仗、敢担当但有棱角、有个性的干部，要多包容；对那些年轻有锐气但还需要历练的干部，要多摔打磨炼。

三、要具有知事识人的本事和担当

习近平总书记在全国组织工作会议上指出:"各级党委及组织部门要坚持党管干部原则,坚持正确用人导向,坚持德才兼备、以德为先,努力做到选贤任能、用当其时,知人善任、人尽其才,把好干部及时发现出来、合理使用起来。"组织工作的重要性,识别人才的复杂性,要求组织部长不仅要有坚强的党性、公道正派的作风、实事求是的精神,还要有知事识人、知人善任的能力。

要做到知事。首先,要知道党和国家的大事。党的十八大以来,中央作出了一系列重大决策部署,提出了一系列新理念新思想新战略,包括实现中华民族伟大复兴的中国梦、协调推进"四个全面"战略布局、"一带一路"、五大发展理念等。对这些大政方针、目标方向、战略举措,都需要很好地学习研究、真正地理解掌握,而不是笼统地、一般性地了解。其次,要知道干部工作中的大事和要求。也就是要搞清楚中央对干部工作有什么新精神新要求。比如,贯彻落实新时期好干部标准和"三严三实""忠诚、干净、担当""四有""四种人"等要求,以及按照党的十八届三中、四中、五中全会精神,大力选拔想改革、谋改革、善改革的"改革促进派""改革实干家",着力提高各级领导班子和领导干部推动改革的能力;注重选拔善于运用法治思维和法治方式推动工作的干部;注重培养选拔政治强、懂专业、善治理、敢担当、作风正的领导干部等。最后,要知道所联系地方和部门的相关事情。包括地方经济社会发展情况,部门承担着哪些任务,班子的主要职能职责等。

要做到识人。首先,识人的面要宽。识人视野不能太窄,不能仅仅在本地区本行业本系统去找人,或者更多依赖所在地区和单位的推荐；要经常联系干部，尽可能多地接触干部、了解干部、熟悉干部，加强与干部的谈心谈话和思想交流，不能与所联系的干部几年都不见一次面、不谈一次话。其次，识人要尽可能深。既看档案、履历等死材料，又掌握干部现实表现等活情况，两方面都要结合起来。《群书治要·吕氏春秋》中对识人察人有"八观六验"之说："凡论人，通则观其所礼，贵则观其所进，富则观其所养，听则观其所行，近则观其所好，习则观其所言，穷则观其所不受，贱则观其所不为。喜之以验其守，乐之以验其僻，怒之以验其节，惧之以验其特，哀之以验其仁，苦之以验其志。八观六验，此贤主之所以论人也。"这些传统文化在今天仍有借鉴意义。最后，识人要尽可能准。干部的情况是很复杂的。干部分布在各条战线从事不同性质的工作，他们的年龄不同，经历各异，文化素养、兴趣爱好、性格特征不一样，思维方式和工作方式也各有特点。同样一名干部，从不同的角度看，得出的结论也不一定相同。现实中，我们都有一个体会，就是德和才都很出众的干部，大家都容易辨别，也很好使用；德和才都很差的干部，特别是有硬伤的干部，也很好办；比较难的是，对德很好、才有欠缺，或者德有些瑕疵、能力较强的干部，到底应该怎么评价和取舍。因此，我们必须提高辨德识才的能力，坚持看主流、看本质、看潜力，既要防止以绩掩德、以才蔽德，又要避免完全抛弃才孤立地去看德。

有没有知事识人的本事和担当，是衡量一名组织部长合不合格的重要标准。组织部长是管干部的干部，是党委选人用人的参谋助手。要清醒地认识到，在我们考察评价干部的同时，干部群众也在考察评价我们，有很多双眼睛在看我们是否公道正派，看我们的选人用人水平怎么样，看我们的品位格调怎么样。如果我们做不好，既要贻误党的事业，又要被人骂。我们说领导干部要德才兼备，具体到组织部长，德主要就是看能否坚持公道正派；才主要就是看能否做到知事识人、知人善任。因此，组织部长不仅要党性强，还要有较宽的知识面。我们一定要加强对经济、科技、法律和领导科学、心理学、社会学等知识的学习，不断拓宽知识面，丰富思想方法和工作方法，学会用发展的眼光看待干部、用联系的观点分析干部、用辩证的思维评价干部，提高知人善任的能力。

四、要有爱才、护才的情怀

习近平总书记强调，各级领导干部要有爱才之心、识才之眼、容才之量、用才之能。组织部长更要有"为党分忧""为国举才"的情怀，以强烈的事业心和责任感，以选贤任能为天职，不谋一己之得失，但忧事业之兴衰。组织部长有爱才、护才的情怀，就是要有一种发自内心的思贤若渴、惜才如命、礼贤下士、敬重有加、扬长避短、人尽其才的心境，把人才当珍宝一样看待，大兴识才、爱才、敬才、用才之风。

要真心爱才。按照马斯洛的需求层次理论，人才的情感需求是大于一般的物质需求的。这就要求我们，必须带着感情做工作，将爱才之心体现在组织工作的方方面面。爱才必须有诚心。要有"周公吐哺"的谦恭、"三顾茅庐"的诚意、"倒屣相迎"的热切，以求贤若渴的心态感染人才，以礼贤下士的修养凝聚人才，以共谋发展的前景激励人才。要有原则、近距离地接触干部，与各类人才交朋友，真诚地信任他们、鼓励他们。爱才必须有耐心。十年树木、百年树人，爱才就要意识到人才培养的长期性，坚持打基础、利长远，不追求短期效应。要特别重视发掘培养本地有发展潜力的人才苗子，像朋友一样善待，像宝贝一样呵护，像幼苗一样灌溉，做到以事业留人、以感情留人、以待遇留人，切不可因为犹豫、短视等做法，错失或怠慢人才。爱才必须有细心。要设身处地为各类人才着想，从细微之处多关怀，关心他们的思想、工作、生活，为人才解决后顾之忧，让他们安心、舒心、暖心地工作。

要热心护才。组织部门是"党员之家、干部之家、人才之家"。"用父母爱儿女之心来爱护干部"，这是陈云在延安当中央组织部部长时的口头禅，也是他对待干部的行为准则。金无足赤，人无完人。作为组织部长，我们要向陈云同志学习。对干部我们既要严格要求，又要关心爱护。当前，我们正处在社会发展转型的关键时期，改革发展的任务繁重，广大干部都很辛苦，尤其是处在基层一线和改革前沿的干部，长期处于紧张超负荷运转状态，组织部门要经常与这些干部谈话，主动关注、关心、关爱，为干部服好务，多给干部撑腰鼓劲。要支持"老实人"、褒奖"老实人"、保护"老实人"、用好"老实人"，给"老实人"多一些希望。要在全社会努力营造尊重劳动、尊重知识、尊重人才、尊重创造的良好氛围，为想干事的人才创造机会，为愿干事的人才搭建平台，为能干事的人才提供位置，做到人尽其才、才尽其用。

能否做到真心爱才、用心护才，体现着一个组织部长的心胸、品质、职业操守。当组织部长一定要淡泊名利、甘为人梯，把为党和国家举贤荐能、为干部成长引路护航作为自己的价值追求，有"为天地立心，为生民立命"的胸怀和气度，甘做"铺路石""凌云梯""孺子牛"，愿为他人作嫁衣，甘当人梯终不悔。

五、要努力树立良好的形象,真正具有真理的力量和人格的力量

邓小平同志说过:"共产党人干事业,一靠真理的力量,二靠人格的力量。"现代领导科学研究表明,一个领导干部的领导水平高低、领导效能大小、领导形象好坏,主要取决于三种力量:权威的力量、真理的力量、人格的力量。权威的力量是靠组织赋予的,而真理的力量、人格的力量则是靠自身修炼习得的,需要在实践中不断积累和提升。组织部长岗位重要、责任重大、使命光荣,更应该做到勤学善思有底气、知人善任有内功、求真务实有担当、自身过硬有形象,以真理的力量、人格的力量获得认可、赢得尊重、推动工作。

第一,坚定理想信念,咬定青山不放松。习近平总书记指出:"坚定理想信念,坚守共产党人精神追求,始终是共产党人安身立命的根本。"建党90多年来,一代代共产党人前赴后继、勇往直前,为的就是心中永不磨灭的信仰。越是困难时期、越是面临考验,革命意志也越坚定,即使牺牲生命也在所不惜。在新的历史条件下,组织部长要深入学习贯彻习近平总书记系列重要讲话精神,坚定理想信念,不断增强中国特色社会主义道路自信、理论自信、制度自信,无论何时都不改立场、不变本色、不丢信仰。要志存高远、胸怀大局,为党的事业奋力拼搏、鞠躬尽瘁,在党和人民需要的关键时刻,豁得出来、顶得上去,用实际行动展现对党和人民的忠诚。

第二,敢于担当,奋发向上有作为。敢担当、能担当是党的干部必须具备的基本素质。习近平总书记庄严地提出"三个责任":对民族的责任、对人民的责任、对党的责任。这些就是共产党人的大担当。组织部长应当不怕困难、不惧风险,知难而进、迎难而上,真正把重任扛起来，把工作干出色。当前，组织工作怎样服务和助推脱贫攻坚、怎样重构风清气正的政治生态、怎样调动干部干事创业的积极性等都是摆在我们面前的重要任务，组织部长要顺势而为、迎难而上，不断开创组织工作的新局面。

第三，有大格局，海纳百川有气度。格局是心灵里的山高水阔，是精神上的天地澄明。大格局，说到底，是大眼界、大智慧、大涵养、大气度。才大而器小的人有格局，但格局终会促狭；才微而德盛的人有格局，且格局会越来越寥廓。朱熹在漳州任知府时写过一副对联：地位清高，日月每从肩上过；门庭开豁，江山常在掌中看。意思是做官要心胸开阔，志存高远。志向远大，事业为重，就不会斤斤计较于个人得失；人民为大，前途为重，就不会汲汲于功名利禄。组织部长只有在实践中培养大局至上的政治境界、事业至上的工作境界、公正至上的用人境界、品行至上的道德境界，才能把真理的力量和人格的力量统一起来，以扎实的业绩赢得干部群众的认可和点赞。

第四，有操守，只留清白在人间。清正廉洁是共产党人的政治本色。中国人自古崇尚清，以清为高洁，以清为操守，以清为修养。现在，领导干部面临的诱惑确实多了，能不能做到拒腐蚀、永不沾，抵挡住权力、金钱、美色的诱惑，是对党员干部思想品格、人生境界的极大考验。组织部长要做贯彻落实"三严三实"的表率，永葆共产党人的高尚情操和革命气节，做到秉公用权、公私分明、公而忘私、大公无私，在廉洁从政中收获健康、感受快乐、体验幸福。

怎样做一名合格的组织部长*

责任重于泰山。每一名组织部长都应当经常想一想：组织上把我们放到这个岗位上是为了什么？我们在这个岗位上应该干什么？怎样才能不辜负组织的信任和重托、干部群众的希望和期待？

组织部门是党的政治机关，肩负着管党员、管干部、管人才的重要职责，担负着落实全面从严治党要求，为如期全面建成小康社会提供坚强组织保证的神圣使命。组织部长岗位重要、责任重大。在新的形势下，怎样做一名合格乃至优秀的组织部长，是摆在各级组织部长面前的重要现实课题。

第一，做组织部长，就一定要有庄严感、神圣感，尔后才会有责任感、使命感，才会真正自觉、严肃认真、用心用情用力地去履职尽责。为什么要有庄严感、神圣感？这是要解决的第一个问题。从组织工作的发展历程看，中央组织部是 1924 年成立的，毛泽东同志任第一任组织部长。当时，针对国共合作后革命运动迅速兴起、党内右倾思想日益突出、忽略党的自身建设等问题，党中央要求各区、地委向中央局的报告，均把"组织""党务""本党情形"等放在首位。在随后的土地革命战争、抗日战争和解放战争时期，我们党都把组织工作作为最重要的工作。新中国成立不久，刘少奇同志就说过："今后从中央起，要加强组织部的工作，组织部要设组织处、干部处，编教材、订

---

* 原载于《刊授党校》2016 年第 7 期，有删改。

制度，明确支部干什么。"90多年的不懈奋斗、风雨兼程，一路走来，创造、积淀、铸就了组织部门的优秀品质、优良传统和部风。我们组工人必须将这些优良传统发扬好、传承好，组织部长更当如此。从组织工作的地位看，党的组织工作是党的执政能力建设、先进性和纯洁性建设的重要组成部分，是实现党的领导的重要途径，是实现党的政治路线的重要保证，是以领导班子和干部队伍建设、基层党组织和党员队伍建设、人才队伍建设为主要内容的全部实践活动。1925年1月党的四大通过的《关于组织问题之决议案》指出，"组织问题为吾党生存和发展之一个最重要的问题。"组织工作不是一般的社会活动和经济活动，它具有鲜明的政治性、严肃的政策性、高度的综合性、较强的实践性。2015年1月，习近平总书记考察云南时指出，"关于从严治党，党中央的态度很鲜明，就是要采取一切措施，认真地而不是敷衍地、深入地而不是表皮地解决党内存在的各种矛盾和问题"；"关键是各级党组织要在从严治党上进一步做起来、实起来"。"树高千丈有其根，江流千里有其源。"当好新时期的组织部长，就要认真学习党史、国史、部史，深入思考90多年来形成的组织工作的理论逻辑、实践逻辑、文化逻辑，不断从中汲取智慧和营养。唯有如此，才能够深刻地认识到自己所从事的工作是何等的庄严、神圣，才能从内心深处拥有庄严感、神圣感。

第二个要解决的是责任感、使命感问题。组织部门的基本职能，概括起来说，就是管党员、管干部、管人才，其中最为关键的是管干部。古今中外，危害最烈的腐败，一个是司法腐败，一个是吏治腐败。所谓司法腐败，就是好歹不分，将自古以来"杀人偿命、欠债还钱"的道理颠覆了，破坏了社会公平正义的底线，罪恶得不到惩处，老百姓有冤无处伸。所谓吏治腐败，就是选人用人上搞任人唯亲、买官卖官等腐败行为，破坏公道正派原则，这不仅污染了社会风气，还败坏了政治清明，对党的事业"杀伤力"巨大。这是从"恶"的一面来讲的。那么，从"善"的一面来看呢？干部乃国之栋梁，办好中国的事情，关键在党，关键在人，关键在各级领导干部。几十年来，无论是革命、建设还是改革开放时期，都充分证明了这一点。需要客观看待的是，尽管现在我们的干部队伍中出现了一些问题，有些甚至堕落为腐败分子，但我国的发展能取得今天的成就，各级领导干部功不可没，是他们在率领人民披荆斩棘、乘风破浪往前走。这是个基本判断。作为组织部长，必须要有这样的认识。习近平总书记指出："党要管党，首先是管好干部；从严治党，关键是从严治吏。"组织上培养一个干部很不容易，有了问题就要帮助其解决。要多做"咬耳朵、扯袖子"的工作，及时帮助有问题的干部改正错误，把"问号干部"变成"句号干部"，改好了的干部还要敢于使用。要敢于给干部正名，敢于为好干部撑腰打气说公道话，帮助干部丢掉包袱、轻装上阵。当然，有了"烂树"就要坚决拔掉。用人要有担当。当组织部长就要有这种胸襟和气魄，就要有这种认识和水平，否则，就一点担当精神都没有。

岗位其实就是责任，职务其实就是责任。责任重于泰山。每一名组织部长都应当经常想一想，组织上把我们放到这个岗位上是为了什么？我们在这个岗位上应该干什么？怎样才能不辜负组织的信任和重托、干部群众的希望和期待？我们必须认真负责、恪尽职守，把责任感、使命感化为源源不断的动力和激情，把工作当作第一兴趣，全身心地投入，忘我工作、无私奉献。

第三个要解决的是敢于担当、积极作为的问题，就是要严肃认真、用心用情用力地履职尽责。"当官不自在，自在莫为官。"为官当作为，当干部就得在状态。当好组织部长，就必须有担当、敢担当、善担当。

担当不是靠嘴巴讲出来的空话，而是靠做好每一桩每一件事去落实、去体现。组织部长作为党委班子中分管组织、干部、人才工作的领导成员，其岗位职责与组织部门的职责、组织工作的内容是紧密相连的。从大的方面讲，主要有以下四个方面：一是贯彻落实党的干部路线，加强领导班子和干部队伍建设；二是贯彻落实党要管党、从严治党方针，加强基层党组织和党员队伍建设；三是贯彻落实党管人才原则，抓好人才工作和人才队伍建设；四是按照从严治部要求，抓班子、带队伍，加强组织部门自身建设和组工干部队伍建设。这些都是组织部长需要全力以赴、身体力行去抓好的具体任务。

我们党最大的优势是政治优势、组织优势。关键在如何不断地发挥好政治优势、组织优势。最重要的是扎实工作、狠抓落实，绵绵用力、久久为功。古人说："天下难事，必作于易；天下大事，必作于细。"组织部门做的许多工作，看起来很具体甚至很琐碎，但处理不好就可能影响全局。这就要求我们必须在其位、谋其政、负其责，以兢兢业业的态度，时刻牢记组织工作无小事，认真负责地对待每一项工作，严谨细致地做好每一件事情，一丝不苟地处理好每一个细节，决不能因为我们的工作疏忽而影响到党和人民的事业。

第二，当好组织部长，既要立足组织工作看组织部，又要跳出组织部门看组织部，归结起来就是要掌握特点、把握规律，就是要摒弃特权思想、明白大局大势，始终自觉地围绕中心、服务大局，身心合一做人做事。立足组织工作看组织部，实质是要按照自身的职能职责来做事，是要真正掌握组织工作的特点，把握组织工作的规律，放眼全局、立足本职，找准定位、聚焦主业，不断提高专业素养和工作水平。

跳出组织部门看组织部或者看组织工作，这是一个重要的理念。

为什么要提出这个问题？因为其他部门有的同志这样评价组工干部，就是一些长期在组织部工作的同志，很容易形成一种文化，这种文化有好的东西，比如作风严谨，能吃苦，守纪律，经常加班加点也毫无怨言等；但也有不好的东西，就是容易产生特权思想，天天跟领导干部打交道，久而久之就以为自己是领导了，口大气粗、颐指气使。特权思想对一个干部危害最大，人民群众恨之入骨的就是这个。一个干部如果年纪轻轻、职务很低就沾染上这些毛病，是很危险的，也是最要不得的。破除特权思想，重要的一条就是看淡权力，把自以为"神秘"的光环摘下来，以一颗平常心，真诚、坦荡地对待我们的干部，对待我们的工作，这样才能回到正常的轨道上来。

跳出组织部看组织部的工作，就是要明白大局大势，把握"形势"，顺势而为。"形"是什么？就是已经出现的情况，既包括干部和班子的、人才的、党员和基层党组织建设的情况，也包括经济社会发展的情况，还包括当地的、全国的乃至世界的情况。"势"是什么？就是还没有出现、将要出现的情况及趋向。形中有势、势寓于形，看"形"比较容易，看"势"则需要点水平。"明者因时而变，知者因事而制。"如果对"形"掌握不了，对"势"判断不清，懵里懵懂，"脚踩西瓜皮，滑到哪里算哪里"，是做不好领导工作的。只有善于审时度势，因势利导，才能牢牢掌握工作的主动权。"处大事贵乎明而能断，临大事贵在顺而有为。"组织工作的大局大势，关键在研究干部、培养执政骨干上，这是组织工作服务发展大局最为关键的一环。现在的问题是，一些组织部长、干部处处长不敢接触干部，这样能了解真实情况吗？能有发言权吗？组织部长不接触干部是很危险的，也可以说是不务正业。不管哪一级，组织部长都要最了解干部，副部长仅次于部长、处长仅次于副部长，而不能颠倒过来。如果大家都当"甩手掌柜",不花功夫、不花心思去接触干部、熟悉干部、研究干部,那么,组织部长就没有尽到责任,就是不称职的。研究干部要从两方面入手:其一,研究干部的"死"情况,就是要看干部的"三龄两历"(年龄、工龄、党龄和学历、工作经历)。这个是不会变化的,要像读书一样地读、翻书一样地翻,做到综合甄别、如数家珍。其二,研究干部的"活"情况,就是干部的动态信息,一定要经常地、深入地研究。干部是很难管的,难就难在他是"活"的,是在不断发展变化的,并且是"多面"而隐蔽的。很多违纪违法干部被查处之前都是典型的"两面人"。怎样才能把干部的"活"情况搞准摸透?这就需要我们经常性、有原则地近距离接触干部,把功夫下在平时、下在日常工作中,既了解干部的工作情况,又掌握干部的思想情况,多角度多层次分析,做到在小事小节中知人识人,在工作实践中发现、培养和使用干部。当然,接触干部要有原则、有正气,心不能贪、手不能伸,做到"零物质"接待、"零物质"接触,这才是真接触。当好组织部长,就要有这种精神、这种气概。

做组织工作尤其是当组织部长,本质上是在做牵引者的工作,一定要做一个清醒的人、明白的人、保持平常心的人。这是一个工作方法问题,也是一个工作理念问题。核心有两条,一条是"人"要在"事"之中,一条是"心"要在"事"之上。"人"要在"事"之中,就是要对上上下下、方方面面的情况都了如指掌,对事物发展的轨迹、运动的情况都明白无误,这样就能达到从容自如、人事合一的境界,轻松、快乐地工作,也就不会觉得组织工作那么苦、那么累了。"心"要在"事"之上,就是要有点孙悟空的本事,就像《西游记》中的九九八十一难,孙悟空每次跟妖魔鬼怪打得天昏地暗,打完以后都要一下跳到高空,看看前方还有没有妖魔鬼怪。因为他要探路,为下一步的应对做好准备。当好组织部长就要有这套本事，要为下一步或者今后一个时期的工作探好路标、调准航向，带领大家稳步朝前走。这也是一种价值判断，判断这件事对不对、能不能做、要不要做、什么时候做。而对副手，则要求他们在事实判断上下功夫，确保作出的各项决策部署都能够有效率地落地落实。

第三，当好组织部长，要始终高举公道正派这面大旗，具有做好组织工作所需要的较高专业能力，能够带领组工干部齐心协力把工作不断向前推进。公道正派是组工干部的立身之本、履职之要、正气之源。习近平总书记指出："组织部门改进作风，最核心的是坚持公道正派。"民心是最大的政治，正义是最强的力量。对组织部长来说，在这方面应该标准更高一些，要求更严一些，做得更好一些。

人们看组织部长是不是公道正派，很大程度上是看他能否敢于坚持原则。这就要求我们必须按照干部工作的规定程序办事，根据德才标准和干部的条件提出自己的意见，决不能"和稀泥"、当"和事佬"，混淆原则界限，甚至拿原则做交易。这是对组织部长的基本要求，但真正做到并不容易。坚持原则和反对歪风是一个问题的两个方面。要坚信这样一条定律，就是在不好选择的时候，坚持原则是唯一正确的选择。只有这样，才能维护公道正派这面旗帜，维护党的原则、党的纪律；也只有这样，才能真正保护自己。

要做到公道正派，就不能公器私用。"法无授权不可为"。组织部长是"管官"的"官"，如果自己律己不严、操守不好，怎么能公道正派地对待干部呢？别人自然也会质疑所选用的干部。因此，与其他领导岗位相比，同样的问题出在组织部长身上，在社会上的影响就会更大一些。"海纳百川，有容乃大；壁立千仞，无欲则刚。"这就要求我们，必须真正从党和人民的事业出发，公道对待干部、公平评价干部、公正使用干部，而不能以人划线、搞亲亲疏疏，为人情关系所累所缚。要敢于向大大小小的关系网说"不"，向形形色色的潜规则叫板。如果信奉多栽花、少栽刺的庸俗哲学，遇到矛盾绕道走，圆滑世故、明哲保身，或者搞乐山爱山、乐水爱水甚至爱屋及乌那一套，就没有公道可言了。

组织工作是一门科学、一门专业，尤其是选贤任能，更是千百年来最复杂、最深奥的一门学问。履行好组织部长的岗位职责，仅有良好的愿望和态度是不够的，还必须有胜任工作的专业化能力和水平。要注意把握组织工作的特点和规律，重持续、重提升、重统筹、重落实、重创新，不断提升自己的专业思维、专业素养和专业方法。一些基本常识要搞懂，有些工作要回到原点上来。组织工作、干部工作的常识是什么？就是能够使各年龄段、各方面干部都能发挥他们的作用，做到知事识人、以事择人、人岗相适、用其所长，实现班子结构最优化、功能最大化，使每个干部的积极性都能迸发出来，把每一份力量都凝聚到推动经济社会发展上来，这才是组织工作要追求的目标。实现这一目标，就要让我们的队伍永远靠得住、有本事，后续力量源源不断、薪火相传。无论树的影子有多长，根永远扎在土里。万变不离其宗。组织部门要做的事、组织部长要琢磨的事，就是要让基层组织建设工作、干部工作、人才工作回到原点上来。要坚持以问题为导向，在研究状态下工作，这也是一种常识、一种素养。从某种程度上讲，领导干部的职责就是要不断地发现问题、正视问题、分析问题、解决问题。问题是客观存在的，再过五十年、五百年也有问题，世界总是在解决问题中不断进步的。"为官避事平生耻"，发现了问题就要敢于正视它，而不能回避，这是第二步要做的。发现问题、正视问题、分析问题是过程，解决问题才是最终目的。

按照公道正派的要求抓好组织部门自身建设，是组织部长的重要职责。一方面，要抓好班子。必须带头贯彻执行民主集中制，重大问题坚持集体讨论决定，充分发扬民主，善于听取大家的意见，包括不同意见，决不能搞"一言堂"、个人说了算。要注意放手让每位班子成员大胆工作，充分调动和发挥大家的积极性和创造性，依靠集体的智慧和力量做好工作，努力在班子内部形成心齐气顺的良好局面。另一方面，要带好队伍。必须坚持从严治部，对干部职工严格教育、严格管理、严格监督，出现问题要及时告诫提醒、批评帮助，对不适合在组织部工作的干部要坚决予以调整，对违反有关纪律规定的要严肃查处、决不姑息，才能始终保持这支队伍的纯洁性。同时，要关心爱护好每一名同志，真心实意对待每一个人，发自内心地关心他们、帮助他们、培养他们，真正做到用事业留人、用感情留人、用适当的待遇留人，努力建设"三严三实"的模范部门和"忠诚干净担当"的过硬队伍。

组工干部需要坚守的十四种理念*

思想是行动的先导，理念是实践的指南。理念引领观念，观念引导行动。任何工作的推进，都必须经历一个从理念到观念、从观念到行动、从行动到效果的过程，都必须经历一个质量互变、螺旋上升、久久为功的转化过程。做工作、当干部，解决好理念问题至关重要。本文结合工作实际及平时思考，总结归纳出十四种理念，与广大组工干部共勉。

第一，组织部门是党的政治机关，组织工作是党的政治工作。任何一个政党实质上都是政治性组织，具有鲜明的政治主张和政治意图。离开了自己的政治纲领、政治路线、政治目标的组织，都不能成其为政党。一个政党不讲政治，就等于没有灵魂。一个国家、一个政权有两种腐败是最致命的，一个是吏治腐败，靠钱开路，靠关系办事；一个是司法腐败，社会没有底线，也就无公平正义可言。这两种腐败，根源在于一些掌握公权力的人丧失了基本的立场。组织部门是从严治吏的职能部门，其首先是政治机关，第一属性是政治属性，如果自己不首先做到，要求别人时就没有底气和说服力。这就要求组工干部特别讲政治、特别纯洁、特别先进，决不能简单把组织工作理解为一份换取薪水的职业。如果放弃了这一点，组织工作就会失去立场、迷失方向、丧失价值。讲政治，最根本的是坚持党的领导，牢固树立"四

---

* 原载于《云岭先锋》2017年第3期。

个意识",特别是核心意识、看齐意识。讲政治,不仅是一个认识问题,更是一个实践问题,不能光凭朴素的感情,还要靠政治上的清醒和坚定;善于从政治的高度研究问题,善于站在全党的高度推进工作,在一些事关根本的问题上坚守政治信念、站稳政治立场、把牢政治方向。讲政治,不是抽象的,而是具体的,必须体现在组织工作的各个方面,选人用人要突出政治标准,基层党建要强化政治功能,人才工作要注重政治引领,自身建设要凸显政治属性。讲政治,是一个严肃的政治问题,必须克服庸俗化、低俗化、媚俗化的倾向,决不能把那种阿谀奉承、欺上瞒下、溜须拍马、无原则的"听话""会来事"等当作讲政治。

第二,组织路线是为政治路线服务的,组织工作必须围绕中心、服务大局。政治路线的实现,有赖于组织路线的服务,这符合马克思主义基本原理。政治路线是党的纲领的具体体现,是党的历史任务和每个时期的中心工作,也是党的工作大局。做事不由东,累死也无功。就组工干部而言,这个"东",就是我们的党。如果只谈政治路线,不谈具体工作,就会成为"空头政治家";如果只谈实际工作,不谈政治路线,就会成为迷失方向的"事务主义者"。组织路线服务政治路线,必须站位要高,主动了解大局,自觉服从大局,有效服务大局,做到中心工作推进到哪里,组织工作就跟进到哪里,使组织工作始终与党委中心工作同频共振;融入要深,立足职能,聚焦主业,专司其职,找准结合点和切入点,精准对接,深度融合,优化配置组织资源,有效发挥组织优势,使组织工作与党委大局贴得更紧、融得更深;落点要实,狠抓落实、善抓落实,提高执行力,强化实效性,突出关键环节和重点领域,强化问题导向和短板意识,在"准"和"实"上下功夫,在立足当下和着眼长远上下功夫,通过实实在在的工作,既为一域增光，又为全局添彩。

　　第三，稳中求进是组织工作的总基调和方法论。稳中求进是一种良性状态。"稳"与"进"有着内在联系，"稳"是基础、前提，是发展的底线，是进步的基石，行稳才能致远；"进"是目的、任务，是改革大势，只有积极进、主动进、持续进，才能为"稳"奠定更加坚实的基础。"稳"不是消极等待、无所作为，一味求稳未必得之，前进是最好的坚守；"进"不是"盲人骑瞎马，夜半临深池"，盲目冒进会不进反退，甚至会犯方向性错误。组织工作政治性、政策性、导向性很强，牵一发而动全身。稳中求进，要坚持在研究状态下工作，养成学习之风、研究之风，立足组织工作看组织工作、跳出组织工作看组织工作。不学习、不研究，原因就是作风漂浮，对工作不用心。当干部每天都得花时间学习和思考、研究问题。方向要把准，对于坚持什么、不坚持什么要特别清楚，要遵循规律，要遵守纪律规矩，凡是涉及政治方向、重大原则和根本性制度，必须头脑清醒、立场坚定、稳扎稳打。比如，党管干部原则、党管人才原则、任人唯贤路线、德才兼备标准、民主集中制原则、"三会一课"制度等，都必须长期坚持好。标准要提升，方向定了，导向明了，工作的标准就要相应提升。无论是干部工作、基层党建、人才工作还是自身建设，都要鲜明地体现"提升"这个标准，决不能满足于一般化、过得去，在原地打转转。特别是要避免"新官不理旧账"，新的领导班子既要接过权力，也要接过责任，还要接过思路，一张蓝图绘到底，一茬接着一茬干，一锤接着一锤敲，在既定思路和原有基础上再发力、再提升。力度要加大。必须把精力扭到真抓实干上来，把力气花到狠抓落实上去，咬定青山不放松，锁定目标抓到底，撸起袖子加油干，决不能因为包袱重而等待、困难多而观望、有风险而躲避、有阵痛而不前，始终保持昂扬的斗志和一抓到底的工作劲头。

第四，组工干部最大的德是公道正派、最大的才是识人用人。才者德之资，德者才之帅。人们常说：有德有才是正品，有德无才是次品，无才无德是废品，有才无德是危险品。为什么公道正派是组工干部最大的德？习近平总书记强调："用人真正做到了公道正派，其他的都变得简单了。"对组工干部来说，公道正派既是党性的要求，也是职业道德的要求。衡量一个组工干部是否合格，首先要看他是否公道正派、实事求是。这是由组工干部所处的位置决定的。领导干部是党最重要的执政资源，领导干部的选配调整是组织部门最核心的职责之一。这就要求组工干部必须很公道、很正派、不信邪、不怕得罪人。公道正派，就是不能把自己的名利看得过重，否则就会扭曲，就会刻意去处理各种关系，迎合、讨好巴结别人，丧失原则。心底无私天地宽，一心一意抓好本职工作，才是一个优秀的组织部长。干部不好当，组工干部更不好当，当干部就是一种责任，而不是一种享受，如果认识不到这一点，一定会出偏差。同时，必须看到，我们党培养一个干部不容易，干部培养的周期长、成本高。组织部门既要会算政治账，也要会算经济账，最大限度地盘活用好我们党的核心执政资源。识人用人是组织部门的一项基本职能，也是一项基本功。人识准了、用好了，党和国家的事业才会有可靠的干部和人才基础。识人关键是要精准，就是把人考准考实。用人关键是要科学，不是"有退下来的就补上一个"这么简单。用什么人、用在什么岗位，一定要从工作需要出发，以事择人。每使用一个干部，都要立足于干部工作格局、领导班子结构来考虑，注意了解把握一个领导班子的主责主业是什么、工作运转得怎么样、事业发展趋势是什么、需要什么样的知识结构和专业水平等。不能简单看学过什么、专业对不对口，也不能轮到谁是谁，更不能搞照顾性提拔、因人设岗。有些干部自我感觉良好，没有自我认知，这是不成熟的表现。所以，要善于经常性、多渠道、多层次了解干部，通过认识、熟悉、比较、观察、倾听、分析，在面对面接触中形成对干部直观的、鲜活的印象，着力提高识人的分辨率和透视度。一定要把"研究人"与"研究事"统一起来，人随事转、以事为先，事业需要什么人就配什么人、岗位缺什么人就补什么人，做到知事识人、人事相宜、人岗相适。

第五，坚持全面、历史、辩证地看待干部。用联系、发展、全面的观点看问题，是马克思主义唯物辩证法的世界观和方法论，也是我们识人察人的根本方法。"全面"就是要用宽广的眼光看，既看主流又看本质，既看优点又看缺点，既看优中之缺又看短中之长，做到德能勤绩廉都看，不用片面、极端的眼光看待干部。"历史"就是要用纵深的眼光看，既看现在也看过去，既看一贯表现也看未来潜能，不用孤立、静止的眼光看待干部；"辩证"就是要用理性的眼光看，既用"两点论"看，又用"重点论"看，既看本质又看能力，既看经历又看专业，既看功劳又看失误，既看显绩又看潜绩，不用感性、绝对的眼光看待干部。陈云同志就曾指出看待干部的"两种毛病"："第一种毛病是用一只眼睛看人，只看人家一面，不看全面，不能面面都看到；第二种毛病是只看到这个人今天干了什么，没看到他以前干了什么，只看到他本领的高低，没看到他本质的好坏。"时至今日，这"两种毛病"还不同程度地存在，根本原因就是没有坚持全面、历史、辩证地看待干部。注重立体考察，要走出去，经常性、有原则、近距离地接触干部，多到基层干部群众中、多在乡语口碑中了解干部，充分运用立体考察、透视甄别、切片化验、会诊辨析等方法全面了解干部。比如，干部简历看似是"死"的，但其实是"活"的，只要你像看书、看小说一样，经常看、反复看，不仅能看出干部的基本情况，还能看出干部的性格、能力、潜力、见解、境界等深层次的东西，这是真功夫。强化日常了解，把了解干部的功夫下在平时、融入日常，改变以往"不提拔不考察、不出事不谈话、不换届不调研"的现象，善于利用工作调研、听取汇报、谈心谈话、考察考核等时机，加强对干部的日常了解，让他们感觉组织随时就在身边，增强对组织的信赖感、归属感。敢于坚持原则，那些坚持原则、勇于担当、个性鲜明、有本事、不怕得罪人的干部，难免会遭到非议和误解，得罪人也相对会多一些，有时会有个别不好的评价。这时候，组织部门就要坚持原则，不能因为个别人的一面之词，就轻易把某个干部"一棍子打死"，不要偏听偏信，而要实事求是地去调查研究，尔后再作出客观公正的评判。

第六，干部工作"选育用管"哪一个环节都不能偏废。国以任贤使能而兴，弃贤专己而衰。组织工作说到底是做"人"的工作，社会评价组织工作，更多的是看选用干部的情况，如果干部选错了，班子配差了，其他工作做得再好，组织工作也会大打折扣。"选育用管"是一个完整的链条，缺一不可。因此，必须坚持干部"选育用管"同时发力、同向发力、环环相扣、有机衔接。"选"出导向。选人用人导向是"风向标"，一旦出现偏差，干部工作就会失去公信力，组织部门也就丧失权威和信誉。要旗帜鲜明地落实好干部标准，坚决纠正选人用人不正之风，坚决破除各种"潜规则"，不断净化从政环境和政治生态，为好干部源源不断地涌现培育良好的土壤。"育"出素质。解决好世界观问题，是教育培训的基础性工作，主要是拧紧"总开关"、筑牢"压舱石"、提振精气神，改造干部的主观世界；解决方法论问题，主要是开展精准培训，按照"干什么学什么、缺什么补什么"的原则，持续开展专业化能力培训，克服干部的本领恐慌、能力空白、经验盲区。"用"出活力。使用是最大的信任，干部成长起来了，培养出来了，关键还是要用。不用或者用不好，都是不负责的表现。陈云同志曾经把党的干部政策概括成四句话，"了解人，气量大，用得好，爱护人"。"了解人，气量大"是"用得好"的前提，要有爱才之心、识才之眼、用才之胆，对选准的干部要大胆使用，多压担子，用当其时、用其所长、人尽其才。"管"出正气。对干部来说，严管就是厚爱，信任不能代替监督。我们必须看到，一些干部从当初的"好同志"沦为"阶下囚"，除了其个人理想信念动摇、放松自我要求等原因外，组织上也是有一定责任的。如果组织及时跟进、及时发现、及时提醒，一些小毛病可能就不会演变成大问题。因此，加强干部日常监督管理一刻也不能放松，绝不能把干部用起来后就放任不管。要坚持经常咬咬耳朵、扯扯袖子、提提领子，真正做到敢管敢严、真管真严、长管长严。

第七，要注重调动各年龄段干部的积极性。重视老中青干部梯次配备，是我们党的宝贵经验和优良传统。组织工作的重要目标之一，就是调动广大干部的工作积极性，发挥好各级干部的作用。老中青相结合的班子，能够在知识、经验、心理、体能等各方面形成互补，使班子新老交替有序、稳定持续发展。需要指出的是，干部梯次结构中的"老"，不仅仅是指年龄结构的"老"，主要是指经历结构的"老"，包括经验丰富、阅历丰富、成熟稳重；"中"也不仅仅是指中年干部，主要是指一个干部年富力强的阶段，其能力、精力等处于巅峰时期；"青"主要是指年轻干部，但绝不是唯年龄、低龄化。评价干部不能简单从年龄上来判断，各个阶段干部都有各自的优势；调动干部积极性，不是只调动某一些人、某个年龄段的，而是各个年龄段的积极性都要调动起来。要加大年轻干部培养力度。培养选拔任用年轻干部是党的事业薪火相传的需要,这项工作要加强,但要遵循干部成长规律,不能借"破格提拔"之名行谋私之实,必须从严规范,严把资格条件和程序关,要多"墩墩苗",递进式培养,不能违背规律拔苗助长。年龄不搞"一刀切"。40多岁为什么就不能当乡镇主要领导干部了?50多岁为什么就不能当县(市、区)主要领导干部了?为什么不能让他们感到有干头、有奔头?很多好干部在基层时间长,积累了大量的工作经验却因为年龄问题而"无人问津",从而降低了整个群体的工作积极性,产生了得过且过的心态,造成干部资源的极大浪费。历史上既有"甘罗十二岁拜相"的美谈,也有"姜子牙八十岁为丞相"的佳话,干部年龄不能"一刀切",要让老中青各尽其长,优化结构,协同发力。要加强干部宏观管理。充分发挥各级党委和组织部门在干部管理中的领导、把关作用,防止各行其是、各自为政,切实维护干部路线方针的权威性、干部标准的统一性、干部政策的一致性、干部工作程序的规范性和执行政策的严肃性。同时,要把严格管理干部和热情关心干部结合起来,支持和保护那些作风正派又敢作敢为、锐意进取的干部,全面调动不同年龄段干部的积极性、主动性、创造性,激励他们更好地带领群众干事创业。

第八,抓基层打基础是组织工作永恒的主题。我们党最大的优势是政治优势、组织优势。这两个优势的发挥必须依靠党的基层组织。有人在就要有党员在,有党员在就要有党组织在,有党组织就要发挥战斗堡垒作用。所以,抓基层、打基础是一个永恒的、长期的、永远在路上的事情,这是我们党的一条基本经验。在抗日战争、解放战争时期,正因为我们党通过广大基层党组织把群众有效动员起来,人民解放军才能够打败拥有飞机大炮的日本帝国主义和国民党军队;在社会主义建设和改革开放时期,正因为我们党始终重视和不断加强基层党组织建设，成为世界上基层组织最庞大、根系最发达的政党，才能够克服各种艰难险阻，使党的事业不断向前发展。可以说，我们党在各个历史时期取得的一切胜利，都是高度重视抓基层、打基础的结果。一要抓实基础工作。现在，某些地区组织工作整体水平不高，一个重要原因就是基础不扎实，一些基本的东西没有真正"立"起来。抓实基层基础，就是要在健全基本组织、建强基本队伍、完善基本制度、落实基本保障、强化基本功能、压实基本责任上下真功夫、下实功夫。二要强化政治功能。基层党组织有两个基本功能：政治功能和服务功能，服务功能是从属于政治功能的。近年来，基层党组织的服务功能不断得到强化，为基层群众办了不少好事实事，但仍还存在许多问题和薄弱环节，群众还有一些意见。究其原因，是党的工作没有完全做到人民群众心坎上。基层党组织首先是政治组织，政治性是第一属性，抓基层党组织建设，决不能等同于一般社会组织，决不能放弃政治引领，必须让党组织成为党员群众的"主心骨"。党建责任要落地。各级党组织要进一步强化责任意识，构建清晰明确的责任链条，推动全面从严治党向基层延伸。

第九，必须牢固树立"人才是第一资源"的意识。人才资源是第一资源，也是创新、创业、创造中最为活跃、积极的因素。习近平总书记指出："办好中国的事情，关键在党，关键在人，关键在人才。"自然资源和物质资源终归是有限的，只有人力资源才最可持续；人才优势，是最需要培育、最有潜力、最可依靠的优势。"二战"后，德国、日本等国家之所以东山再起，跻身发达国家行列，重要原因在于大力培养和吸纳人才，在国家战略机遇期内赢得竞争优势。现阶段，我国人才总量不足、高端人才偏少、分布不合理、竞争力不强等问题比较突出。组织部门是主抓人才的责任部门，一定要把工作抓实，不能以虚打虚。要立足"管大",坚持党管人才原则,遵循市场规律和人才成长规律,管宏观、管政策、管协调、管服务,不包办具体事务,多为地方、部门、用人主体和人才牵线搭桥,当好"助推器""催化剂""宣传员",不唯地域引进人才,不求所有开发人才,不拘一格用好人才。立足"管好",坚持实事求是,从发展实际需要出发,转变管理理念、改进方式方法,不贪大求洋,不好面子拉门面。特别是基层组织部门要根据实际情况培养和引进人才,要根据本地区产业发展需要,突出引才的可行性和人才的实用性,不盲目追求"高端人才",把更多精力放在培养本地实用人才上。立足"管活",要把市场调控机制、用人主体的积极性以及人才的个性需求有机结合起来,为人才松绑,向用人主体放权,充分发挥市场配置人才资源的基础性作用,大力营造鼓励创新、包容失误的良好氛围,让人才创新创造活力充分迸发。对待特殊人才要有特殊政策,不求全责备,不论资排辈,把人才管得自然、管若未管、不管而管。

  第十,坚持权责对等原则,用好问责这个利器。权责对等是权力配置的一条基本原则。不存在无责任的权力,也不存在无权力的责任。习近平总书记强调,"有权必有责、有责要担当、失职必追究";"不明确责任,不落实责任,不追究责任,从严治党是做不到的"。党的十八大以来,随着全面从严治党的深入推进,以强力问责推进全面从严治党,逐步形成共识并不断强化,打开了新时期我们党全面从严治党的新局面。这些实践证明,推动一项工作,问责是最直接、最有效的办法。组织部门一定要强化权责对等意识,积极拿起问责这把"利器"。要强化权责对等意识。有责无权,则无法尽责;有权无责,便会不作为、慢作为、乱作为,甚至滋生腐败。有多大担当才能干多大事业,尽多大责任才会有多大成就。不能只想当官不想干事,只想揽权不想担责，只想出彩不想出力。要加大追责问责力度。习近平总书记指出："问责不能感情用事，不能有怜悯之心，要'较真''叫板'，发挥震慑效应。"各级组织部门要抓紧研究细化问责办法，发扬"讲认真"精神，严肃追究在履行管党治党责任、选人用人责任、基层党建工作责任等方面不力的党组织和领导干部，决不能"手电筒只照别人不照自己"；决不能事不关己高高挂起，放任不管；决不能明哲保身，做"老好人"；决不能搞下不为例、网开一面，真正使管党治党从"宽松软"走向"严紧硬"。

第十一，必须以改革创新精神推进组织工作。"苟日新，日日新，又日新。"我们党是在改革创新中成长壮大起来的，并不断与时俱进推动马克思主义中国化，这是我们党注重改革创新的具体体现。党的十八大以来，创新被列为"五大发展理念"之首，全面深化改革成为我们党的治国理政战略，改革创新成为最鲜明的时代主题。组织工作要与时俱进，就得把改革创新作为组织工作的动力源泉。改革创新不是蛮干，但必须毫不含糊地坚持正确的政治方向，凡是损害党的领导、违背社会主义制度的做法，都要坚决制止。改革需要发挥主观能动性，但必须从实际出发，按客观规律办事，如不顾规律盲目蛮干，必然受到客观规律的无情惩罚。改革创新不是作秀，要抓关键问题、抓实质内容、抓管用的举措，不做华而不实的表面文章，不搞形式主义，对一些其他层面协调难度大的重大改革，要敢于接烫手山芋，拿出改革的决心和韧劲，勇于担当、刨根问底，什么问题突出就改革什么，缺少什么就开创什么。改革创新不是原地打转，要敢于突破前人、突破他人、突破自我，打破条条框框的束缚，消除制约组织工作发展的瓶颈和短板，把该改的问题改到位，能创新的创造出来。改革创新要容错纠错，改革创新是一个破旧立新的过程，既有阻力，也有风险，要建立允许试错、宽容失败的环境，为改革创新者撑腰鼓劲，让想改革创新、敢改革创新的人想干、敢干，才能打破"少干少错、不干不错"的怪圈，充分调动干部改革创新的积极性。

第十二，必须坚持问题导向推进组织工作。问题是时代的声音。发现问题、研究问题、解决问题，是领导干部最有效的工作方法。实践发展永无止境，旧的问题解决了，又会产生新的问题。每个时代总有属于它自己的问题，只有坚持问题导向，才能实事求是地对待问题，才能找到推动时代进步的钥匙。组织工作伴随我们党一路走来，就是一部发现问题、研究问题、解决问题的历史。邓小平同志曾经指出，发展起来以后的问题不比不发展时少。前提是发现问题。问题无处不在，无时不有，关键在敢不敢正视问题，善不善于发现问题。敢不敢于正视问题是态度问题，需要我们对存在的问题不掩盖、不回避、不推脱，否则就会使小问题演化成大问题。发现问题，要求我们有一双洞察问题的眼睛，拓宽视野看过去、现在和未来，从而掌握解决问题的主动性。核心是研究问题。发现问题是前提，能不能研究解决问题更见功力。问题分析研究得越透彻，解决起来就越有针对性。同样原因的问题，在不同的层级，表现形式也不同，许多问题相互纠结、连锁反应，不能等同视之，"上下一般粗"、大而化之，搞"一刀切""一锅煮"。要坚持具体问题具体分析，弄清楚问题的多与少、大与小、轻与重、缓与急、易与难，既分析问题的共性，也分析问题的个性。要善于透过现象看本质，撇开枝节抓根本，既看到表面问题，也看到深层次问题，从繁杂问题中把握事物的规律性，从苗头问题中发现事物的倾向性，从偶然问题中揭示事物的必然性。关键是解决问题。正视问题、查找问题最终是要解决问题。要始终以问题为牵引，坚持共性问题和个性问题同时发力，坚持治标和治本协同推进，有什么问题就解决什么问题、什么问题突出就着重解决什么问题，坚持新问题和老问题一起解决，决不能敷衍了事、上交矛盾，决不能搞鸵鸟政策、选择性"失明"，将小事拖大、大事拖炸。

第十三，打铁必须自身硬，组织部门自身建设须臾不可放松。纵观历史，吏治严明就繁荣昌盛，吏治腐败就走向灭亡。组织部门从1924年成立至今，始终把"模范""过硬"作为目标追求，赢得了"家风最正、家味最浓"的好评。但我们必须看到，组织部门并非一方净土，组工干部没有天然免疫力，"灯下黑"的情况是存在的。正人先正己，监督者更要接受监督，管理者更要接受管理。有的组工干部认为，进入组织部，就是进了"保险箱""避风港"，有"护身符"了，法规纪律的"刀口"不会朝向自己了，有这个想法是很危险的。在实际工作中，组工干部往往一到某个地方、某个单位，就会被很多人盯上，打探消息的、反映情况的，甚至套近乎、交感情的，什么情况都有。权力是利益的催化剂，凡是权力集中的地方，往往是利益的角斗场，可以窥见形形色色的人性，也造就形形色色的悲剧。组工干部手中有权力，千万不能"被利用""被围猎""被投资"，一定要慎之又慎。自己不打倒自己，谁也打不倒你，关键是要做到思想过硬、能力过硬、作风过硬。

第十四，要大力培育组织部门政治文化。文化是一个民族的精神命脉，也是一个政党的精神旗帜。文化建设对于一个政党、一个国家、一个组织来说都属于核心层的建设。有文化的人，才有底气、有坚守；有文化的组织，才有传统、有凝聚力。习近平总书记强调，要"倡导和弘扬忠诚老实、光明坦荡、公道正派、实事求是、艰苦奋斗、清正廉洁等价值观"，这是我们党的价值追求和集体人格。组织部门政治文化是由党内政治文化派生的，同时又反作用于党内政治文化。组织部门政治文化如果出现了庸俗、消极、丑恶的不良倾向，就会对党内政治文化产生强大的离心力，这种离心力不仅会涉及组织部门自身，还会波及全体党员干部。如今，有的组工干部会跑风漏气、装腔作势，这不仅是职业操守的问题，根子还是政治文化没有树牢。加强组织部门政治文化建设，就要以共产党人价值观为核心，结合组织部门自身的个性特点，遵循文化传播的一般规律，依靠信仰的力量、道德的力量、真理的力量、人格的力量，在传承中创新、在开放中坚守、在自信中自觉，既注重激浊扬清，又注重以文"化"人，让组工文化植根于组织工作实践之中。从严教育塑造信仰文化，促进组工干部从不懂到真懂、从真懂到真信、从真信到真行，将马克思主义的立场、观点和方法作为分析、研究和解决问题的思维方式。聚焦主业塑造专业文化，持续抓好组工业务能力大轮训、大提升，把专业精神体现在组织工作的各领域、各环节，使组工干部既掌握主责业务，又能拓展到其他业务。坚持导向塑造人梯文化，教育引导广大组工干部弘扬"安专迷"精神，始终保持平和、平实的心态，使甘为人梯成为组工干部的职业品格。从严管理塑造清正文化，坚持从严治部、从严律己、从严带队，教育引导组工干部自重、自省、自警、自励，坚决抵制权、钱、色的诱惑，坚决同选人用人不正之风进行战斗，始终保持清正廉洁的政治本色。

组织工作要充分发挥巡视的利剑作用[*]

党章规定,党的中央和省、自治区、直辖市委员会实行巡视制度。习近平总书记强调,"巡视是党内监督的战略性制度安排";"党要管党,从严治党,'管'和'治'都包含着监督";"党委要任命干部,更要监督干部,党内监督是全党的任务"。组织部门作为党委的重要职能部门,贯彻落实全面从严治党要求,必须在组织工作中充分发挥巡视的利剑作用。

一、深刻认识巡视对于组织部门贯彻落实全面从严治党要求,加强和改进组织工作的重要意义

我们党历来高度重视自身建设。党的十八大以来,以习近平同志为核心的党中央始终高度重视党的建设,制定出台八项规定、廉洁自律准则、巡视工作条例、纪律处分条例、问责条例,组织开展党的群众路线教育实践活动、"三严三实"专题教育、"两学一做"学习教育等,不断加强党的自身建设,充分显示了党中央全面从严治党的鲜明态度和坚定决心。党的十八届六中全会,再次聚焦全面从严治党这一主题,为全党制定党内政治生活准则、修订党内监督条例。全面从严治党,是我们党团结带领人民进行具有许多新的历史特点的伟大斗争、坚持和发展中国特色社会主义的根本保证,也是全面建成小康社

---

[*] 原载于《刊授党校》2017年第3期。

会、全面深化改革、全面依法治国的根本保证。从推进全面从严治党的战略高度出发，习近平总书记鲜明完整地提出了中央巡视工作的方针："聚焦党风廉政建设和反腐败斗争，围绕'四个着力'，发现问题、形成震慑，做到巡视全覆盖、全国一盘'棋'。"几年来，巡视工作认真贯彻中央要求，找准职责定位，紧扣党的政治纪律、组织纪律、廉洁纪律、群众纪律、工作纪律、生活纪律，着力发现并推动解决纪律、腐败、作风、选人用人方面的突出问题，力度、强度、效果大幅提升，成为党风廉政建设和反腐败斗争的重要平台、党内监督和群众监督相结合的重要方式、上级党组织对下级党组织监督的重要抓手，为全面从严治党提供了有力支撑。但也要清醒地看到，新形势下党仍然面临不少风险和挑战，最突出的是有的地区党的观念淡漠、组织涣散、纪律松弛，管党治党失之于宽松软，不正之风和腐败现象滋生蔓延。形势决定任务。组织部门必须站在全面从严治党的高度，深刻认识巡视是十八大以来党中央强化党内监督、保持党的先进性和纯洁性的战略性制度安排，深刻认识巡视是给党的肌体做体检、是解决自身问题的有力武器，深刻认识巡视是对党组织和党员干部的巡视、是政治巡视不是业务巡视，巡视对于各级组织部门立足职能职责，发现和解决好党的领导弱化、党的建设缺失、全面从严治党不力等问题，不断加强和改进组织工作，推动管党治党从宽松软走向严紧硬，具有十分重要的意义。

二、充分发挥巡视的利剑作用，切实加强各级党组织和党员干部队伍建设

各级组织部门要把巡视作为国之利器、党之利器，既助力巡视监督、为其服务，又借力巡视监督、用其成果，充分发挥巡视的利剑作

用，切实加强各级党组织和党员干部队伍建设。

第一，充分发挥巡视的利剑作用，着力匡正选人用人风气。习近平总书记强调，选好人、用对人是头等大事，要用最坚决的态度、最果断的措施刷新吏治。解决用人上的不正之风和腐败现象，既是干部选拔任用的底线要求，也是巡视工作的重点之一。组织部门要结合巡视工作，坚持问题导向，及时发现和查处选人用人方面存在的突出问题，进一步匡正选人用人风气。要在深化选人用人专项检查上下功夫。重点检查党委（党组）及其组织人事部门在干部选拔任用上是否坚持好干部标准、是否坚持正确用人导向、是否严格履行程序、是否严格遵守用人纪律，对发现的违规违纪用人问题严肃查处、严格问责。要在持续推进用人不正之风重点整治上下功夫。重点检查违规用人、拉票贿选、买官卖官、跑官要官、说情打招呼、跑风漏气、"三超两乱"、干部档案造假、领导干部违规兼职、"裸官"等专项整治情况，一个问题一个问题地整治到位，通过重点整治、重点突破，带动选人用人风气整体好转。要在完善机制健全制度上下功夫。针对巡视发现的干部工作中的薄弱环节、存在问题，举一反三、建章立制，研究制定干部工作守则、防止干部"带病提拔"实施办法等制度措施，下大力气解决好干部选拔任用中的共性问题，确保用制度选好人用对人。

第二，充分发挥巡视的利剑作用，从严教育管理监督党员干部。巡视是发现问题的尖兵和前哨。组织部门要把巡视作为从严治吏的有效方式和有力抓手，切实体现到对广大党员干部的从严教育、从严管理、从严监督中。要在严格教育党员干部上下功夫。结合巡视工作以及巡视发现和反馈的问题，有针对性地加强领导班子和领导干部思想政治建设，加强理想信念教育、党性党风党纪教育、道德教育，引导党员干部坚守共产党人精神追求，坚定中国特色社会主义道路自信、理论自信、制度自信、文化自信，增强政治意识、大局意识、核心意识、看齐意识，特别是核心意识、看齐意识。要在严格管理监督党员干部上下功夫。坚持抓早抓小抓预防，通过巡视了解掌握领导班子运行情况和领导干部现实表现、群众口碑等"活情况"，发现领导班子和领导干部的苗头性倾向性问题，有针对性地进行提醒、函询和诫勉，该谈话的谈话，该批评教育的批评教育，该督促整改的督促整改，使干部受到教育、得到警醒，防止小毛病酿成大问题。要在推进干部能上能下上下功夫。结合巡视对干部履职尽职的情况进行全面考量，对那些靠得住、有本事、作风硬的好干部，要褒奖重用；对那些政治上不守规矩、廉洁上不干净、工作上不作为不担当或能力不够、作风不实、不在状态的干部，要坚决进行组织调整，以鲜明的用人导向引领干事创业导向。

第三，充分发挥巡视的利剑作用，严格党内政治生活，营造良好政治生态。要充分发挥巡视有效发现问题、如实反映问题、推动解决问题的作用，严格各级党组织党内政治生活，推动形成山清水秀的良好政治生态。要在严明政治纪律和政治规矩上下功夫。对在巡视中发现的一些党组织和党员干部不把党的政治纪律和政治规矩当回事，落实政策规定打折扣、作选择、搞变通，不遵守组织程序、不服从组织决定、不执行请示报告制度等问题，要高度重视，坚决纠正，督促各级领导班子和领导干部严守党章党规党纪，坚决维护党的集中统一，自觉向以习近平同志为核心的党中央看齐。要在严肃党内政治生活上下功夫。结合巡视工作，紧紧盯住贯彻执行民主集中制、基层党组织换届、"三会一课"、民主生活会和组织生活会、民主评议党员、按时足额交纳党费等具体工作，抓一件严一件、抓一件成一件，推动党内政治生活制度化、经常化、规范化，不断增强党内政治生活的政治性、原则性、战斗性。要在营造良好政治生态上下功夫。把巡视作为净化政治生态的尖兵，在"两学一做"学习教育中，引导广大党员认真剖析身边发生的重大腐败案件，汲取深刻教训，肃清不良影响，唤醒党章党规党纪意识，增强宗旨意识，坚持把纪律和规矩挺在前面，自觉用党的纪律和规矩衡量自己的行为，把守纪律、讲规矩内化为自己的自觉意识和行动，共同营造风清气正的政治生态。

三、积极支持配合好巡视工作，不断健全完善党内监督制度体系，增强监督合力

巡视是全党的一项重要工作。中央明确，巡视工作领导小组组长由同级纪律检查委员会书记担任，副组长一般由同级的党委组织部长担任。这一领导体制和工作机制，要求组织部门必须全力支持和积极配合好巡视工作，不断健全党内监督制度，增强监督合力。开展巡视工作前，要认真负责地向巡视组介绍巡视对象领导班子运行情况和班子成员的主要情况，及时向巡视组提供了解掌握的群众举报反映，做到谈实情、交真底、不保留，帮助巡视组做好充分准备。开展巡视工作中，要积极配合巡视组做好领导干部个人有关事项报告抽查核实工作，及时就涉组涉干问题加强与巡视组的信息交流沟通，根据需要做好有关政策解释说明工作，努力把沟通协调贯穿巡视工作的全过程。开展巡视工作后，要及时抓好巡视成果运用，对巡视移交的选人用人问题，该调查的及时调查、该处置的及时处置，不仅查处当事人，还要追究责任人，并及时向巡视办反馈调查处理情况，做到件件有着落。要将巡视情况作为领导班子和领导干部综合研判、考核评价、选拔任用、管理监督的重要依据。相关组织部门到正在巡视或者巡视结束不到半年的地区、单位考察干部时，要主动听取有关巡视组的意见，这

要列为干部考察的考察程序之一。巡视工作是一项政治性、政策性、专业性、纪律性很强的工作，必须有坚强的组织结构和高素质的干部队伍作保证。组织部门要与纪检机关共同加强巡视力量建设，打造一支忠诚干净担当的巡视工作队伍。要突出重点抓好巡视组长的选拔和管理，把住政治品格、工作经历、业务能力、知识层次、年龄结构等条件，确保人选过硬。要选优配强巡视队伍，从组织部门选派政治可靠、业务熟悉、经验丰富、作风过硬的同志到巡视机构工作，重点负责对干部选拔任用工作的巡视监督。根据工作需要，抽调优秀年轻干部和省管后备干部参加巡视工作，着力提升巡视队伍的能力素质、改善知识结构，为巡视精准发现问题提供有力保证。要关心巡视干部的学习、生活和工作，关注巡视干部思想动态，关切巡视干部身心健康，帮助他们解决后顾之忧，关心他们的成长进步。

组织部门要在党内政治文化建设中当先锋做表率[*]

一个国家的背后,是文化;一个政党的背后,也是文化;一个部门的背后,仍然是文化。三百六十行,行行有文化。党内政治文化是现代中国文化体系的重要组成部分,是坚持党的性质和宗旨、贯彻党章和党规、加强和规范党内政治生活的文化基础。加强党内政治文化建设,是新形势下推进全面从严治党、推进党的建设新的伟大工程的必然要求。各级党委组织部门作为党的政治机关,作为管党治党的重要职能部门,必须高度重视政治文化建设,在政治文化建设上当先锋做表率,不断提升全面从严治党的能力和水平,积极营造风清气正的政治生态。

第一,加强组织部门政治文化建设的意义重大而深远。

习近平总书记强调,党内政治生活、政治生态、政治文化是相辅相成的,政治文化是政治生活的灵魂,对政治生态具有潜移默化的影响。注重加强党内政治文化建设,是以习近平同志为核心的党中央治国理政新理念新思想新战略的一大特色和亮点,打通了中国特色社会主义与中华历史文化联系的经脉。组织部门政治文化是由党内政治文化派生的,同时又反作用于党内政治文化。组织部门政治文化如果出现了庸俗、消极、丑恶的不良倾向,就会对党内政治文化产生强大的

---

[*] 原载于《党建研究》2017年第4期。

离心力,这种离心力不仅会涉及组织部门自身,还会波及全体党员干部。因此,加强组织部门政治文化建设的意义重大而深远。

加强政治文化建设,是强党兴党的根本要求。习近平总书记深刻阐述了文化在治国理政中的重要作用,强调文化自信是更基本、更深沉、更持久的力量。这是继"思想建党、制度治党"之后,我们党以"文化强党"来推动新的伟大工程、伟大事业的一次重要战略抉择。从党的发展历程看,党内政治文化建设始终伴随着我们党一路走来。革命时期,我们党通过思想建党推进党内政治文化建设,纠正党内各种非无产阶级思想,有力推动党的建设伟大工程,带领人民取得革命胜利。新中国成立后,我们党加强思想建设、组织建设和作风建设,既传承党内政治文化的优秀基因,又丰富党内政治文化建设的基本内涵。改革开放以来,我们党制定《关于党内政治生活的若干准则》,为党内政治生活提供了基本遵循,为党的建设发挥了重要作用。党的十八大以来,以习近平同志为核心的党中央深入推进全面从严治党战略布局,制定《关于新形势下党内政治生活的若干准则》,从加强思想教育、严明政治纪律和政治规矩等方面,进一步丰富和发展了党内政治文化,党内政治文化建设更加系统化、科学化。我们党要肩负起"两个一百年"奋斗目标的历史重任,不断推进中国特色社会主义伟大事业,必须坚定中国特色社会主义的"四个自信",说到底是要坚定文化自信。党内政治文化就是强党兴党更基本、更深沉、更持久的力量。推进党的新的建设伟大工程,必须加强党内政治文化建设,发挥党内政治文化对政治生态的潜移默化作用,确保党始终成为中国特色社会主义事业的坚强领导核心,为坚持和发展中国特色社会主义伟大事业提供有力支撑。

加强政治文化建设,是弘扬组织部门优良传统的必然选择。历史是现实的根源，优良传统、历史经验是最好的营养剂，也是最好的教科书。任何一项伟大而久远的事业都必须处理好继承与创新的关系。在我们党90多年的伟大斗争中，党内政治文化孕育和催生了组织部门特有的、深厚的政治文化；组织部门的政治文化又弘扬、完善和发展了党内政治文化。循着90多年组织工作的理论逻辑、实践逻辑、文化逻辑，组织部门历来重视优良传统的继承和发扬。从1924年中央组织部成立至今，组织部门的优良传统和作风，集中体现在"讲政治、重公道、业务精、作风好"这四句话上，这就是组织部门鲜明的政治文化之一，也是组工干部的价值取向和行为准则。讲政治是组织部门政治文化建设的核心基因。讲政治的核心是对党绝对忠诚，这种忠诚，是基于马克思主义信仰和党性原则的政治忠诚，是对党和人民的伟大事业高度热爱的朴素情怀。有了忠诚，组工干部才有政治灵魂、政治操守、政治定力，才能坚守正道、坚守信仰、坚持原则。重公道是组织部门政治文化建设的价值取向。公道正派是组织工作最鲜明的职业特征，也是组工干部最宝贵的职业操守，是履职之要、正气之源。业务精是组织部门政治文化建设的基本要求。组织工作发展至今，已经成为一门科学，有自身的特性和规律，专业化是其应有之义。作风好是组织部门政治文化建设的根本保障。作风过硬是做好一切工作的前提。组织部门作为管干部的部门，组工干部作为管干部的干部，必须是党性最强的部门、党性最强的干部，必须自己首先要严起来、硬起来。

加强政治文化建设，是组织部门自身建设的现实需要。文化是一个民族的精神命脉，也是一个政党的精神旗帜。文化建设对于一个政党、一个国家、一个组织来说都属于核心层的建设。组织部门的政治文化也是长期实践过程中形成的共同理想、共同价值观、工作作风和行为规范、文化认同等的总称，是组工干部的精气神，积淀着组工干部的精神追求，是柔性生产力和软实力。组织部门不是净土，组工干部没有天然的免疫力，也存在"灯下黑"，诸如受贿卖官、任人唯亲、违规提拔、干部考察失职渎职等问题，出现这些问题的根子在于党性观念不强、理想信念不坚定，以公道正派为核心的政治文化还没有渗透到灵魂深处。文化的作用在于以文"化"人、润物无声，文化建设是铸魂工程，靠的是真理的力量和人格的力量。加强政治文化建设，是新形势下全面从严治党的必然要求，也是组织部门自身建设的必然选择。加强党内政治文化建设、严肃党内政治生活、净化党内政治生态，坚定不移推进全面从严治党，组织部门必须带头，做政治坚定的表率，时刻把对马克思主义的信仰、对社会主义和共产主义的信念作为自觉追求，不断增强政治定力，自觉成为共产主义远大理想和中国特色社会主义共同理想的坚定信仰者和忠实实践者，坚定对中国特色社会主义的道路自信、理论自信、制度自信、文化自信。

第二，准确把握组织部门政治文化建设的精神内核。

习近平总书记强调："要注重加强党内政治文化建设，倡导和弘扬忠诚老实、光明坦荡、公道正派、实事求是、艰苦奋斗、清正廉洁等价值观，旗帜鲜明抵制和反对关系学、厚黑学、官场术、'潜规则'等庸俗腐朽的政治文化，不断培厚良好政治生态的土壤。"这一重要论述，鲜明指出了党内政治文化建设的方向，就是倡导和弘扬"忠诚老实、光明坦荡、公道正派、实事求是、艰苦奋斗、清正廉洁"的价值观。这是我们党的政治基因，是全体党员共同的生活方式、价值追求、集体人格，是未来将要继续融入全体党员血脉中的精神标识，也是我们党最深沉的精神追求。

要重视塑造更加坚定的信仰文化。建设党内政治文化，组织部门责无旁贷。好干部既是实践历练出来的、自身努力出来的，也是组织培养教育出来的。公道来自公心，正派源于党性。要时时处处把政治坚定、党性坚强、公道正派、严谨细致、廉洁自律、甘为人梯、"三个之家"等组织部门优良传统，融入组工干部的骨髓血脉，通过扎实的党性教育，促进组工干部从不懂到真懂、从真懂到真信、从真信到真用，把马克思主义的立场、观点和方法作为分析、研究、解决问题的思维方式、工作方法。

要重视塑造更加过硬的专业文化。专业思维、专业素养、专业方法是领导干部专业化能力的具体表现，是习近平总书记关于提高干部专业化能力重要论述的核心内容。组织工作既是一门专业，也是一门综合学科。这就需要组工干部，既成为复合型干部，也成为专家型干部，但万变不离其宗，首先应该熟悉掌握核心业务，即主责业务；然后拓展其他非核心业务，即外围业务。比如，分管干部，应该是干部政策的专家；分管组织，应该是基层党建的专家；分管人才，应该是人才培养引进的专家，但也要了解其他领域的工作。如果组工干部的专业能力整体能覆盖核心业务，那么这个组织部战斗力就强。否则，就会在业务能力上有缺项，就会缺乏正确的行动能力，就会无底气、无章法、无权威。

要重视塑造更加鲜明的人梯文化。组织部门是"党员之家、干部之家、人才之家"，说到底是做人的工作。坚持以人为本，尊重人、选好人、爱护人、服务人，既是组织部门的职责所在，也体现了组织部门政治文化的价值取向。甘为人梯是组工干部的职业品格。甘为人梯首先看是否公道正派。对于组工干部来说，核心就是公道正派。管干部的干部，要很公道，很正派，不信邪，不怕得罪人。牢固树立公道正派的核心价值理念，无论是考察评价干部，还是选人用人，都始终做到公道正派，坚持党性原则，坚持"一碗水端平"，使公道正派真正成为组工干部的政治品质、思想作风和人格魅力。

要重视塑造更加清正的廉洁文化。组织部门政治文化既要潜移默化，也要激浊扬清，这就需要真管真严、长管长严。信任不能代替监督，岗位责任越重要越需要监督；严管不是作秀、不是演戏，不能温良恭俭让，要坚决防止"灯下黑"。组工干部必须习惯于在监督下工作、生活，敢于接受监督、乐于接受监督，防止特权思想、特权行为，防止在"金字招牌"下破规矩谋私利，防止在"围猎"中飘然自得、走上邪路。

第三，积极探索组织部门政治文化建设的方法路径。

理念引领观念，观念引导方法，方法决定行动。任何工作的推进，都必须经历一个从理念到观念、从观念到行动、从行动到效果的过程。解决了思想和认识问题，必须深入研究和探索解决问题的方法和路径。加强党内政治文化建设，组织部门必须当先锋做表率，以党内政治文化建设引领自身建设，着力打造一支让党放心、人民信赖的组工干部队伍。

突出政治引领，打造对党忠诚的过硬队伍。任何政党都是政治性组织，具有鲜明的政治意图和政治主张。纵观世界，任何离开了自己的政治纲领、政治路线、政治目标的组织，都不能成其为政党。讲政治，是我们党补钙壮骨、强身健体的根本保证，是我们党培养自我革命勇气、增强自我净化能力、提高"排毒杀菌"政治免疫力的根本途径。组织工作实质上是政治工作，讲政治是第一位的责任和要求。组工干部对党忠诚必须纯粹，始终保持思想上的政治清醒、纪律规矩上的政治自觉、实际工作中的政治坚守，这是衡量组工干部政治觉悟和党性修养的首要标准。必须把对党忠诚作为政治文化建设的精神内核，作为组工干部的精神标识，开展对党忠诚教育，教育引导广大组工干部自觉践行"忠诚老实、光明坦荡、公道正派、实事求是、艰苦奋斗、清正廉洁"的共产党人价值观，把忠诚于党的信仰、忠诚于党的事业、忠诚于党的组织、忠诚于党的核心融入血脉、刻印在心，从根子上解决好"头脑清醒""脚跟站稳""肩膀过硬"问题。

践行职业操守，打造公道正派的过硬队伍。才者德之资，德者才之帅。组工干部最大的德是公道正派、最大的才是识人用人。习近平总书记强调，用人真正做到了公道正派，其他的都变得简单了。公道正派是组织部门最重要的职业道德、最鲜明的部门特点，最突出的思想作风与人格力量。回顾 90 多年的组织工作史，公道正派就是"一根红线"，贯穿始终。衡量一个组工干部是否合格，首先看是否公道正派。必须教育引导广大组工干部牢固树立公道正派的核心价值理念，坚持原则、秉公用权，捍卫职业荣誉。组织部门讲公道，最重要的是选人用人要公道。组工干部特别是组织部长要具有知事识人的本事和担当，具有爱才护才的情怀，具有海纳百川的气度，具有甘为人梯的品质，形成特有的政治品格和风骨气韵。做到公道正派，必须修身慎行、怀德自重、清廉自守，以信仰、信念、人格、实干立身，靠学习工作，靠知识生活，靠原则团结。坚决抵制和反对各种关系学、厚黑学、官场术、"潜规则"等庸俗腐朽政治文化的侵蚀，去庸俗、远低俗、不媚俗，坦荡做人，清白为官，形成清清爽爽的同志间关系、规规矩矩的上下级关系。

持续提升能力，打造敬业专业的过硬队伍。术业有专攻，组织工作也是一门科学、一门专业。习近平总书记强调："专业素养是专业知识、专业能力、专业作风、专业精神的统一，而不仅仅是专业对口那么简单。"打造过硬的专业化组工干部队伍，必须提升专业思维、专业素养、专业能力、专业精神,拓宽知识面,深钻本职业务,掌握组织部门专业知识和技能,夯实组工干部基本功。提升组工干部专业能力,就是要做到精准科学选人用人。科学选人用人,关键是识人要"精准",就是把人考准考实,经常性、多渠道、多层次了解干部,在面对面接触中形成对干部直观的、鲜活的印象,着力提高识人的分辨率和透视度;实质是用人要"科学",就是把人用对用好。一定要把"研究人"与"研究事"统一起来,人随事转、以事为先,事业需要什么人就配什么人、岗位缺什么人就补什么人,把最合适的人选放到最合适的岗位,做到知事识人、人事相宜、人岗相适。绝对不能简单看学过什么、专业对不对口,也不能说该轮到谁了,更不能把岗位作为对干部的奖励,因人设岗。

坚持从严管理,打造纪律严明的过硬队伍。打铁还需自身硬,组织部门自身建设须臾不可放松。从严治吏,必须严明纪律。纪律严明是我们党的优良传统和独特优势,是全党统一意志、统一行动、步调一致前进的重要保障。管干部的干部,纪律严明理所应当、天经地义。必须突出党的政治机关特点,坚持真管真严、长管长严,始终把队伍建设抓得紧而又紧、严上加严,塑造组工干部"形象最好"的行为标签,营造"管理最严"的鲜明特征。必须带头遵守党章党规党纪,带头贯彻党内政治生活准则和党内监督条例,严肃党内政治生活,落实好"三会一课"、民主生活会、组织生活会等各项制度,多积尺寸之功,经常防微杜渐,使广大组工干部在党内政治生活"大熔炉"中淬火成钢。必须严把监督关,严格落实对自身要求的各项规定,完善组工干部行为规范,纯洁社交圈、工作圈、生活圈,培养高尚情趣,涵养良好家风,养成在"探照灯"下工作和生活的习惯。必须严把入口关,畅通出口关,对政治上不合格、能力上不胜任、岗位上不适宜的，要坚决调整下来；对违背纪律规矩的，拉关系搞攀附的，混淆"亲""清"关系、没原则、没底线的，口风不严、跑风泄密的，要坚决清理出队伍。必须坚持严管与厚爱紧密结合，落实事业留人、感情留人、适当待遇留人的要求，关心爱护好组工干部，让在组织部门工作的每一个同志都有"家"的归属感、有职业荣誉感、有事业认同感。

做好组织工作要注意处理好七个关系[*]

组织工作是党的全部工作的基础,是实现党的领导的基本途径,是实现党的政治路线的重要保证。组织优势是我们党的核心优势,组织力量是我们党的力量之源。早在1925年1月,党的四大通过的《对于组织问题之决议案》就直接指出:"组织问题为吾党生存和发展之一个最重要的问题。"习近平总书记在庆祝中国共产党成立95周年大会上指出,"伟大的斗争,宏伟的事业,需要高素质干部",进一步强调了新时期组织工作的重要性。伴随我们党95年光辉历程,组织工作已经发展成为一门科学、一门学问,有其自身规律、特点及专业要求。在实际工作中,需要注意处理好七个关系。

第一,正确处理全局与局部的关系。习近平总书记强调,要坚持抓大事、谋全局,把主要精力放在抓战略问题、全局指导、宏观决策上,要胸怀大局、把握大势、着眼大事,提高观大势、定大局、谋大事的能力。全局是指事物的整体及其发展的全过程,局部是指组成事物整体的个别部分、方面及其发展中的个别阶段,所以全局是关键。全局清,方向明。组织路线是为政治路线服务的,组织工作的全局就是各级党委的中心工作。始终站在党和国家的大局大势上思考、谋划和推进工作,是做好组织工作的世界观和方法论。要主动增强服务大局的自主性和坚定性,经常看一看组织工作与中央、省委的部署要求

---

[*] 原载于《领导科学》2016年9月上。

结合是否紧密，与基层实际和党员群众需求是否切合，唯有如此，工作才能找准定位。当前，党和国家的大局，就是全面建成小康社会、实现"两个一百年"奋斗目标、实现中华民族伟大复兴的"中国梦"。组织工作的重要任务就是为这样的大局提供组织保证、干部支持和人才支撑。具体来说，就是要按照习近平总书记"七一"重要讲话要求，把好干部精心培养起来，抓好教育培养这个先导工程、抓好能力提升这个基础工程、抓好实践锻炼这个关键工程、抓好管理监督这个保障工程，让好干部来得正、行得端、走得远。把好干部及时发现出来，善于运用马克思主义唯物辩证法考察识别干部，把功夫下在平时，通过多渠道、多层次了解识别干部，练就识人慧眼，掌握识人绝活，始终把好干部纳入组织的视野，让好干部被关注、被发掘、被尊重。把好干部合理使用起来，真正把党管干部原则落到实处，充分发挥党委（党组）选人用人的主体责任、组织部门的把关责任和纪委的监督责任，做到用其所长、用当其时、用当其位，最大限度地盘活用好干部人才资源。

　　第二，正确处理当前与长远的关系。习近平总书记指出，广大干部"要坚持历史观点"，"做到立足当前、着眼长远、统筹兼顾"。人无远虑、必有近忧。无论是个人成长还是开展工作，我们既要立足当前，真抓实干；又要着眼长远，未雨绸缪。立足当前，就是要活在当下。"当下"就是指现在的时间、现在做的事情、现在一起工作的人，"当下"才是最重要、最真实、最现实的。要把握好"当下势"。形势就是当时当下所处的方位和基点，"形"就是已经呈现的状况，是当时当下的具体存在；"势"就是还没有出现、但将要出现的形态及趋向。形中有势，势寓于形。"明者因时而变，知者因事而制。"看"形"相对比较直观和容易，看"势"则需要功力和见地。实践中，"方向不明决心大,心中无数点子多"的情况随处可见,原因就是领导干部看不清形势、心中无数。组织工作领域的"形",既包括领导班子和干部队伍、基层党组织和党员队伍、人才队伍的情况,还包括世情、国情、省情、市情。要把握好"当下事"。坚持以正在做的事情为中心,是一个最基本的工作方法。组织工作的"当下事",就是落实全面从严治党要求,把党要管党、从严治党、从严治吏各项规定要求落到实处,真正舞好干部工作这个"龙头"、打牢基层党建这个"基础"、抓好人才工作这个"利器"、建好模范部门这个"堡垒"。要把握好"当下人"。社会性是人的本质属性,人永远生活在社会群体之中。对于领导干部来说,不管你有多大本事,也不可能包打天下,所以要能和大家一起团结干事。毛泽东同志在《党委会的工作方法》一文中就指出,要注意处理好自己和委员之间的关系,"注意团结那些和自己意见不同的同志一道工作"。讲团结是大政治,会团结是真本事,团结好是高水平。就组织来看,闹不团结的干部不是好干部,闹不团结的班子不是好班子。一般而言,小合作要放下自我,彼此尊重;大合作要放下利益,彼此平衡;长期的合作要放下性格,彼此成就。领导干部要做讲团结、会合作的表率,从党的事业出发,大事讲原则、小事讲风格,以诚相待、相互尊重,善于欣赏别人,善于成就别人,既做好分内之事,又善于团结协作。

第三,正确处理聚焦主业与统筹兼顾的关系。习近平总书记指出:"在任何工作中,我们既要讲两点论,又要讲重点论,没有主次,不加区别,眉毛胡子一把抓,是做不好工作的。"一段时期以来,组织工作战线长、摊子大,任务不断叠加,主业主责不聚焦的问题由来已久,导致一些工作低水平重复、低层次折腾。正确处理好聚焦主业和统筹兼顾的关系,就要坚持重点论和两点论的统一,学会"弹钢琴",不断推进工作螺旋式上升。要紧扣职能，精准发力。驾驭好组织、干部、人才"三驾马车"，紧紧围绕搞培训、提素质，选干部、配班子，育人才、聚贤能，抓基层、打基础的核心职能开展工作。特别是要突出鲜明的政治属性，选贤任能要把政治标准放在首位，千万不能只注重能力标准；抓基层打基础要强化党组织的政治功能，千万不能只注重服务功能；抓人才工作要突出政治引领，千万不能只注重学识才能。要厘清责任，有主有次。要紧扣职能职责、划清责任边界，不能大包大揽，该当主角就当主角、该当配角就当配角，适当收缩战线，有进有退、有所为有所不为，不能种了别人的地、荒了自己的田；要分清主次，养成按缓急程度办事的习惯，把控工作节奏、力度和质量，善于抓住找准工作中的主要矛盾和关键环节，学会抓纲带目，抓点带面，紧盯大事要事打攻坚战、紧盯急事难事打歼灭战，把有限的精力用在刀刃上，不能眉毛胡子一把抓。要统筹兼顾，协同推进。更加注重系统性、整体性、协同性，实现党组织建设和党员队伍建设协同推进，从严管理和关心激励干部协同推进，制度建设和制度落实协同推进，人才培养引进和政策创新协同推进，落实组织工作任务和自身建设协同推进，不能猴子掰苞谷、顾此失彼。

第四，正确处理务虚与务实的关系。虚实结合，是我们党工作实践中的重要特色，也是中国传统政治智慧的宝贵遗产。习近平总书记有过精辟的论述："我们平常说的务实，是指从事某项工作时，能够注重一切从实际出发，说实话、办实事、想实招、求实效。而务虚，则常指在某项工作实际开展之前，先从理论上、思想上、政治上、政策上进行学习、思考、研究、讨论，以求统一思想、凝聚共识、增强信心、鼓舞士气。如果说务实是'决胜千里之外'的实践，那么务虚则是'运筹帷幄之中'的谋划，两者可谓并蒂之花、相辅相成，辩证统一于全部领导活动之中。"高明的领导是政治的领导、思想的领导、文化的领导，如果只务实不务虚，就会陷入事务主义；如果只务虚不务实，就会纸上谈兵、坐而论道。把握工作规律，牢牢掌握主动权，始终在研究状态下工作，虚实结合、以虚导实、以实现虚，是非常重要并且有效的工作方法。要学习党的历史，汲取历史智慧。组织工作伴随我们党的事业一路走来，做好组织工作必须学习我们党的历史，了解我们党不断发展壮大的光辉历程、了解我们党带领全国人民艰苦创业的光辉历程、了解我们党的理论路线方针政策的来龙去脉、了解我们党的优良传统和作风、了解党的建设和组织工作的发展历程，从党的历史中汲取历史智慧的营养、理想信念的营养、优良作风的营养、从严治党的营养、敢于担当的营养。要适应形势任务，找准工作定位。做好组织工作，必须紧跟经济社会发展形势、党和国家当前的大局、中央关于党的建设和组织工作的新思想新部署新要求，对当前需要做什么、应该怎么做、需要重点突破什么等问题要如数家珍、清清楚楚，应势因势顺势找准定位、精准发力，切实提升围绕中心、服务大局的能力和水平。要吃透政策业务，推动精准落地。组织工作的政策性很强，一定要注意研究业务、吃透政策，知其然知其所以然，特别是要对每一项政策出台的背景、目的、意义、思路措施、具体要求有准确的把握，对本地、本单位落实好政策的基础条件和可能遇到的问题有清晰的认识，确保精准落实。要研究重大问题，提升工作水平。重大问题是制约整体水平的关键因素，要注意研究解决组织工作体制机制方面的深层次问题、面临的重大现实问题以及一些积重难返的老大难问题，不断提高组织工作的境界和水平。

第五，正确处理抓大与落小的关系。习近平总书记指出："在中国当领导人，必须在把情况搞清楚的基础上，统筹兼顾、综合平衡，突出重点、带动全局，有的时候要抓大放小、以大兼小，有的时候又要以小带大、小中见大，形象地说，就是要十个指头弹钢琴。"领导干部不一定是官越大越有水平，关键得看用不用心，知其然不知其所以然，一团乱麻，就证明你不用心。保证重点、照顾一般、抓大不放小，是行之有效的工作方法。一要抓重点带动。从重点入手，实现重点提升，以点带面，是提升工作效率的有效方法。抓重点任务，善于抓住和解决好"牵一发动全身"的工作，从而带动整体工作；抓重点对象，牢牢抓住领导干部这个"关键少数"，示范引领其他干部群体；抓重点环节，牢牢把住那些重要环节和时间节点，把控好工作的节奏和质量。二要抓关键突破。打蛇打七寸，工作抓要害。干部选拔任用，关键是要牢牢把住动议提名、民主推荐、组织考察、酝酿协商、讨论决定等关口；党员队伍建设，关键是要抓住党员发展、党员教育和党员管理等基础环节；人才工作，关键是要加强政策引领、营造良好环境，把服务做到人才的心坎上；解决干部精神懈怠、为官不为问题，关键是要突破干部"能下"难题，形成能者上、庸者下的用人导向；党建助推脱贫攻坚，关键是要发挥党的政治优势和组织优势，充分发挥基层党组织的战斗堡垒作用和广大党员的先锋模范作用。三要抓细节提升。细节决定成败。组织工作无小事，一定要善于从微观着手，抓住最容易"跑冒滴漏"的关节点，在落细落小、认真较真上下功夫，严防因小失大。抓常抓长，把功夫下在平时，扎实推进党员干部教育监督管理经常化、党内政治生活和组织生活经常化；抓结合运用，善于把上级的政策规定变为可操作的具体措施，把上级的指示和要求创造性地落实到具体工作中，不搞笼统应付、大而化之；抓分类施策，针对不同对象和不同情况精准施策，该开什么方子就开什么方子、该用什么药就用什么药，不搞千篇一律、一刀切。

第六，正确处理继承与创新的关系。习近平总书记在庆祝中国共产党成立 95 周年大会上的"七一"重要讲话中强调："一切向前走，都不能忘记走过的路；走得再远、走到再光辉的未来，也不能忘记走过的过去，不能忘记为什么出发。"他告诫领导干部，"为官一方，为政一时，当然要大胆开展工作、锐意进取，同时也要保持工作的稳定性和连续性"，强调的就是继承和创新二者无轻无重，都不可偏废。但是，很多人经常把二者割裂开来，重视继承就不要创新、搞创新就不讲继承。有的新官上任"三把火"，一味否定过去、否定前任，另起炉灶、另搞一套；有的萧规曹随、求稳怕乱、路径依赖、惯性思维，无视矛盾问题、无视形势变化，原来怎么样就怎么样、过去怎么干就怎么干、上面怎么要求就怎么做；有的既不讲继承也不讲创新，崇尚"厚黑学""中庸处世"。这些现象既有态度的问题，也有能力的问题。肯定、否定、否定之否定，反映新事物代替旧事物，但更强调新旧交替过程中的系统性、连续性本质。一是好传统要发扬好。好路子、新点子要有，"好家当""传家宝"也不能丢，一定要注重工作的连续性，一张蓝图绘到底、一茬一茬接着干、一锤接着一锤敲，让工作在继承中发展，在创新中更有生命力。理论联系实际、密切联系群众、批评与自我批评、调查研究等"传家宝"，任何时候都不能丢，要自觉地将其融入具体工作中去。二是好优势要发挥好。政治优势、组织优势、密切联系群众优势，这些党的核心优势，是落实从严治党要求的制胜武器，要体现到每一项工作中去。特别是落实从严治党要求的各项制度规定要落实好，不能成为摆设、成为稻草人，坚决维护党纪党规的严肃性和权威性。三是好抓手要创新好。组织工作要有突破、有提升，就离不开创新。要善于运用系统思维、战略思维、辩证思维、底线思维思考研究解决问题；要善于运用项目化、品牌化管理方法，借助先进的信息网络手段，探索"互联网+党建工作"模式，不断拓展组织工作的外延和内涵；要创新工作机制，抓住全面深化党的建设制度改革的契机，不断健全完善干部人事制度、基层组织建设制度、人才体制机制，切实提高党的建设和组织工作科学化水平。

第七，正确处理责任与担当的关系。领导就是责任，责任就是担当。强调敢担当，就是因为事情本身有风险、有挑战、有难度，所以，我们要担在大事上、担在难事上，千万不能避重就轻、拈轻怕重。组工干部就是管干部的干部，是渡人的梯和桥，身在这样一个特殊部门，必然要面对各种复杂的利益纠葛、触及各种矛盾，要求组织干部必须用高于常人的标准要求自己，需要更多责任、更大担当。一要履职尽责。敢于担当不是想在心里、说在嘴上，关键是要言行一致、说到做到。要知责明责，始终忠诚地担起自己的岗位职责，始终工作在状态、保持适度的紧张感，凡是自己职责范围内的事不等不靠、主动作为、用心用情做好，确保该履行的职责清清楚楚、该落实的任务件件落地。二要坚守原则。组织工作涉及干部自身利益，有时不得不"得罪"一些人、不得不触动一些人的"奶酪"。如果这个时候不敢旗帜鲜明，不敢较真碰硬，放弃原则、突破红线，奉行"好人主义"、搞一团和气，这就是最大的失职。要坚守"自己不打倒自己，别人永远打不倒你"的信念，正确处理人情与原则的关系，把人情尽量限定在尽心和情分的范围内，以不违反原则和党纪国法为底线，尤其对重大利益和重要人事问题，要自觉和严密地设置人情防火墙，自己不去突破，也严防别人逾越。在人情和原则不好选择的时候，坚持原则就是最好的选择，也是唯一的选择。三要素质过硬。实践永远在发展，学习一直在路上，敢担当也要能担当、会担当，具备担当的才干。组织部门是"讲政治、重公道、业务精、作风好"的模范部门，就要一刻不忘职业操守和职业素养，大力发扬"安专迷"精神，不断提高专业化思维、专业化素养和专业化能力，不断增强真理的力量、人格的力量。组织部长是自身建设的领头人，要从自己抓起、从队伍抓起，立标杆、树正气，带出一支特别能吃苦、特别守规矩、特别能战斗、特别能奉献的队伍，这也是非常重要的领导能力。

组工干部要不断增强八种本领^{*}

习近平总书记在党的十九届一中全会上的讲话中指出:"当今世界正面临着前所未有的大变局,中国特色社会主义进入了新时代。党内外、国内外环境的深刻变化,工作对象和工作条件的深刻变化,知识更新周期的大大缩短,对我们的本领提出了许多新要求。"组工干部必须按照党中央、中组部和省委的部署要求,准确理解把握十九大报告提出的新任务新要求,加强学习、加强实践,永不自满、永不懈怠,率先增强八个方面的本领,争当学习贯彻十九大精神的排头兵。

一、要切实增强学习本领

中国共产党人依靠学习走到今天,也必然要依靠学习走向未来。建设马克思主义学习型政党,推动建设学习大国,须臾离不开学习。学习是进步的阶梯。人与人的区别、干部与干部的差距,某种程度上就是学习能力的区别,关键看能不能坚持学习、是不是善于学习。学习力是核心竞争力,停止了学习,也就停止了进步。各级组工干部要让学习成为一种自觉习惯,成为一种生活方式和工作方式,努力成为高素质专业化的学者型干部,努力把组织部门建设成为学习型组织。组织工作是苦活、累活,更是硬活,没有"两把刷子"顶不上去、拿不下来。新时代组织工作肩负新使命,各项工作对专业化、精细化提

---

* 原载于《云南组工通讯》2017 年第 12 期。

出了新的更高的要求，精准科学地选干部配班子、育人才聚贤能、抓基层打基础，都需要专业知识、专业能力、专业素养做支撑。要实现"专"的目标，各级组工干部就一定要适应新时代中国特色社会主义的发展要求。坚持用习近平新时代中国特色社会主义思想武装头脑、指导实践、推动工作，不断提高战略思维、创新思维、辩证思维、法治思维、底线思维能力，不断增强工作的原则性、系统性、预见性、创造性。一定要树立终生学习的理念。勤于学习、善于学习，始终保持虚怀若谷、如饥似渴的学习状态，接地气、知实情，努力打造又博又专、推陈出新的素养结构。既向书本学又向实践学，既向领导和同事学又向专家、基层和群众学，既向传统学又向现代学，既从经验中学又从教训中学，做到学习工作化、工作学习化。一定要学以致用、学用结合。组织工作是一门实践的科学，探索组织工作规律，不能光坐在机关大楼里闭门思考。要把总结历史经验和研究现实问题结合起来，既把学到的知识运用到新的实践，又在实践中增长解决问题的新本领。

二、要切实增强政治领导本领

组织工作是政治工作，是实现党的领导的重要途径。对组工干部而言，增强政治领导本领，从本质上讲，就是要增强在组织工作中坚持和加强党的领导的能力。一要坚持政治建部。各级组织部门都要把讲政治作为第一要求，按照"讲政治、重公道、业务精、作风好"的要求，坚持政治建部、服务立部、实干兴部、依规治部、文化强部，自觉站在讲政治的高度来思考、谋划和实施组织工作，坚持绝对忠诚的政治立场、公道正派的核心理念、求真务实的优秀品格、以人为本的价值取向、干净纯洁的政治底色、敢于负责的担当精神，培育组织部门优秀政治文化。二要提高政治能力。政治性是组工干部的第一属性，政治能力是组工干部的第一能力。要提高政治鉴别力，在大是大非面前，分清主流和支流、真理和谬误、美善和丑恶；提高政治免疫力，严肃党内政治生活，以刀刃向内的勇气"祛病强身"，不断提高发现和解决自身问题的能力；提高政治定力，严格遵守政治纪律和政治规矩，保持政治定力、纪律定力、道德定力、抵腐定力，确保组织工作始终站稳党的政治立场、坚定党的政治方向、坚守党的政治原则。三要强化政治担当。把党中央决策部署同组织部门职能科学地、历史地、具体地结合起来，努力掌握科学的思维方法和工作方法，不断提高把握方向、谋划大局、制定政策、促进改革的能力和定力。发扬斗争精神，越是矛盾突出越要知难而进、迎难而上，在攻坚克难中推动组织工作不断迈上新台阶。

三、要切实增强改革创新本领

中华民族历来注重革故鼎新。我们党一路胜利走来，靠的就是改革创新。历史证明，什么时候注重改革创新，经济社会进步得就快；什么时候封闭保守，经济社会就停滞不前甚至倒退。进入新时代，改革创新是当代中国最鲜明的时代特征，以爱国主义为核心的民族精神和以改革创新为核心的时代精神是实现中国梦的精神动力。当前，组织工作仍有不少难题摆在我们面前，比如，如何让理想信念和党性教育真正入脑入心，如何有效提升各级领导干部的专业化能力，如何识准和防范"两面人"，如何避免干部工作"重选轻管"问题，如何解决一些地方和部门、一些领域党的领导弱化、党的建设缺失、从严治党不力等问题，这些都需要我们不断探索实践，不断改革创新。组织工作稳中要有进，继承和创新永远不可分割，有些问题必须用改革创新的办法来解决。必须牢固树立改革创新意识。增强改革创新的责任感、紧迫感，进一步解放思想、实事求是，与时俱进、改革创新，做到登高望远、居安思危，勇于变革、勇于创新，永不僵化、永不停滞，加强对全局性、战略性问题的研究和谋划，使组织工作的总体部署、工作思路、政策法规保持前瞻性、预见性。必须大力弘扬改革创新的时代精神。树立改革创新的精神状态、弘扬改革创新的思想作风、运用改革创新的工作方法，坚持在研究状态下工作，坚持问题导向、目标导向、实效导向相统一，抓住事关全局的关键问题、干部群众关注的热点问题、制约组织工作发展的难点问题等进行改革创新，着力破解组织工作实际难题。必须尊重基层的首创精神。坚持党的领导和人民首创精神的一致性，相信基层干部群众，充分调动基层干部群众的积极性、主动性和创造性，善于从基层干部群众中汲取智慧和力量。

四、要切实增强科学发展本领

在全面从严治党向纵深推进的大背景下，组织工作任务越来越重，面临的挑战也越来越多，对组工干部的素质能力要求也越来越高。组工干部要树立强烈的科学发展意识，把握新时代对组织工作的新要求，坚持注重持续、注重提升、注重统筹、注重落实、注重创新的工作理念，不断改进工作方法、转变工作作风，努力开创组织工作新局面。一要认真学习组织工作的理论体系。要认真学习马克思列宁主义、毛泽东思想、邓小平理论、"三个代表"重要思想、科学发展观，特别是学深学透习近平新时代中国特色社会主义思想等党的基本理论、基本路线、基本方略，学习掌握党的组织、干部、人才理论，打牢推动组织工作科学发展的理论基础、思想基础。二要努力追求组织工作的价值目标。"做事不由东，累死也无功。"要始终坚持组织路线为党的政治路线服务，坚持围绕中心、服务大局，使组织工作的目标与党的建设目标相一致，与新时代中国特色社会主义事业的目标相一致，准确把握组织工作的大势，做到因势而谋、顺势而为，决不能自娱自乐、另搞一套。三要形成科学合理的组织工作布局。主动适应新时代党的建设总要求，以党的政治建设为统领，进一步厘清组织部门职能定位，加强协调配合，优化资源配置，合理摆布力量，统筹推进各项工作。四要不断优化组织工作的方式方法。既继承和发展好组织工作的成功经验和方法，又学习借鉴现代信息技术、统计调查、心理分析等新知识新手段，善于运用互联网技术和信息化手段开展工作，不断提高组织工作效能。

五、要切实增强依法执政本领

增强依法执政本领，是坚持依法治国、依法执政、依法行政共同推进的必然要求，也是推进国家治理体系和治理能力现代化的现实需要。就组工干部而言，增强依法执政本领，一要争当尊法、学法、守法、用法的模范。增强法治意识、树立法治观念，自觉维护宪法法律权威，自觉加强宪法法律学习，自觉在宪法法律范围内活动，把熟练掌握宪法法律知识、法治理念、法治精神作为履职尽责的基本条件。二要提高运用法治思维和法治方式解决实际问题的能力。组织工作是一项十分严肃的工作，这就要求我们必须强化法治思维、掌握法治方式、坚持依法执政，严格按照法律法规和政策、原则、制度办事。最重要的是在尊崇、维护、执行好《党章》这一我们党的根本大法上走在前列、做好表率，同时还要严格执行《关于新形势下党内政治生活的若干准则》《中国共产党纪律处分条例》《党政领导干部选拔任用工作条例》等一系列与组织工作密切相关的党内法规制度。三要持续深化党的建设制度改革。坚持制度出台少而精、制度执行严又实，把制度的稳定性和适应性结合起来，既善于立制又勇于改制，加强整体规划，注重配套衔接，提升法规质量，不断健全组织工作制度体系。

六、要切实增强群众工作本领

党的十九大报告强调："中国共产党人的初心和使命，就是为中国人民谋幸福，为中华民族谋复兴。"历史反复证明，我们党革命、建设、改革之所以能取得显著的成绩，靠的就是卓有成效的群众工作。习近平总书记指出，领导干部要得到群众的信任，绝不仅仅靠权力，更主要的是靠人格魅力和工作能力，靠做群众工作的方法和本领。现在，一些组工干部喜欢把组织工作搞得神神秘秘，使组织工作离群众越来越远。组织部门的职责和使命，决定了我们必须注重提高自身的群众工作能力。一要坚持以人民为中心的发展思想。始终以实现好、维护好、发展好最广大人民根本利益为最高标准，把人民对美好生活的向往作为我们的奋斗目标，真正做到思想上尊重群众，感情上贴近群众，工作上依靠群众，全心全意为群众谋福利。二要注重夯实组织工作的群众基础。增强做好群众工作的主动性，相信群众、依靠群众，重视群众实践经验，真正赢得群众的信任和支持。比如，干部选拔要经常性、近距离、有原则地接触干部，多到基层干部群众中、乡语口碑中考察了解，观察干部对群众的感情、为群众办实事解难题的能力、引领群众发展致富的能力。三要努力提高为群众办实事的能力。坚持从群众实际需要出发，着力提高融入群众、引领群众、服务群众的能力，通过抓党建促脱贫等工作，进一步密切党群干群关系，厚植党执政的群众基础。

七、要切实增强狠抓落实本领

一分部署，九分落实。我们要按照党的十九大对党的建设新的伟大工程作出的战略部署，紧密结合组织工作具体任务，学在前、用在前、落实在前，把十九大精神贯彻落实到组织工作方方面面。狠抓落实要体现在坚持稳中求进上。稳中求进是做好组织工作的总基调、方法论。要全面对标十九大对党的建设和组织工作的决策部署，科学把握组织工作在大局中的定位，吃透上情、把握下情，找准工作的着力点和切入点，抓住关键、突出重点，蹄疾步稳、行稳致远。狠抓落实要体现在注重调查研究上。要加强调查研究、系统谋划，列出任务书、时间表、路线图，切实提高谋划工作、制定政策、推进落实的质量。选准用好干部要搞调查，深入班子中、干部中、群众中去看表现、摸实情、听口碑；抓好基层党建要搞调查，沉到田间地头、厂矿车间等基层一线去访民情、听意见、作指导；做好人才工作要搞调查，走到人才中、企业中、项目中去问需求、作对接、搞服务，真正把组织工作的根基扎到深厚的实践土壤里。狠抓落实要体现在精准落实落地上。要把雷厉风行和久久为功有机结合起来，着力在落细、落小、落实上下功夫，严肃认真、用心工作，一抓到底，务求实效。要跟踪评估、及时完善，各项工作都要做到有部署、有检查、有反馈、有评估、有考核，在调整中优化、在修正中完善。狠抓落实要体现在强化责任担当上。每一名组工干部对自己所负责的每一件事都要有"放心不下"的责任感，把所有心思用在做优组织服务上，把全部精力放在追求组织作为上。要把督查作为推动工作落实的重要手段，以问责倒逼责任落实。要深入基层、联系基层、服务基层，坚决防止和克服"机关化"倾向，精简会议文件，改进会风文风，力戒官僚主义、形式主义。

八、要切实增强驾驭风险本领

组织部门的工作政治性、政策性很强，社会关注度高，要求我们必须保持清醒头脑，居安思危。有了危机感才能真正避免危机，没有危机感就常常处于危机之中。要深入查找和防范工作中的各种风险，尽可能地把风险和矛盾消化在萌芽状态，牢牢掌握工作主动权。一要把牢政治方向。我们的一切工作都必须认真贯彻党的组织路线、服从服务于党的政治路线，始终把政治建设摆在首位，坚持以政治为本、以政治立身，坚定"四个自信"，树牢"四个意识"，在各项工作中毫不动摇、百折不挠贯彻落实党中央决策部署，不打任何折扣，不耍任何小聪明，不搞任何小动作，确保各项工作始终坚持正确政治方向。二要增强忧患意识。建立组织部门应对突发事件的快速反应和应急处理机制，搞好预先研判和风险防控，确保各项工作稳慎操作、平稳有序。对组织工作中的包括换届风气、安全保密、网络舆情、基层政权稳固等其他方面的风险点，都要心中有数、密切关注，做好预案、严密防范。三要坚守行为底线。组织工作无小事，各级组工干部都要高标准、严要求，守住底线、不碰红线，防范利益诱惑和被"围猎"，坚持公道正派、廉洁自律。

办公室工作人员的基本素养[*]

素养是经过长期实践和修炼而获得的技巧或能力，包括思想政治、文化、业务、身心等多个方面，是衡量一个人能力水平、道德品行、行为作风的重要指标。做好任何工作都需要一定的素养，办公室工作也是如此。办公室是一个单位作风形象的窗口、有序运转的中枢，既要负责行政管理和运转保障，又要负责信息宣传和督查落实，还有很多临时性、应急性的工作，"地位重要、非常辛苦、事务繁杂、难度很大"，其工作的好坏直接影响单位整体工作的进展和效果，因此，办公室工作人员必须有素养。

一、靠得住、跟得上、站得稳

习近平总书记强调，"对掌握刀把子、枪杆子、印把子、笔杆子、钱袋子的同志，要在对党忠诚上有严格要求"。办公室工作人员不同程度掌握或影响着一个单位的印把子、笔杆子、钱袋子，必须靠得住，忠诚于党、忠诚于组织、忠诚于人民；必须跟得上，紧贴大局大势和领导的思路、节奏；必须站得稳，清正廉洁，公道正派，能服众，真正做到心中有党、心中有民、心中有责、心中有戒，做政治上的清醒人、明白人。

靠得住，就是做政治上靠得住的人，把对党忠诚作为首要政治原

---

[*] 原载于《领导科学》2018年1月上，原标题为《什么素质的办公室人员靠得住、有前途》，有改动。

则、首要政治本色、首要政治品质，浸入每一位同志的血液中、骨髓里，内化于心、外化于行，筑牢精神上的灯塔。忠诚是无数共产党人用信仰和理想、生命和鲜血淬炼的核心价值，它比能力更重要。政治上不忠诚不可靠的人，再有能力也不适合在办公室工作。对党忠诚，不是抽象的而是具体的，不是有条件的而是无条件的，是纯粹的、绝对的、不掺丝毫杂质的，必须体现到对党的信仰的忠诚上、对党组织的忠诚上、对党的理论和路线方针政策的忠诚上。具体来说，要牢固树立"四个意识"，坚决维护以习近平同志为核心的党中央的权威；坚定理想信念，坚定政治方向，对党、对组织、对领导忠诚老实，表里如一、言行如一，说实话、报实情、办实事，不欺上瞒下、藏奸怀二，不遮遮掩掩、弄虚作假，不做阳奉阴违的"两面人"；坚定不移贯彻中央、上级党委和本单位的决策部署，没有自己的特殊意志、特殊权力、特殊利益。

跟得上，就是要知形识势，紧跟大局大势，紧跟组织和领导的思路和工作节奏，快速反应，高效执行。做事不由东，累死也无功。办公室工作人员的主要职能是服务领导、服务机关、服务基层，如果与组织和领导对不上标，就是不合格、不称职的。要了解组织的历史沿革、优良作风，了解领导的基本情况、风格特点，站在组织的角度看问题，站在领导的角度思考问题。要增强工作的预见性和前瞻性，对任何问题都要超前思考、提前介入，尽可能快半拍，不能总是被动等待领导布置了才去做。要围绕中心工作，紧盯那些"牵一发而动全身"的大事要事，主动服务，成为贯彻领导意图的"高智能计算机"。当然，跟得上并不是亦步亦趋，办公室工作人员要讲原则、讲规矩，做到不唯上、只唯实，坚守原则、遵守规矩和纪律。

站得稳，就是要守规矩重品行，牢牢守住廉洁自律的底线。俗话说，行稳才能致远。办公室工作人员作为领导身边的人，头上是顶着"光环"的，住往会成为一些别有用心的人拉拢、围猎、腐蚀的对象。一旦成为别人的猎物、牵线木偶，就会成为安插在领导身边的"间谍"，跑风漏气、出卖情报，站到组织、领导的对立面。要严于律己、清正廉洁，树好家风、管好家人，自觉主动净化社交圈、生活圈、朋友圈。要时刻警惕糖衣炮弹的攻击，把好第一个关口，守住第一道防线，坚决抵御腐朽思想观念和生活方式的侵蚀，远离各种低级趣味和不良嗜好，切实做到"大节"不偏离、"小节"不丧失。要公道正派，不徇私情、不谋私利、不讲私语，洁身自好，自重自省自警自励，慎独慎微慎欲慎初，站得稳，立得住。

二、有眼界、有胸怀、有悟性

对办公室工作人员来说，眼界、胸怀和悟性很重要，具备这些素养可以更好地做好"三服务"工作。眼界宽了思路就会宽，思路一宽自然天地宽，见人之所未见，遇事抢占先机；有胸怀者能容人容言容事，团结一切可以团结的力量，共同把工作做好；而悟性强则能及时领悟上级和领导的意图，融会贯通，事半功倍。反之，"鼠目寸光"看不清、看不远、看不透，"小肚鸡肠"格局小、气量小、境界小，"榆木脑袋"不会思考、不懂思考、没有敏感性，是做不好办公室工作的。

有眼界，就是要站在历史发展趋势的高度、站在全局的高度、站在领导的高度，用富有战略性的眼光和思维高出两三个层次看问题、想事情、干工作、做服务。不谋全局者，不足以谋一域。办公室工作人员没有一定的眼界和大局观念，就会一叶障目，工作很难取得主动。要提升眼界高度，有登高望远的心态和能力，站在领导的角度观察形势、分析问题，自觉把办公室工作放到大局中去思考、定位、摆布，正确认识大局、自觉服从大局、坚决维护大局，跳出办公室看办公室工作，即便身陷烦琐事务，心被劳累纠缠，也要有意识地仰望星空。要拓展眼界深度，看本质、看规律、看特点，顶天立地，既上接天线，准确理解上级组织和领导在宏观和整体上的战略意图和精神实质；又下接地气，掌握基层的实际情况，对上对下都要了然于胸。要拓宽眼界广度，注重优化知识结构，专博相济、文理兼通，多向书本学习，多向领导学习，多向群众学习，多向实践学习。只有见多识广，看问题才准确，才能看得明看得深看得透。

　　有胸怀，就是要能容人容言容事，团结协作，时刻明白"力量不在胳膊上而在团结上"的大道理。胸怀决定了一个人发展的上限，决定了他事业和命运能达到的高度。团结出凝聚力、出战斗力、出生产力。办公室工作是一项系统工程，涉及面广、覆盖面宽，办公室工作人员一定要讲团结讲配合。如果闹不团结，"一人一把号，各吹各的调"，就会影响办公室的运转，使他人看笑话，乃至影响单位的整体形象。一要讲团结。办公室干部都是党的干部，是组织的干部，不能人身依附于某一个人、某一个圈子。要像爱护自己的眼睛一样爱护团结，对同事要多包容、多体谅、多支持，容人胜己，甘为他人作嫁衣，不妒贤嫉能。二要讲协作。在工作中要相互支持配合、及时补台补位，不能事不关己高高挂起，既要扫好个人的"门前雪"，也要看看别人的"瓦上霜"是否需要帮忙处理，养成合作共进的习惯。三要讲风格。大家在一起工作很不容易，要珍惜好，与人为善、待人以诚，多琢磨事、少琢磨人，要听得进去反对的声音，有则改之无则加勉。

　　有悟性，就是对事物要有一定的理解能力、领悟能力。悟性是一种智慧的体现，聪明人一拨三转，糊涂人棒打不回，有悟性的人层次不断攀升，能洞察问题的根本、看透事物的本源，工作能事半功倍，获得大家的认可；反之，没有悟性的人可能就会误入歧途而不自省，坠入陷阱而不自知，使工作陷入被动甚至造成损失。要增强工作的敏锐性，一滴水里观沧海，一粒沙中看世界，善于发现和抓住"滴水见太阳"的东西，见一知十、见微知著，举一反三、触类旁通，观一叶落知天下秋，窥一斑而知全豹。要做有心人，世事洞明皆学问，时刻关注周围，善于抓工作的"空白点"，抓领导未强调、未要求而又必不可少、不可忽视的工作，关注到别人不能发现和难以发现的端倪，关注常常被人视而不见和见惯不惊的事情。要经常总结反思，不贰过，养成多动脑子、多思考的习惯，善于透过事物的表象，在繁杂的工作中发现规律、把握重点、总结经验，既不被假象所迷惑，也不以偏概全，得出偏颇的判断，做到执着不执拗，顽强不顽固，要强不逞强，守规而不循规蹈矩，变通而不破坏规则。

三、弹钢琴、当参谋、抓落实

办公室工作千头万绪，经常出现"计划赶不上变化"的情况，要保证机关高效运转，找准每个阶段的重点，必须要有将帅风度，运筹帷幄、统筹协调，处变不惊、临危不乱，在沉着冷静中理清思路、抓住重点，出好主意、抓好落实，做到统筹有方、调度有序、组织有效、保障有力。

弹钢琴，就是要强化统筹协调，既抓好中心工作，又实现全面推进。办公室作为机关的运转中枢，需要协调左右、联系上下、沟通内外，才能确保机关工作运行安全、顺畅、可靠、稳固，如果不懂得统筹不会协调，不会"十个指头弹钢琴"，就会越忙越乱、越乱越出错。要协调左右，当好"调度员"，对跨业务、跨部门的工作，把责任分清楚，把任务落到实处，既防止"踩脚"，又避免"漏球"。办公室工作无边界，如果有不好分配给其他部门的事情，办公室工作人员要主动"兜底"。要联系上下，当好"传动轴"，发挥上传下达、承上启下的作用，既要主动搞好对上的请示汇报，准确把握上级指示要求，又要及时搞好对下的情况调度和联系指导，促进工作落实。要沟通内外，当好"连心桥"，积极与其他单位进行沟通，该牵头负责的，自觉负起责任；该共同落实的，增强配合意识，主动介入，齐心协力完成好工作任务。

当参谋，就是要成为领导的"千里眼""顺风耳"，身在兵位、胸为帅谋，当好领导的参谋助手。当参谋贵在"参"字上下功夫、"谋"字上花力气，力求参到点子上，谋到关键处。要深入调查研究，没有调查就没有发言权，也没有参谋权，调查研究是成事之基、谋事之道，是领导科学决策的基础和依据，可以说调研工作质量的高低，直接关系着办公室服务领导决策水平的高低。要精准编报信息，注重信息的时效性、准确性，及时提供领导需要知道的和需要领导知道的信息，对工作中一些苗头性、倾向性的问题要及时向领导报告，防患于未然。要积极出主意想办法，献的计策要围绕领导关心、群众关切的重点难点问题，谋划要精细，要从领导的角度思考问题。要找准位置，作为办公室的工作人员，要参与不干预、到位不越位、尊重不盲从，不当吹鼓手、不做马屁精。

抓落实，就是把上级的决策部署和本单位的目标任务落到实处，把办法变成做法，把理论变成实践。千招万招，不抓落实等于白招。提高执行力、用心抓落实，是办公室工作的永恒主题。而督查是推动工作落实的重要抓手，可以说，没有督查就没有落实。要聚焦重点，提升站位和境界，始终围绕中心工作和重点任务的落实抓督查，坚持目标导向、问题导向、结果导向，推动重大决策部署"落"下去、"实"

起来。要优化载体,改进方式方法,项目化管理重点工作,流程化控制日常工作,常态化推进调研督查,深入基层一线进行实地督查,避免仅靠文来文往的书面督查。要注重实效,抓住反馈通报和绩效评估两个关键,提高"复命意识"和"画句号"的能力,做到凡事有交代、件件有着落、事事有回音。要增强合力,健全完善行之有效的督查工作制度,建立覆盖面广的督查体系,构建齐抓共管的"大督查"格局。在督查中要敢于动真碰硬,敢于唱黑脸,不怕得罪人。

四、口能言、笔能写、身能行

能说会写是机关工作人员必须具备的一项基本功,除此之外,还得身体力行,善作善成。荀子把"口能言、身能行"的人称之为国宝,可见其重要性。办公室工作是机关工作的一个缩影,办公室工作人员必须是口能言、笔能写、身能行的"多面手",这既是工作职责的要求,也是个人素质的体现。

口能言,就是要有较强的语言表达能力,能准确阐述自己的意见并有效地与人沟通。一般来说,语言表达能力的高低,对工作效果的好坏有重要影响。办公室是一个单位的喉舌,其工作人员更应注重语言表达能力。一要言之有物。说话要有内容,既能准确说出事情的起因、经过、结果,又能指出存在的困难问题,提出行之有效的意见建议,凡事多问几个为什么、多了解掌握情况,做到有数据、有依据、有事例,"一口清""问不倒"。二要言简意赅。说话要突出重点、抓住要害、一语中的,少说废话,切忌啰啰唆唆、拖泥带水、没有层次,使人不得要领,不知所云。三要言而得当。要讲究言语的艺术、讲究分寸,能说到点子上、说到人心坎上,使人如沐春风、乐于接受,谈笑间就把该说的说了、该办的办了。当然,口能言不是油腔滑调、信口开河，更不是狡辩、诡辩，而是要实事求是，把真话实话说好、说到位。

笔能写，就是要有扎实的文字功底，学会拿笔杆子，把想说的话、想办的事用文字表达出来，形成书面材料。办公室工作离不开一个"写"字，办公室工作人员应该把"能写"当作看家本领，牢固树立以文立身的理念，能写基本的公文，能写调研报告，能写重要文稿和理论文章。一要注重积累。"读书破万卷，下笔如有神"，既要注重积累知识，潜心孤诣，不断提升知识储备，丰富材料"家底"；又要注重积累见识、理念、经验和思想等，注重培养哲学思维、战略思维、全局思维、底线思维和创新思维；还要勤动笔，多写、多练、多思考，以量的积累寻求质的飞跃。二要善于借鉴提高。好材料都是改出来的，要多研究好文章是怎么写的，多研究领导修改过的地方，与自己写的进行对比，从中吸收借鉴，不厌其烦地进行修改，不断提高自身思想力，提升写作水平。

身能行，就是要真抓实干、身体力行，少发号施令、多沟通交流。办公室工作不能只停留在办好文、办好会、办好事，更多的是要协调各方、牵头、配合开展工作，真正沉下去做事。一要上门沟通。遇到需要分配的任务，需要协调的工作，在条件允许的情况下，少打电话，少一些文来文往，主动上门去沟通协调、解释说明，既能树立办公室和个人的良好形象，也能在面对面的交流中减少误解。二要下到基层。办公室"三服务"工作之一就是服务基层，不下到基层而谈服务就是"假大空"，要深入基层、深入实践、深入群众，听取不同声音，了解基层真实情况和群众所需所想，改进工作作风、提升服务水平、取得实在效果。三要真抓实干。办公室工作来不得半点虚招、半点水分，花架子是站不住脚的，必须实打实地对待每项工作，切不可大而化之，坚决杜绝"高空作业""中梗阻""卡在最后一公里"现象。既要想干事，保持干事创业的激情；又要会干事，不断提升自身业务能力素养；还要干成事，端正态度、认真负责、撸起袖子、甩开膀子、俯下身子，从小事做起、从点滴做起，一步一个脚印，干在实处，走在前列。

五、不误事、不多事、不坏事

任何工作，都可以归结为对事的处理，党的事业集成于事，政府施政体现于事，日常工作维系于事。办公室工作更是如此，干得好不好，关键看能不能把事做好。办公室工作人员要想把事做好，最基本的就是要做到不误事、不多事、不坏事，确保每个层级都尽职尽责、每一道防线都严之又严、每个细节都无懈可击，做到工作无失误、不延误、零差错，这看似简单、要求不高，实则蕴涵深刻。

不误事，就是坚持极端负责的工作作风，按照既定的时间和要求把应做的事做完做好。秤砣不大压千斤，办公室工作无小事，任何事情都不能耽误，不出事感觉不到工作的重要性，一出事就是大事。一要做到日清月结。每天都有每天的工作和任务，凡事只要定下来，就要立即做、马上办，坚决摒弃"明天再说""等等再做"的心理，牢记"今天再晚也是早，明天再早也是晚"，尽可能地做到事不过夜、案无积卷；每过一段时间要及时"回头看"，检查审视一下自己的工作，看看哪些完成了、哪些没完成，分析原因、认真整改，确保任务不拖延、事情不遗漏。二要分清轻重缓急。事有先后，用有缓急，要注重统筹规划，集中力量抓重点、抓关键，抓大事、抓急事，避免陷入事务主义；要学会长计划、短安排，有条不紊、不打乱仗，井然有序地应对复杂工作，提高工作效率。三要追求精益求精。牢记"天下大事必作于细"的道理，强化"责任重于泰山""细节决定成败"的意识，发扬工匠精神，拿出绣花功夫，认真对待每一项工作、每一个环节，推动工作不留瑕疵、不留遗憾，切不可粗枝大叶、马虎了事。四要做好请示报告。事前有请示、事中有反馈、事毕有回复，让领导知道工作推进到了什么程度，还存在什么问题困难，及有什么打算和对策，以便及时正确决策，自己也能及时纠正偏差，少走弯路，确保决策部署不折不扣地贯彻执行。

不多事，就是守好本职，尽好本分。每个人都有自己的工作岗位，都应该找准自己的位置，忠于自己的工作职责，不折不扣、认真负责地完成各项工作任务，不能种了别人的地，荒了自己的田。大家都把自己分内的事做好了，办公室工作就差不到哪里去。一要少一点好奇心。做学问，有好奇心是好事，可以学到许多未知领域的知识，但从事机关工作，则要少一点好奇心，管住自己，不该看的不看，不该问的不问，坚决不做"包打听"。二要多一点保密意识。知事晓事不多事，才会太平无事。办公室工作人员的工作性质特殊，比别人先掌握一些信息，多知道一点"内幕"，这绝不能作为炫耀的资本，口无遮拦、毫无顾忌，妄议重大决策、重要人事安排，传播小道消息，该保密的不保密，不该说的乱说。三要多一点分寸感。谨言慎行，同样的话别人说得，但办公室工作人员说不得；同样的事别人能议论，但办公室工作人员不能议论，否则，容易被人误解，甚至过度解读，造成不良影响。什么该做、什么该说，在什么时间、什么场合说和做，到什么程度，都要仔细拿捏。

不坏事，就是讲规矩、守纪律，走得端、行得正，不坏组织的事。现在有些干部，名利思想作怪、价值取向错位、红眼病严重，看不得别人比自己好，总想着坏别人的事。办公室工作人员尤其要警惕这种心理，不能总想着自己辛苦、付出得多，就应该得到更大的回报，如若不然，就恶意中伤诬陷，踩下别人、成全自己，这样不仅会害了别人，更会害了自己。一要强化法纪意识。牢记"法无授权不可为"，不在原则性问题上"闯红灯"；坚持按法律法规、纪律规矩、原则程序办事，不做害人害己和损害单位、集体利益的事。二要保持阳光心态。我们常说组织部门是渡人的梯，办公室工作人员更要有这样的胸襟，始终保持一颗平和之心，光明磊落，坦坦荡荡，与人为善，真诚帮助别人；看到别人犯错误，要及时咬耳扯袖，不能等着看笑话，更不能当面不说、背后乱说，搬弄是非、甚至挑拨离间，以为自己多高明，其实都是小人行径，不仅把一个团队搞得乌烟瘴气，不利于大家的发展，自己也不会有什么好结果。

六、当螺丝钉、老黄牛、千里马

办公室工作既具有机关工作的一般性质，又有其特殊性，干事不见事，每天忙忙碌碌，干的又都是一些琐事杂事，似乎也没有什么成绩，日子久了，可能也会有些牢骚和抱怨。但工作并不能由我们自由选择，这是组织的安排。因此，要找准自己的位置，保持一种平静、平衡、平淡的心态，既勤勤恳恳、任劳任怨，耐得住工作艰苦；又敢闯敢干、出新出彩，创造出不一样的成绩。事实上，只有平凡的岗位，没有平凡的人，平凡的工作一样可以取得不平凡的业绩。

要做螺丝钉。如果说办公室是一台运转有序的机器，办公室的每一名工作人员就是这台机器上的一颗颗螺丝钉，个体虽小，但正是这一颗颗螺丝钉的连接和固定，这台机器才能成为一个坚实的整体，才能运转自如。做好螺丝钉，就要发扬"安专迷"精神，安下心来、专心致志、迷恋至深、钉得牢、不松劲，自觉把个人融入办公室工作整体，干一行爱一行、钻一行精一行。具体来说，就是从日常琐碎的小事做起，收发公文做到无一错漏，文件运转做到及时有序，文稿信息做到服务决策，督查落实做到敢于亮剑，财务接待做到热情周到、合法依规，总之，就是要立足岗位职责，热爱本职工作，在平凡岗位上发挥自己的光和热，把脚下的路走好、把手中的活干好。万丈高楼平地起，倘若一个人不甘于做螺丝钉，不屑于做平凡事，一味追求大名大利和轰动效应，不仅可能事与愿违，而且也难以有所作为。

要当老黄牛。办公室工作既有规律，又没规律，突发事情、应急事务、琐碎事情应接不暇，加班加点的时候多，经常处于"临战"和"待命"状态，并且干的事都是幕后、台下的工作，做得多干得多，却看不出成绩，说不出一二三，在办公室工作本身就是对一个人党性、意志和品格的锻炼，是一种奉献。繁体字中的"办"字是"辦"两个"辛"加一个"力"，办公室的工作就应是双倍的辛苦和费力。要发扬"老黄牛"精神，正确认识和处理苦与乐、得与失的关系，养成"计利当计天下利"的胸襟，做到虔诚而执着、至信而深厚，守护好精神高地。要把工作当成事业来追求、当成学问来钻研、当成乐趣来享受，以苦为荣、以苦为乐、以苦为甜，"在岗一分钟、战斗六十秒"，专心致志、心无旁骛做好工作，不图虚名、不事声张，勤勤恳恳、任劳任怨，做到不以事小而不为，不以事杂而乱为，不以事急而盲为，不以事难而怕为。要脚踏实地，树立强烈的事业心和责任感，既抬头看路，盯准目标方向；又低头实干，靠实干取得成绩，靠实干赢得领导和同志们的信任。

要成千里马。一般来说，在办公室工作的同志大局观念、统筹协调能力都比较强，也有一定的文字功底和处事能力。要珍惜工作机会，勇于跳出已有的"条条框框"，注重在看起来琐碎的小事中锻炼自己处理问题的能力和水平，既遵守规矩程序，又发挥主观能动性，与时俱进，开拓进取，研究新事物、接受新观念、形成新思维。要雄视千里，志存高远，把自己当作千里马来培养，知难而进、迎难而上，不断提高自己的境界和水平，随时接受组织的挑选。千万不要"混日子"，得过且过，荒废了时间，也没有什么长进，最后害的还是自己。

七、不自恃、不自诩、不自卑

在办公室工作，距离领导最近，接触领导最多，了解掌握的情况也最全面，经常还会传达领导的指示要求，但切不可错把平台当本事，以为在领导身边工作就可以放纵骄狂是最不成熟的表现，也是办公室工作人员的大忌。当然，也不能因为在领导身边工作，事事讲究服从，就放弃了自我和独立思考的精神，唯唯诺诺、毫无主见，这就又走向了另一个极端，两者都是不可取的。正确的做法应该是不卑不亢，既不自恃、自诩，也不自卑、自弃。

不自恃。古语讲："不自恃者，虽危而得安；自恃者，虽安而易危。"历史上仗势欺人、恃宠而骄最后身败名裂的事例不胜枚举，办公室工作人员一定要吸取历史和现实的教训，不要因为在领导身边工作，就觉得自己有所依仗、有恃无恐了，要坚决克服这种优越感，决不允许对基层干部群众盛气凌人、态度傲慢、颐指气使、发号施令，决不允许狐假虎威，滥用领导和办公室的名义谋取个人私利。

不自诩。人贵述己而不自诩，也就是说既要尽可能表现自己，又不能过于满足或是把自己放在很重要的位置。对办公室工作人员来说，切忌自我表露、吹嘘炫耀，特别是涉及领导个人的工作和生活，更不能随意张扬、妄加评论。要养成静悄悄做大事的习惯，不能做了一点工作，就四处宣扬，生怕别人不知道，其实你干了多少、能干什么，组织和领导最清楚。四处评功摆好是底气不足和不成熟的表现，越是这样就越是会让别人看轻你。要知道，低头的是麦子，昂头的是稗子。

不自卑。在领导身边工作，经常感觉领导水平高、能力强，觉得自己差距大，思想、行动跟不上，容易妄自菲薄。其实，领导也是经过长期的历练、实践才成长成熟起来的，自己与领导的差距正是自身学习追赶的动力。岗位职责有分工，能力素质有差距，但人格上都是平等的，服从领导并不是服从领导一切，"应声虫"和"传声筒"是无法做好办公室工作的。要秉持一颗公心，自信练达，大胆履职尽责，积极主动作为，不要凡事都是"我不行我不行"，最后就真的变成什么也不行了。

当然，一切素养的形成，都离不开平时的学习和实践。实际工作中，服务无处不在，学习也无处不在。办公室工作人员要把学习作为立身之本、能力之基，要把学习当作一种精神追求、一种思想境界和一种生活方式来认识和对待，努力学习党的科学理论、学习做好本职工作的专业知识和本领、学习国学哲学文学经济法律、学习中华民族优秀的道德品行，在学中干、干中学，工作学习化、学习工作化，不断解决能力短缺、素质短板、方法短路的问题，不断提高专业知识、专业能力、专业作风、专业精神，把自己培养成堪当重任、能打硬仗的高素质办公室工作人员。

四 党建研究

深刻理解党是最高政治领导力量[*]

习近平新时代中国特色社会主义思想的一个重要方面，就是"明确中国特色社会主义最本质的特征是中国共产党领导，中国特色社会主义制度的最大优势是中国共产党领导，党是最高政治领导力量"。党的领导地位，是党和国家的根本所在、命运所在，是全国各族人民利益所系、幸福所系，归根到底是由近代以来中国发展的历史逻辑、理论逻辑、实践逻辑决定的。必须毫不动摇坚持和完善党的领导，始终保持党的领导核心地位。

一、从历史逻辑上看，中国共产党的领导是历史的选择、人民的选择

习近平总书记指出："历史和人民选择中国共产党领导中华民族伟大复兴的事业是正确的，必须长期坚持、永不动摇。"党是最高政治领导力量，不是自封的，也不是机缘巧合，而是中国共产党人立足中国实际，坚持以人民为中心，在推动中国革命、建设、改革伟大事业中探索不息、奋斗不止的必然结果。

中国共产党的诞生和成长顺应了历史潮流，是历史发展的必然结果。孙中山先生曾指出："天下大势，浩浩荡荡，顺之者昌，逆之者亡。"历史是最好的教科书。鸦片战争以后，中国逐步沦为半殖民地半

---

* 原载于《党建研究内参》2018年第1期。

封建社会，一步步深陷民族危亡之中。此后，无数仁人志士，纷纷投身救亡图强。但无论是洋务运动、戊戌变法，还是义和团运动、辛亥革命，都没能挽救中国。后来上台执政的国民党推行违背历史潮流、脱离国情的独裁反动统治，最终没有逃脱被历史淘汰的命运。而1921年应运而生的中国共产党，始终能够顺应历史发展规律，代表了最广大人民的根本利益，以实现中华民族伟大复兴为己任，团结带领广大人民和各界人士，经过艰苦斗争，实现了民族独立、人民解放，不断走向国家富强、人民富裕。中国革命、建设、改革取得成功的一条根本经验，就是坚持中国共产党的领导，把马克思主义的基本原理和中国具体实际相结合，不断推进马克思主义中国化，制定正确的理论、路线和方略，找到了适合中国国情的发展道路。

我们党始终把人民作为最大的靠山，不断赢得了人民的拥护和支持。习近平总书记强调："人民是历史的创造者，是决定党和国家前途命运的根本力量。"人民立场是中国共产党的根本政治立场，是马克思主义政党区别于其他政党的显著标志。党与人民风雨同舟、生死与共，始终保持血肉联系，是党战胜一切困难和风险的根本保证。成立伊始，我们党就坚定不移站在人民立场上，把全心全意为人民服务作为宗旨，把党的一切运动都深入到广大群众中，不断赢得了人民的支持。我们党取得执政地位以来，其一切政策创新，都是从人民的利益出发的，其一切发展成果，都是由人民共享的。正是有了人民群众这座最大的"靠山"，我们党才能够成为最高政治领导力量。我们一定要永远与人民同呼吸、共命运、心连心，永远把人民对美好生活的向往作为奋斗目标，依靠人民创造历史伟业。

二、从理论逻辑上看，中国共产党的执政地位具有法理上的正义性和科学性

我们党作为执政党，执政地位的取得，具有法律上的合法性和道义上的合理性。马克思主义是我们立党立国的根本指导思想，坚持马克思主义中国化，是我们党长期执政的根本遵循。按照这一理论逻辑，坚持理论创新和实践创新，巩固党的长期执政地位，在任何时候任何情况下都不能有丝毫动摇。

我们党的执政地位具有充分法理依据，必须理直气壮地与一切有损于党的执政根基的言行作斗争。新中国成立以来，我们党执政的合法性问题被一些别有用心的人提起。对此，我们要从法律和道义上给予坚决反击。从法律上来说，我们党的执政地位是为国家根本大法所规定的。早在井冈山时期，我们党就领导人民制定了《中华苏维埃共和国宪法大纲》；新中国成立前夕制定了起临时宪法作用的《中国人民政治协商会议共同纲领》，党的执政地位获得广泛认同；随后，在第一届全国人民代表大会上，《中华人民共和国宪法》应运而生，党的执政地位有了宪法保障。现行宪法第一条明确规定："中华人民共和国是工人阶级领导的、以工农联盟为基础的人民民主专政的社会主义国家。"以根本大法的形式确立我们党的领导地位。从道义上来说，我们党领导的新民主主义革命，得到当时中国绝大多数民主党派的理解和支持、得到全国人民的积极响应，党领导中国人民建立了新中国，并实行人民民主专政的国体和人民代表大会制度的政体，使得受压迫、受奴役的中国人民真正成为国家的主人。

我们党始终坚持指导思想的与时俱进，永远保持思想上的先进性和纯洁性。纵观党的历史，坚持党的指导思想与时俱进，一直是确保

我们党不断从胜利走向胜利的关键。毛泽东同志曾指出:"如果我们党有一百个至二百个系统地而不是零碎地、实际地而不是空洞地学会了马克思列宁主义的同志,就会大大提高我们党的战斗力量。"习近平总书记强调:"思想建设是党的基础性建设。"我们党自成立以来,就始终把马克思主义作为自己的行动指南,并坚持在实践中结合实际丰富和发展马克思主义,不断使之中国化、时代化、大众化。从毛泽东思想到邓小平理论、"三个代表"重要思想、科学发展观,再到习近平新时代中国特色社会主义思想,我们党立足中国国情、聆听时代声音,让自己的理论永远跟上时代,使自己的思想永不僵化,从而使"党是最高政治领导力量"有了强大思想基础。习近平新时代中国特色社会主义思想是马克思主义同中国实际相结合的又一次里程碑式的伟大飞跃,是21世纪的马克思主义、新时代中国的马克思主义,是新时代中国共产党人的精神支柱和力量源泉,是照亮中华民族伟大复兴新征程的思想灯塔。我们必须高举这面光辉旗帜,学深悟透、笃行真用,化为政治自觉、思想自觉、行动自觉。

三、从实践逻辑上看,中国共产党成为最高政治领导力量是经得起实践检验的真理

实践是检验真理的唯一标准。党政军民学,东西南北中,党是领导一切的,是最高政治领导力量,这是中国共产党领导人民在长期实践中总结的成功经验。

办好中国的事情关键在党,没有共产党,就没有新中国,就没有中国特色社会主义。这是党和人民从历史和现实中得出的不可动摇的结论,这是实践充分证明了的。党的十八大以来,以习近平同志为核心的党中央科学把握当今世界和当代中国发展大势,以巨大的政治勇

气和强烈的责任担当，提出一系列新理念新思想新战略，出台一系列重大方针政策，推出一系列重大举措，推进一系列重大工作，解决了许多长期想解决而没有解决的难题，办成了许多过去想办而没有办成的大事，推动党和国家事业发生历史性变革，推动中国特色社会主义进入了新时代。新时代要有新作为，从根本上讲还是要靠中国共产党这一"最高政治领导力量"。进行具有许多新的历史特点的伟大斗争，实现党的十九大确定的各项目标任务，关键在党；全面建成小康社会，夺取新时代中国特色社会主义伟大胜利，关键在党；实现中华民族伟大复兴，关键仍在党。我们必须完善党的领导体制机制，坚持稳中求进总基调，统筹推进"五位一体"总体布局，协调推进"四个全面"战略布局，提高党把方向、谋大局、定政策、促改革的能力和定力，不断夺取伟大事业新胜利。

　　加强党的政治建设的根本要求是坚持党中央权威和集中统一领导。我们党作为马克思主义政党，旗帜鲜明讲政治不仅是一个理论问题，更是一个实践问题。习近平总书记强调："干部在政治上出问题，对党的危害不亚于腐败问题，有的甚至比腐败问题更严重。"党的十九大报告强调，"把党的政治建设摆在首位""党的政治建设是根本性建设"，并把增强政治领导本领作为必须全面增强的党的执政本领之一。我们必须切实把政治建设摆在党的建设的首位，树立政治理想，坚定"四个自信"，不忘初心，牢记使命，筑牢党团结统一的思想根基；把握政治方向，树牢"四个意识"，对党绝对忠诚，严明政治纪律和政治规矩，自觉在思想上政治上行动上同以习近平同志为核心的党中央保持高度一致；加强政治历练，坚持战略思维、创新思维、辩证思维、法治思维、底线思维，科学制定和坚决贯彻落实党的路线方针政策，把党总揽全局、协调各方落到实处。

坚持党的全面领导，是充分发挥中国特色社会主义制度优越性的集中体现。《党章》指出："中国共产党是中国工人阶级的先锋队，同时是中国人民和中华民族的先锋队，是中国特色社会主义事业的领导核心。"坚持党的全面领导是中国特色社会主义事业兴旺发达的根本保证，是中国特色社会主义制度最大优势。我们坚持党的领导、人民当家作主、依法治国有机统一，实行人民代表大会制度这一根本政治制度，中国共产党领导的多党合作和政治协商制度等基本政治制度，既不同于西方国家的两党或多党竞争制，也有别于有的国家实行的一党制，而是具有中国特色的政治制度安排。这一制度安排能够避免西方政党制度过度重视政党利益、政客个人利益而忽略国家整体利益的不足，能够克服因政党斗争而无法规划国家长远发展、带来社会群体对立及分裂等问题，保障人民有序政治参与、各民主党派充分参政议政。但是，"党领导一切"不是包办、包揽、包干一切，而是总揽全局、协调各方。在坚持党的领导这个重大政治原则问题上，我们脑子要特别清醒、眼睛要特别明亮、立场要特别坚定，决不能有任何含糊和动摇。

加强党内政治文化建设[*]

政治文化包括政治认知、政治信念、政治情感、政治态度、政治价值观等，深刻影响人们的政治行为。习近平总书记在党的十八届六中全会上指出："党内政治生活、政治生态、政治文化是相辅相成的，政治文化是政治生活的灵魂，对政治生态具有潜移默化的影响。"这一重要论述，深刻阐明了政治生活、政治生态和政治文化的相互关系，在党的建设史上第一次明确提出了政治文化建设这一重大命题，抓住了加强和规范党内政治生活的根本，具有很强的现实针对性，是新形势下推进全面从严治党、推进党的建设新的伟大工程的重大理论创新。

一、政治文化具有鲜明党性特质

文化是民族生存发展的重要力量。国民之魂，文以化之；国家之神，文以铸之。习近平总书记指出，全党要坚定中国特色社会主义道路自信、理论自信、制度自信、文化自信；文化自信是更基础、更广泛、更深厚的自信，是更基本、更深沉、更持久的力量。中国共产党在90多年波澜壮阔的光辉历程中，从最初只有50多名党员，发展到今天拥有8870多万名党员的世界第一大执政党，党内政治文化始终与党的发展壮大相伴相生，主题鲜明、优势突出、凝魂聚气，为我们党取得一个又一个胜利提供了强大精神支撑。

---

[*] 原载于《求是》2017年第6期。

我们的党内政治文化，是以马克思主义为指导、以中华优秀传统文化为基础、以革命文化为源头、以社会主义先进文化为主体、充分体现中国共产党党性的文化。它具有以下特征：一是先进性。马克思主义深刻揭示了自然界、人类社会、人类思维发展的普遍规律，为人类社会发展进步指明了方向。中国共产党是马克思主义政党，马克思主义是我们立党立国的根本指导思想，马克思主义价值观是我们党内政治文化的核心。二是继承性。中华优秀传统文化是中华民族的"根"和"魂"，也是党内政治文化的重要源泉。中国共产党自成立之日起，通过全党的躬身实践，对传统文化进行创造性转化、创新性发展，把优秀传统文化内化为党的执政理念、价值追求。三是实践性。中国共产党始终坚持理论联系实际，不断总结和升华实践中创造的经验，在革命、建设、改革不同时期，都形成了独具特色的党内政治文化。四是开放性。我们党始终以开放的心态，积极借鉴、吸收、扬弃不同国家、民族、政党创造的优秀文明成果，不断丰富完善党内政治文化，形成了我们党独特的文化优势。这些特质，是我们党成为中国工人阶级、中国人民和中华民族先锋队，成为中国特色社会主义事业坚强领导核心的重要保障，是我们党区别于其他政党的重要特征。

二、政治文化奠定了中国共产党人精神家园的根基

文化是民族的血脉，是人民的精神家园，也是政党的精神旗帜。一个民族的背后、一个国家的背后、一个政党的背后，其实都有文化的力量。毋庸置疑，党内政治文化具有导向、激励、约束功能，往往通过浸润、扩散的形式，引导党员逐步形成共同的理性认识、价值观念，形成一定的舆论环境和心理态势，推动党的建设，保持党的肌体健康。

政治文化是党的信仰之基。信仰是政党的基石，是文化的核心要素。任何一个民族、一个组织、一个政党都有自己的信仰。马克思主义信仰、共产主义远大理想和中国特色社会主义共同理想，是共产党人的"初心"之源、立身之本。我们党始终坚持马克思主义的指导地位，坚持全心全意为人民服务的根本宗旨，不断解决中国问题，引领中国发展方向；始终用正确的纲领章程、方针政策、宗旨目标、价值取向等教育、熏陶广大党员，赢得广大党员和人民群众的政治认同、情感认可，引导广大党员和人民群众坚定信心跟党走、坚定信念不动摇，涌现出无数为理想信念而奋斗的优秀共产党人。习近平总书记指出，理想信念是共产党人精神上的"钙"，坚定理想信念是共产党人安身立命的根本。理想信念动摇是最危险的动摇，理想信念滑坡是最危险的滑坡。我们必须把加强思想教育作为党内政治文化建设的首要任务，不断创新教育的载体、形式、方法和手段，不断增强党内政治文化的影响力、渗透力，引导广大党员坚持共产党人价值观，把对马克思主义的信仰、对社会主义和共产主义的信念作为毕生追求，坚定"四个自信"，铸牢理想信念这个共产党人的魂。

政治文化是党的发展之源。政治文化体现我们党的精气神和自信力，蕴含党的使命、品格和纪律，触及共产党人的灵魂。新文化运动和五四运动催生了救亡图存的中国共产党，塑造了我们党早期的政治文化气质。延安时期，我们党肃清党内各种非无产阶级思想，锻造党内政治文化的优秀基因，领导人民经过艰苦奋斗建立了新中国。今天，世界正面临百年不遇的大变局，中国日益走向世界舞台的中央，我们党坚持党要管党、从严治党，创造性地提出党内政治文化建设的新课题，翻开了永葆党的先进性和纯洁性的新篇章。历史和现实表明，党始终高度重视先进政治文化建设，超越了过去一切个人、集团或阶级的狭隘的政治局限，自觉地把政治文化与国家富强、民族振兴、人民幸福紧密结合；始终用先进政治文化引导全党端正政治思想、强化政治认同、凝聚党心民心，促进党的建设由治污向清源转变、由治标向治本迈进、由"关键少数"向基层党员拓展，使党内正气上升，社会风气上扬。

政治文化是党的行为之舵。政治文化影响着广大党员的思想观念、价值取向和行为方向，是对广大党员理想、信念、精神的再塑造。一方面，通过党内政治文化的有效引导，能够为党员干部提供区分是非、辨别真伪、厘清善恶的评价标尺；另一方面，党内政治文化潜移默化的影响，有助于督促党员干部增强践行党性要求的思想自觉和行动自觉，进而有效塑造党员干部的党性品格。加强政治文化建设，能够使党长期积淀的价值观念转化为党员普遍认同，并自觉内化于心、外化于行，形成强大的向心力和凝聚力；促使广大党员切实把个人的情感和命运与党的发展进步紧密联系起来，产生强烈的归属感和荣誉感；把理想信念的坚定性体现在做好本职工作的过程中，使党的整体合力得以充分体现，整体优势得以充分发挥。

三、自觉用先进政治文化战胜有害政治文化

当前，我们党所处的历史方位、所承担的历史使命以及党员队伍结构等方面都发生了深刻变化，面临的"四大考验"是长期的、复杂的、严峻的，"四种危险"更加尖锐地摆在全党面前。讲政治，是我们党补钙壮骨、强身健体的根本保证，是我们党培养自我革命勇气、增强自我净化能力、提高排毒杀菌政治免疫力的根本途径。新的长征路上，我们要夺取具有许多新的历史特点的伟大斗争新胜利，必须坚持讲政治，用先进政治文化战胜有害政治文化，固本培元、激浊扬清，

不断培厚良好政治生态的土壤。

旗帜鲜明地弘扬先进政治文化。从建设党内政治文化入手推进全面从严治党，抓住了管党治党的要害，是正本之举、治本之策。我们必须站在战略的高度，适应我国社会的深刻变化和形势发展要求，把政治文化建设同营造良好政治生态、严肃党内政治生活有机结合起来，摆在重要位置，采取有效措施，大力弘扬忠诚老实、光明坦荡、公道正派、实事求是、艰苦奋斗、清正廉洁等价值观，教育引导广大党员干部自觉抵制各种错误思想的侵蚀，旗帜鲜明地与有害政治文化作斗争，以良好的政治文化涵养风清气正的政治生态。必须切实重视和加强新形势下党内政治文化建设的理论研究，加强对政治文化的宣传阐释，重视政治文化的社会渗透，教育引导党员干部明辨是非黑白、正心修身、涵养文化，把思想和行动集中到自觉、积极贯彻执行党的路线方针政策中去。

着力提升政治文化的影响力。加强党内政治文化建设，根本任务就是"以文化人"。在新的历史条件下，纯洁党内政治文化，重在增强党内政治生活的政治性、时代性、原则性、战斗性，把建设先进政治文化作为严肃党内政治生活、净化党内政治生态的重要任务，解决一些党员干部理想信念这个"压舱石"发生动摇，世界观、人生观、价值观这个"总开关"出现偏差的问题；把严明政治纪律和政治规矩作为严肃党内政治生活、净化党内政治生态的关键，用理想和纪律把党员团结组织起来；把严格党的组织生活、开展批评和自我批评作为严肃党内政治生活、净化党内政治生态的重要载体和手段，不断强化党组织对党员的教育、管理、监督；把加强制度建设作为严肃党内政治生活、净化党内政治生态的根本保障，持续用力、久久为功，解决党内政治生活不正常、不规范、不经常、不认真、不严肃问题。风成于上，俗化于下。党员领导干部要继承和发扬党的光荣传统，身体力行、以身作则，不断加强党性修养，陶冶道德情操，增强政治定力、纪律定力、道德定力、抵腐定力，始终不放纵、不越轨、不逾矩，形成清清爽爽的同志关系、规规矩矩的上下级关系、干干净净的政商关系，做全面从严治党的坚定支持者和模范践行者，为建设党内先进文化起到良好示范效应。

积极同有害政治文化作斗争。先进政治文化和有害政治文化两者是此消彼长的，倘若先进的、积极的、健康的政治文化不去占领党内政治文化的高地，那么落后的、消极的、腐朽的政治文化就会去占领。我们必须清醒地看到，由于我国曾长期处于封建社会，近代以来的百余年间沦为半殖民地半封建社会，加之对外开放条件下西方价值观的渗透侵蚀，资本主义腐朽思想文化与封建落后思想文化时常交融混杂在一起，对党内政治文化产生了不良影响。各种关系学、厚黑学、官场术、"潜规则"等不正之风仍有一定市场，一些人拉关系、找靠山，建立各种"关系网"，分亲疏远近、搞门户之见；一些人把商品交换原则移植到党内，搞权钱交易、权色交易、权权交易，把党内关系变成了利益关系，等等。这些混淆是与非、正与邪界限的有害政治文化，对党员干部坚定理想信念造成很大冲击，严重败坏了党内政治生态。文化价值观的斗争，是一场没有硝烟的、看不见的斗争。坚决抵制有害政治文化对广大党员干部的侵蚀，是发展先进政治文化的应有之义。正所谓正邪不两立、邪不压正，先进政治文化必然战胜有害政治文化。面对公和私、义和利、是和非、正和邪、苦和乐的矛盾，是选择前者还是后者，靠的就是觉悟，最终检验的是对党和人民的忠诚。党员干部要善于从中华优秀传统文化中汲取营养，传承革命文化的红色基因，从社会主义先进文化中获取滋养，加强自律、慎独慎微、怀德自重、清廉自守，永葆共产党人的政治本色。

以党内政治文化引领社会文化。我们党要肩负起实现中华民族伟大复兴中国梦的历史重任，既需要真理的力量，又需要人格的力量，而党内政治文化正是我们党真理力量和人格力量的集中体现。党内政治文化不是在封闭的系统内部自我发展的，党内环境、社会环境都是重要的影响因素。建设先进的党内政治文化，要增强传承性、创造性、务实性、开放性，在继承传统中弘扬党内政治文化，在开放交流中丰富发展党内政治文化，在逐步规范中铸造党内政治文化，以党风正、政风清促民风淳，巩固全党全国人民团结奋斗的共同思想基础，保持党的先进性和纯洁性，提高党的创造力、凝聚力、战斗力，确保我们党始终成为中国特色社会主义事业的坚强领导核心。

当干部就得做到"三严三实"*

党的十八大以来,习近平总书记多次强调,党员干部特别是领导干部要严以修身、严以用权、严以律己,谋事要实、创业要实、做人要实。"三严三实"深刻指明了共产党人的价值追求、政治品格、做人准则,指明了党员干部的修身之本、为政之道、成事之要,为加强新形势下党员干部党性修养提供了重要遵循。

一、全面从严治党的内在要求和现实需要

"三严三实"是着眼于解决领导干部作风方面存在的突出问题提出的,但放眼历史、面向未来,立足于全面从严治党全局,根本目的是适应新形势新任务新要求,进一步把我们党建设好,把干部队伍建设好,为协调推进"四个全面"提供坚强保证,具有深厚的历史基础、很强的现实针对性和深远的意义。

"三严三实"是中华民族优秀文化的传承发展和党优良传统作风的集中体现,党员干部必须增强文化自信和党性自觉,坚守党最本真的东西。中华优秀传统文化最鲜明的特色之一,就是重视道德人格的修养,特别是官德官品官风的修养,对修身做人、为官用权、干事创业等方面有严格的要求和约束。中国共产党人在修身做人、为官用权、干事创业上,历来延续传承中华民族的传统美德,并且有更高的标准

---

* 原载于 2015 年 8 月 30 日《光明日报》。

和要求、更高的觉悟和境界。党成立94年、执政66年的历史表明，从严尚实是我们党发展壮大的鲜明特质、成功制胜的优势法宝。习近平总书记强调，抛弃传统、丢掉根本，就等于割断了自己的精神命脉。不忘本来才能开辟未来，善于继承才能更好创新。党员干部理当深刻认识"三严三实"的历史渊源和现实基础，将"严"和"实"的精髓学深悟透，在延续中发展，在传承中创新，促进自身修养不断迈向新境界。

"三严三实"是净化政治生态的现实需要，党员干部必须践行从严从实要求，自觉地去营造、去呵护良好政治生态。营造良好政治生态，不仅关系人心向背和事业兴衰，也关系干部成长发展。从党的十八大以来查处的一批典型案件来看，一些地方贿选案件发生、腐败窝案出现、买官卖官盛行，政治生态不好的问题还比较突出。这些不良现象，使正常的人际关系变得紊乱、荒唐，使严肃的党内生活变得随意、庸俗。如果听之任之，将会不战而溃。开展"三严三实"专题教育是中央弘扬新风正气、涤荡歪风邪气的有力举措，目的就是要形成从严从实的浓厚氛围，营造良好政治生态。在营造良好政治生态上，每个干部都不是旁观者，可以说人人都是生态环境的组成部分，个个都是践行者和责任人，要认真地从自己做起，以作风建设的新成效净化社会风气，汇聚起营造良好政治生态的正能量。

"三严三实"是全面从严治党的重要内容和协调推进"四个全面"战略布局的重要保证，党员干部必须以严的精神、实的作风履职尽责，为改革发展稳定注入强大动力。现在，我们已经站在一个新的历史起点上，正在进行具有许多新的历史特点的伟大斗争，协调推进"四个全面"战略布局，实现"两个一百年"奋斗目标、实现中华民族伟大复兴的中国梦，面临的矛盾风险挑战前所未有。打铁还需自身硬。形势的发展、事业的开拓、人民的期待，迫切需要建设一支既"严"又"实"、作风优良、本领过硬的执政骨干队伍。

二、严守共产党人的本真本色是核心要义

"知之深切，方能行之自觉。"学习贯彻"三严三实"要求，关键要把握其精神实质、本真内涵。

"三严三实"，"严"字当头，是基本要求。严，就是要全覆盖，干部修身做人、为官用权、干事创业各个方面，思想、工作、学习、生活、工作作风等各个领域，都要体现严的要求；严，就是要讲认真，不是对他人马克思主义、对自己自由主义，而要真正从自己做起，不是一时而是一辈子，不是糊弄、走过场，而是要从问题入手，从具体事情抓起，重视自我改造；严，就是要守规矩，严明纪律，自觉遵守党纪国法，把权力关进制度的笼子里，严格按原则、规则、制度为人处世；严，就是要零容忍、动真格，对存在问题决不放过，对不正之风决不手软，对违法乱纪行为决不姑息。

"三严三实"，"实"字托底，是基本方法。实，就是要重实际，想问题、作决策、办事情一定要从实际出发，按客观规律办事；实，就是要求实效，脚踏实地、真抓实干，敢于担当，善于解决矛盾问题，决不搞虚政绩、假政绩、劣政绩；实，就是要讲实诚，忠诚厚道，做老实人，不做"两面人"。

"三严三实"的核心要义，就是党员干部要永葆共产党人的本色。"三严三实"着力点在"严"在"实"，落脚点是修身用权律己、谋事创业做人，目标是保持共产党人的本色。

要坚守修身做人的本分——忠实、正派。对党、对组织、对人民、对同志忠诚老实，是党员干部的首要品质。忠诚，就是要坚定理想信

念，坚定马克思主义信仰，坚定跟党走，在思想上政治上行动上同党中央保持高度一致；老实，就是要对党、对组织、对同志讲真话、讲实话、讲心里话，言必信，行必果。"平出于公，公出于道"。党员干部想问题、办事情，要秉公不以私利为谋，刚正不以私欲为累，真正做到立公心、重公论、赢公信、树公德。

要坚守为官从政的本色——为民、清廉。老百姓评价一个领导干部好不好，一是看他廉洁不廉洁、干净不干净。二是看他能不能干事、能不能为百姓造福。现在诸多"老虎""苍蝇"纷纷落马，皆是混淆了公私之界，忘记了为民服务之旨。党员干部务必须清醒地认识到，一切权力都是党和人民赋予的，必须为民用权、秉公用权、依法用权、阳光用权、廉洁用权，讲纪律、守规矩，真正做到拒腐蚀、永不沾。

要坚守干事创业的本职——担当、务实。焦裕禄精神为什么成为永恒，让人民"把泪焦桐成雨"、久久怀念？靠的就是真抓实干。党员干部干事创业，职务不在高低，事不在大小，关键要敢想敢干敢负责，踏实务实扎实，真正把事关群众切身利益的事情做好、做到位，坚决克服为官不为、为官乱为的问题。

三、将"三严三实"要求浸在骨子里、融在血液中

党员干部党性作风修养是一辈子的事，只有以"严"贯之、以"实"为本，才能行之久远。党员干部必须以严的态度对待、实的作风践行"三严三实"要求，把共产党人的价值追求、政治品格、做人准则浸在骨子里、融在血液中，真正内化于心、外化于行，成为自己的生命基因和行为方式。

要有勤学之念。好学才能上进。党员干部要坚持不懈地加强党的理论武装、党性锻炼和道德修养，特别是要深化习近平总书记系列重

要讲话精神的学习,掌握贯穿其中的马克思主义立场观点方法,把忠诚信仰建立在科学理论的理性认同上、历史规律的正确认识上、基本国情的准确把握上。党员干部不仅要学以立德,还要学以增智,努力学习一切科学的新思想、新知识、新经验,解决"本领恐慌""本领危机"问题。

要有力行之举。落实"三严三实"要求,根本的是实践。党员干部一定要以"知"促"行",以"行"促"知",真正做到"知行合一"。要以解决问题为导向,对照"三严三实",看一看有哪些差距、有多大差距,想一想应该朝哪个方面努力、努力到什么程度,理一理具体怎么做、用什么样的心态去做。要志立愿行、坚毅笃行、恒心恒行,自觉加强道德修养,在重大考验中增强政治定力,在服务群众中强化宗旨意识,在推进改革发展中养成担当精神,不断提升党性素养。

要有敬畏之心。心存敬畏,才能行稳致远。要敬畏历史。"政声人去后",历史最公正。要多干打基础、利长远、惠民生的工作。要敬畏群众。"水能载舟,亦能覆舟"。要牢固树立马克思主义群众观,始终把人民放在心中最高位置。要敬畏组织。没有了组织,党员干部一事无成。要敬畏法纪。法纪是底线。要奉公守法,遵规守矩,决不能越党纪国法的"雷区"。

要有审慎之觉。践行"三严三实"的过程,其实就是自我反省、自我修正的过程。要对照法纪条规自省,看有没有违法违纪违规行为;对照群众利益自省,看有没有做出有损群众利益的事情;对照先进典型自省,看思想境界、素质能力、作风形象等方面差距在哪里、有多大;对照反面教材自省,看工作、思想、言行等方面是否检点,发现不足,及时改正。要慎独慎微。党员干部要学会"限制自己",善于"克制自己",重视"小事"、留心"小处",追求高尚情操,自觉培养健康生活情趣。

要有他律之襟。践行"三严三实",既靠自律,也靠他律。实践反复证明,有人监督,是个好事;没人监督,容易出事。党员干部要把自觉接受监督看作一种政治智慧、当作一种关心爱护、变成一种自觉行动,真心实意地听取各个方面的意见,习惯于在严密的监督下工作,做到"有则改之,无则加勉",彰显共产党人开放包容的修养和海纳百川的胸怀。

领导工作不可本末倒置

《礼记·大学》里讲:"物有本末,事有始终,知所先后,则近道矣。"意思是说任何事物都有其自身规律性,都要遵循一定的运行法则,处事必须分清轻重缓急和遵循秩序与规律,切不可本末倒置,否则会造成严重后果。宋徽宗琴棋书画样样精通,却无心政务,导致了北宋的灭亡。路易十六本是法国国王却热衷钟表修理,以致性命不保。领导工作有其自身特殊性,要搞清楚什么是本、什么是末,哪些是重要的、哪些是次要的,哪些要先做、哪些要后做,不能平均用力,更不能本末倒置,否则就会越忙越乱,越忙越不见成效,既不利于领导个人的成长进步,也会影响一个地方或单位的发展,更会贻误党和人民的事业,这方面的教训不可谓不深刻,必须始终予以高度重视。

一、要命、要钱、要脸的事不能倒置

领导工作涉及面广,事务繁杂。概括来讲,可以分为三类:首先是事关政治安全和群众生命安全的事,比如损害党的集中统一领导和中央权威、社会稳定隐患、自然灾害、安全事故等根本性问题,通俗来讲就是要命的事;其次是涉及上项目、搞开发等,挣更多的钱的事,也就是要钱的事;还有一些是提升自身形象,扩大知名度和美誉度的工作,比如节日庆典、形象宣传等,也就是要脸的事。三者都是正经的事情,都需要统筹兼顾、下功夫做好,但这其中也需要分轻重缓急和步骤顺序。从重要程度来讲,要命的事应该放在首位,要钱的事放在其次，要脸的事放在最后。

对三者的重视程度，从某种意义来说，也是领导干部政绩观的直接反映。我们不反对领导干部追求政绩，反对的是劳民伤财的"政绩工程""面子工程"。一段时间以来，有些领导干部患上了所谓的"政绩急躁症"，热衷于搞形式主义、做表面文章，善于包装、精于造势，重显绩、轻潜绩，追求个人升迁、忽视百姓疾苦，干事不怕群众不满意，就怕领导不在意，还怕媒体不注意，颠倒了要命、要钱、要脸的顺序和本末，这其实就是要了面子、丢了里子，损害了党群、干群关系，影响了党和政府的威信，干部本人也就更没有什么脸面可言了。

事实上，要命的事都是最为根本的事，容不得半点含糊和犹豫，党员干部必须树牢政治意识、大局意识、核心意识、看齐意识，必须全心全意为人民服务。要把维护党的集中统一领导、巩固社会和谐稳定、确保人民群众生命安全放在首位，这是一切工作的原点，也是管总、管方向的问题。要保持高度的政治责任感，坚守根本、敢于担当，尽最大努力维护党的集中领导、团结统一，保一方平安。要强化风险意识，做好风险防控，对可能发生的自然灾害和安全隐患，要认真及时地做好排查，及时把问题解决在萌芽状态，确保万无一失。要强化问责追责，对因不负责任、疏于管理造成安全事故的当事人要给予严肃处理，追究相关责任，以铁的纪律引导和营造人人重视安全、时时事事做到安全的良好氛围。

要钱的事多数涉及群众利益，既要量力而行也要尽力而为，有利于增进百姓福祉、提升群众生活质量和获得感，要想尽办法，不断提高抓经济、金融、投融资等方面的能力和专业化水平，多方筹集资金，及早把人民群众关心关注的重点工程和民生项目落实好、完成好，这也是得民心的工作。要特别关注困难群众，采取社会帮扶、医疗救助、低保托底等方式保障他们的基本生活。

要脸的事有助于扩大本地区的影响力和知名度，也有助于提升党和政府以及领导干部个人的良好形象，注重适当的宣传和推介，也是无可厚非的，但不可刻意和热衷于此，更不可作表面文章、搞形式主义。要久久为功、提升内功，以弘扬社会主义核心价值观为抓手，不断提高社会治理水平和综合管理能力，推动党风政风、社风民风不断好转，从而以良好的社会风貌赢得广泛尊重。领导干部必须把实现好、维护好、发展好最广大人民群众的根本利益作为一切工作的根本，从解决群众最关心、最迫切需要解决的问题入手，多干一些得人心、暖人心、稳人心的好事实事，才能获得为群众所认可和称赞的政绩，才能赢得群众的赞誉和口碑，这才是我们最大的面子。

二、大事与小事不能倒置

大事和小事是一个相对的概念，有时还会相互转化，如何认定，并没有一个十分准确的概念和标准。一般来说，大事是指管方向、作决策的事，是主要矛盾和矛盾的主要方面；小事则是指日常琐事和一些细枝末节的事，是次要矛盾和矛盾的次要方面。领导工作千头万绪、任务繁重，不可能也不用事必躬亲，如果事无巨细地、事务主义地瞎忙，抓不住主要矛盾，找不到关键环节，分不清大小轻重，结果常常是忙中出乱、忙中出错，忙而无效、忙而无果。

当前，社会发展日新月异，领导干部如果不从文山会海中跳出来，不从日常事务中摆脱出来，不从惯性思维中超脱出来，就会疲于应付、疲于奔命，反而事倍功半，导致工作推而不动，事业求而不进。因此，我们既要反对事必躬亲、大事小事一把抓的干事方法，也要反对大而化之、蜻蜓点水、大事小事点一下的工作态度。领导干部该抓大事时抓小事就是本末倒置、颠倒顺序。如果一些小事都要特意关注，眉毛胡子一把抓，就有可能对真正的大事造成不必要的掣肘，结果是捡了芝麻、丢了西瓜，得不偿失。抓住了大事，就抓住了重点，就能提纲挈领、纲举目张，很多小事也就会迎刃而解、水到渠成。

领导干部必须胸怀全局、把握大势、着眼大事，找准工作的切入点和着力点，学会抓大放小，聚焦主要问题，解决主要矛盾。一要提升观大势的眼界。"善弈者，谋势；不善弈者，谋子。"领导干部要具备全局眼光，善于从全局角度、发展趋势去审视和把握工作，才能搞得准、抓得住，这是分清大事小事的前提。二要增强辨大事的能力。哪些是大事，哪些是小事，不能一概而论，要练就一双慧眼，增强敏感性，能够透过现象看本质、看关键，坚持重点论和两点论的统一，学会在把握大事中统筹兼顾，通过抓大事带动全局。三要提高抓大事的本领。善于把自己从日常事务中解脱出来，通过努力学习、实践和总结反思，不断提高能抓大事、善抓大事、抓好大事的能力。当然，抓大事并不意味着就不管小事了，事实上，大事也是由一桩桩小事组合起来的，只有把小事小节做细做实，才能把大事大节做好。领导干部不能事事都当"甩手掌柜"，关键时候还是要靠自己，要学会把重要的事情牢牢抓在手里，真正做到"身在事之中，心在事之上"，时刻紧盯大事要事打攻坚战，紧盯急事难事打歼灭战，紧盯薄弱环节打持久战，实现全面进步、全面提高。

三、控制、运行和出新、出彩不可倒置

控制、运行和出新、出彩，是领导工作中一个循序渐进的过程。控制、运行是前提和基础，出新、出彩是提升和创新。其实就是稳中求进。控制、运行是求稳，但不是消极等待无所作为，一味求稳未必

得之，前进是最好的坚守。出新、出彩是求进，是控制、运行要达到的最终目标，但求进不是"夜半临深池"不测深浅，盲目冒进有时会不进反退，甚至会犯方向性错误。做好领导工作最重要的是控制，尤其是对刚到任的领导而言更为重要，不要急于"新官上任三把火"。控制的基础上才能有序运行，才能履行职能职责，然后才能出新出彩，不能倒过来。

领导干部凡新到一个岗位、新任一个职务，都需要一段时间去适应新的工作、新的环境、新的同事，慢慢熟悉情况，控制局面，不能情况不明胆子大，牛皮哄哄、大话连篇，下车伊始就开始发号施令，以急躁的心态来开展工作，总想标新立异，想一下子就干出惊天动地的事来，这样很容易失去控制，甚至造成负面影响，失去威信。新官上任"三把火"烧不好，就会烧到自己。

管理一个地方、一个部门，最好是能够使大多数人都能敬爱你、信赖你、喜欢你，这才是一个优秀的领导干部。如果做不到这些，至少要保证运转正常、控制得住。控制不是压制，不能只靠"官位"去压服人、指使人，那样人家不会真服你，更不会忠心耿耿地跟着你干。控制局面主要是通过确定和塑造价值观、倡导和指定规范，告诉下属什么是最重要的，目标和理念是什么，纪律和规矩有哪些，并通过教育培训塑造积极向上的组织文化，统一下属的思想和意识，保障组织依照既定目标运行和发展，进而实现领导目标，形成凝聚力。平稳运行要能用品格、才能、知识和感情去选人、育人、用人和管人，通过经常性地沟通和教育，促使组织成员转变思想认识，始终以严肃、严格、严谨的态度开展工作，达到"不误事、不多事、不坏事"。要学会分权和授权，分权要有度，避免管理失控；授权要放得开、收得拢。出新、出彩要注重持续，一任接着一任干，善于借鉴吸收已有的基础、传统和成功的经验，站在前人的肩膀上、立足基层群众的创造创新上、放眼其他地区的好做法好经验上进行新的探索和实践，有针对性地进行再提升、再优化，大胆尝试、永不自满，以求取得新突破，决不能"新官不理旧账"。

四、调查在前、决策在后，不可倒置

从某种意义上来说，领导就是决策，领导工作的过程就是作出决策、实施决策的过程。科学的决策离不开深入细致的调查研究，离不开对事物的准确分析判断和比较选择。因此，做好领导工作必须注重调查研究，在此基础上才能作出科学合理的决策。现在有些同志当了领导干部，就想当然地认为官升本领长，决策能力也会自然提高，其实未必。不接地气就没有底气，不经过调查研究作出的决策往往会"离天近、离地远"。很多时候我们工作出现失误，都会说是决策失误，其实很大程度上都是调研没有做好，或是调研、决策"两张皮"，轰轰烈烈搞调研，我行我素作决策。一段时间以来，"三拍"干部广受诟病的原因也就在这里。

我们党历来十分重视调查研究工作。毛泽东同志曾经提出"没有调查就没有发言权"的著名论断。陈云同志也曾指出："领导机关制定政策，要用百分之九十以上的时间作调查研究工作，最后讨论作决定用不到百分之十的时间就够了。"调查研究是谋事之基，成事之道。我们党90多年的历史表明，什么时候重视调查研究，坚持理论联系实际，党的事业就顺利发展；什么时候忽视调查研究，就会主观与客观相脱离，造成工作失误，给党的事业带来损失。

领导干部要搞好工作，有所创新，必须经常性地开展调查研究，在此基础上才能作出正确的决策。一方面，调查要实。调查研究必须

深入基层、深入实际、深入群众，虚心倾听群众的呼声和建议，反映群众的意愿和要求，尤其是要善于听真话、讲实话，有一说一，有二说二，真实反映事物的本来面目。另一方面，研究要深。要综合运用定性研究与定量研究、理论研究与实证研究、比较研究与案例研究等多种方式，经过一番去粗取精、去伪存真，由此及彼、由表及里地深入研究和精心分析，找到它们内在的联系和深层次的矛盾，把握一些规律性的东西。决不能总是凭经验办事，简单轻易地下结论。最后，决策要有效。调研的科学性直接决定决策的科学性，要依法决策、民主决策、科学决策，针对存在的实际问题，提出切实可行的办法，使制定的政策措施有较强的针对性、操作性。当然，决策之后还要切实抓好贯彻落实和督查反馈，求得实效，不能决而不行，行而不果。

保持共产党人的"原生态"*

好人未必能做官,做官必先做好人,做官先做人,这些都是人们的共识,也是常识,也应当成为一种常态。

何为好人?何为好官?注解虽然有很多种,但大道至简、万变不离其宗,那就是按本色做人、按角色做事。不论时代如何发展变化,做人的本色、做官的本义不能变,为人做官的"原本"不能丢。"君子务本,本立而道生。"共产党人历来靠本色赢得民心。老百姓最信任、最需要的还是保持共产党人"原本"的好干部。党的十八大以来,以习近平同志为核心的党中央,铁腕治党、从严治吏、正本清源,赢得百姓充分信任和坚决拥护,就充分说明了这一点。笔者以为,做好人、当好干部,当下最要紧的就是要回归和保持共产党人的"原本"。

要忠于"原旨"。信仰如柱。人生不能没有信仰,坚定信仰的人才是真正幸福的人。坚定的信仰也始终是共产党人的政治灵魂,是共产党人经受住任何考验的精神支柱。对共产党人来讲,这个信仰就是马克思主义。这是我们党指引正确方向、凝聚群众力量、赢得事业胜利的科学旗帜,是党员干部克敌制胜的科学武器。作为党的干部,既然当初选择了中国共产党,并且成为党的人,就必须矢志不渝地坚定马克思主义信仰。然而,面对国内外环境的深刻变化,一些干部出现了

---

* 原载于《刊授党校》2015年第10期。

信仰淡漠、动摇、滑坡的现象，有的不信马列信鬼神，有的认为"金钱万能、理论无用"，有的成为西方"普世价值"的"应声虫"，在信仰物质化、西化过程中迷失了方向，丧失了"精神独立性"。作为党的干部，要始终坚守"永不动摇信仰"这条红线，增强政治敏锐性和政治鉴别力，在重大原则问题上旗帜鲜明、是非分明、保持定力，在复杂形势和干扰、诱惑面前不迷失、不动摇，始终坚定马克思主义信仰、坚定共产主义理想、坚定中国特色社会主义信念，始终在思想上、政治上、行动上与党中央保持高度一致。

要牢记"原点"。离开了原点，人生就会失去方向、没有意义。对共产党人来说，带领人民创造幸福生活、实现民族伟大复兴，是我们党自诞生之日起就肩负的历史使命。然而现实中，有一部分干部忘了这个"原点"。比如，有的干部当了官之后，慢慢改变为老百姓办事的初衷，认为"千里当官，只为吃穿"；有的干部官做久了，慢慢地就忘记了自己本就是老百姓，特权意识愈来愈浓厚，不愿尽心尽力为老百姓谋福祉，甚至当起官老爷来；有的瞄着位子干工作，干出了点成绩，就开始向组织讨价还价等。这种忘本的行为，严重危及党的执政基础和使命。在前进的道路上，广大干部要永不忘记党的"原点"，始终用"原点"来校正自己的观念、行动和方向。与此同时，也时刻不能忘了自己的"原点"，需要经常审问自己"我是谁、为了谁、依靠谁"，始终牢记自己来自老百姓，是为老百姓服务的"公仆"，永远把群众放在心中最高位置。要经常审问自己"个人成长进步靠什么"，须臾不忘自己的第一身份是共产党员、第一职责是为党工作，离开了组织自己将一事无成，自觉在党为党、忧党兴党。要经常审问自己"权力从哪儿来、用权为了什么"，始终不忘一切权力都是党和人民赋予的，必须为民用权、秉公用权，永葆共产党人清正廉洁的政治本色。

要坚守原则。原则是规矩，是底线。社会没有原则，将会失去秩序；执政没有原则，将会天下大乱。讲原则是做人的本分，也是干部为政之德的基本要求。干部是公众人物，一言一行都有人关注、评说。做好人、好官，坏人就一定会怨恨；做坏人、坏官，好人就一定会斥责。这是正常之事，关键是自己如何选择。毫无疑问，当干部，为政处事面临许多选择，但不管怎么选，坚持原则是最正确的选择，也是唯一的选择。因为原则是公正无私的，是受群众拥护的。北宋名臣包拯因为坚持原则、铁面无私，被老百姓称之为"青天"，但在贪官污吏眼里却是"黑脸"。可见，坚持原则虽然会得罪一些人，但得罪的只是少数人，赢得的却是大多数人。现在，干部当中老好人现象比较突出，对歪风邪气不敢批，对复杂矛盾和问题不敢碰，对正确意见不敢顶，到头来，工作不能正常推进，问题解决不了，群众不满意。不能坚持原则，并非什么性格使然，实际上是私心作怪，怕得罪人、怕丢选票、怕影响自己升迁。既然当了干部，掌握的就是公权、公器，就必须大公无私、一身正气，这样才能有坚持原则的底气。坚持原则，核心在于坚持党性原则。党的干部必须讲政治、知大局、守纪律，时刻站在全党大局和人民群众立场上，按客观规律办事，按党的规矩办事，胸怀法度，敢于担当，善守其本。

广大干部要以解决问题为导向，对照"三严三实"，查找差距、明确方向，把共产党人的做人准则、政治本色浸在骨子里、融在血液中，真正内化于心、外化于行，成为自己的生命基因和行为方式，永葆共产党人的"原生态"。

理直当气壮[*]

应对复杂多变的国际形势和艰巨繁重的国内改革发展稳定任务,进行具有许多新的历史特点的伟大斗争,必须坚持科学理论这个根本。要理直气壮地学习科学理论,坚定不移地用科学理论指导和推动党和国家事业。

众所皆知,马克思主义基本原理是普遍真理,具有永恒的思想价值;习近平新时代中国特色社会主义思想,是马克思主义中国化最新成果,是指导党和国家全部工作的强大思想武器。习近平总书记指出,中国共产党作为马克思主义执政党,具有强大的真理力量,这个真理力量集中体现为我们党的正确理论。毫无疑问,学习和坚持马克思列宁主义、毛泽东思想、邓小平理论、"三个代表"重要思想、科学发展观、习近平新时代中国特色社会主义思想,是指导推动改革开放和社会主义现代化建设的必然要求,也是培植党员干部精神家园的根本举措。每位中国共产党人尤其是党员领导干部都应自觉学习科学理论、信仰科学理论、践行科学理论,做到学而信、学而用、学而行,旗帜鲜明地做科学理论的学习者、传播者、践行者和维护者。

科学理论是理想信念之基,必须理直气壮地加强党员干部理论教育。理想指引人生方向,信念决定事业成败。对马克思主义的信仰,对社会主义和共产主义的信念,是共产党人的政治灵魂,是共产党人

---

[*] 原载于《刊授党校》2015年第9期。

经受各种考验的精神支柱。崇高的信仰、坚定的信念不会自发产生，也不会永久牢固。历史和实践均证明，政治上的坚定，来源于理论上的清醒。一个党员干部，当他被真理真正征服之后，不管遇到什么情况，都会自觉自愿、无怨无悔、坚忍不拔地为真理而奋斗。换言之，党员干部的理想信念只有建立在对科学理论的理性认同上，建立在对历史规律的正确认识上，建立在对基本国情的准确把握上，才可能做到虔诚而执着、至信而深厚。我们共产党人的真理和科学理论，就是马克思列宁主义、毛泽东思想、邓小平理论、"三个代表"重要思想、科学发展观、习近平新时代中国特色社会主义思想。不论什么时候，不论形势任务怎么变化，都必须把加强理论教育摆在突出位置，坚持不懈用科学理论武装党员干部头脑。要充分发挥党校、行政学院和干部学院的主渠道作用，组织党员干部老老实实、原原本本学习马克思主义基本原理，学习中国特色社会主义理论，进一步深化对共产党执政规律、社会主义建设规律、人类社会发展规律的认识，统一思想、凝聚共识、坚定信仰。要紧跟党的理论创新步伐，把学习贯彻习近平新时代中国特色社会主义思想作为重中之重，教育引导党员干部深入学习《习近平谈治国理政》等著作，坚持读原著、学原文、悟原理，领会核心要义，掌握精神实质，增强道路自信、理论自信、制度自信，拧紧理想信念这个"总开关"。

科学理论是我们做好一切工作的看家本领，必须理直气壮地坚持运用科学理论指导和推动实践。思想是行动的先导，理论是实践的指南。毛泽东同志说："读马克思主义理论在于应用，要应用就要经常读，重点读。"马克思主义基本原理和中国特色社会主义理论体系，是党员干部必须普遍掌握的工作制胜的看家本领。习近平新时代中国特色社会主义思想是坚持和发展中国特色社会主义的最新理论成果，充分体现了辩证唯物主义和历史唯物主义世界观和方法论，体现了科学的思想方法和工作方法，为我们认识问题、分析问题、解决问题提供了有效的方法"钥匙"。应对复杂多变的国际形势和艰巨繁重的国内改革发展稳定任务，进行具有许多新的历史特点的伟大斗争，必须坚持科学理论这个根本。要理直气壮地学习科学理论，坚定不移地用科学理论指导和推动党和国家事业。要深入领会贯穿科学理论体系的立场、观点、方法，着力把握贯穿思想方法和工作方法，学会运用这些方法观察分析事物，研究解决我国改革开放和现代化建设中遇到的实际问题，不断把中国特色社会主义推向前进。要看到，科学理论的力量和优势，就在于其能成为实践的先导，并在实践中检验和发展、丰富和完善。"知者行之始，行者知之成。"只有做到学用结合、知行合一，我们才能更深刻地体会真理的力量，解决思想和实践中的各种难题，不断走向新的胜利。

捍卫科学理论是党员干部义不容辞的责任，面对错误言论和思想观点，必须理直气壮地敢于亮剑。马克思主义基本原理和习近平新时代中国特色社会主义思想的科学性和真理性，已经为中国革命、建设和改革的实践所证明。我们绝大多数党员干部，理论上是清醒的，政治上是坚定的，但也有个别党员干部理论学习欠缺，政治立场模糊。比如，有的不信马列信鬼神，从封建迷信中寻找精神寄托；有的甚至向往西方社会制度和价值观念，对社会主义前途命运丧失信心；有的在涉及党的领导和中国特色社会主义道路等原则性问题的政治挑衅面前态度暧昧、消极躲避、不敢亮剑等。是真理，就必须维护。马克思、恩格斯在《德意志意识形态》中明确指出："统治阶级的思想在每一时代都是占统治地位的思想。"习近平总书记指出："党的领导干部特别是高级干部，在大是大非面前没有态度，出了政治性事件、遇到敏感性问题没有立场、无动于衷,岂非咄咄怪事!"每个党员干部,在这方面都要清醒自信、理直气壮,决不能迷惑怀疑、妄自菲薄。不仅自己要坚定坚毅,面对质疑和反对马克思主义基本原理、中国特色社会主义理论体系的噪音和杂音,还必须敢于亮剑,旗帜鲜明地表明自己的立场、态度,毅然决然地站出来捍卫科学理论、捍卫党的领导、捍卫社会主义制度,决不搞"爱惜羽毛"那一套。同时,要注意方法、善于亮剑。马克思说:"理论只要彻底,就能说服人。"对一般性争论和模糊认识,不能简单靠行政、法律手段解决,而是要靠马克思主义真理的力量,靠深入细致的思想政治工作,用真理揭露谎言,让科学战胜谬误,做到以理服人。

  理直就要气壮。马克思主义基本原理是迄今为止人类思想智慧的最高境界,习近平新时代中国特色社会主义思想是深深扎根于中国大地、符合中国实际的中国当代马克思主义。在当代中国,坚持马克思列宁主义、毛泽东思想、邓小平理论、"三个代表"重要思想、科学发展观、习近平新时代中国特色社会主义思想,就是坚持真理。这是无可辩驳、不容置疑的。我们要始终不渝地坚持和发展马克思主义,及时总结党领导人民在中国特色社会主义道路上创造的新鲜经验,从理论上回答好协调推进"四个全面"战略布局等伟大实践中出现的新情况新问题,不断开辟马克思主义中国化新境界,让科学理论放射出更加灿烂的真理光芒。

善于从党史中汲取营养[*]

中国共产党 90 多年的发展历程，蕴含着丰富的治国理政的艰辛探索、成功实践和深层规律，是我们党和人民弥足珍贵的政治财富和精神瑰宝。对于每一名党员干部来说，修好党史这门必修课并自觉从党史中汲取营养具有重大的现实意义。

第一，从党史中汲取历史智慧的营养。"观今宜鉴古，无古不成今。"习近平总书记强调，"历史是最好的教科书"，"学史可以看成败、鉴得失、知兴替。"只有通过对党史的学习，全面总结经验、理性认识现状、科学预见未来，不断深化对共产党执政规律、社会主义建设规律、人类社会发展规律的认识，才能更加坚定不移地坚持中国特色社会主义道路，以改革创新的精神全面推进党的各项工作。一方面，众所皆知，中国共产党自诞生以来，就在艰难、复杂、危险的革命斗争环境中不断成长，克服了重重困难，最终夺取了政权，并在革命、建设和改革中取得了举世瞩目的辉煌成就。中国共产党 90 多年的发展史，深刻揭示了当代中国的社会运动规律，凝结着我们党长期革命、建设和改革的经验智慧。这是我们党的宝贵财富，也是中国共产党对人类历史的巨大贡献，理当倍加珍惜。另一方面，学习党史，可以教会我们历史辩证地看问题，从正反两方面看待历史经验，增强认识和把握党的路线方针政策的深度，规避发展中可能发生的错误与风

---

* 原载于《刊授党校》2016 年第 9 期。

险，推动各项工作在正确的道路上不断前进。中华民族的伟大复兴事业是一项前无古人的伟大工程，没有现成的模式可以借鉴，挫折与错误在所难免。只有用历史唯物主义的观点去看待历史经验，才能更加深刻地领会党中央的决策，更深入地推进工作，尽可能避免错误的发生。总而言之，知党史，是党员干部必须具备的理论品质，是党员干部党性的重要体现。现在有些党员干部，不学党史、不知党恩，连最基本的党史常识都不知晓，这也是他们缺乏责任感、使命感，缺乏吃苦精神和奋斗精神的重要原因。值得注意的是，"中国模式""中国道路""中国经验""向中国共产党学习"，在西方国家和很多政党中悄然兴起。外国人都在学，我们自己更没有理由不学，没有理由不学好。因此，我们要高度重视党史的学习，把党史教育作为"两学一做"和干部教育培训的重要内容，组织党员干部认真学习习近平总书记关于党的历史的重要论述，认真学习党的历史发展轨迹和脉络，深入了解我们党近百年来经历的"三个历史时期"和所做的"三件大事"，以及在重大历史关头和关键时刻作出"两个历史问题决议"等重大历史事件，真正做到知史爱国、知史爱党，从党史中汲取实现中国梦的丰厚养分。

第二，从党史中汲取理想信念的营养。习近平总书记指出："理想信念就是共产党人精神上的'钙'。"怎样补足共产党人的精神之"钙"？习近平总书记指出："坚定理想信念，确实要从我们走过的道路上去体会和认识。"党员干部要通过学习党史，了解中国特色社会主义道路是在改革开放40年的伟大实践中走出来的，是在中华人民共和国成立60多年的实践探索中走出来的，是在对近代以来170多年的中华民族发展历程的深刻总结中走出来的，是在对中华民族5000多年悠久文明的传承中走出来的，是历史和人民的选择，从而增强道路自信、理论自信、制度自信、文化自信。要通过学习党史，了解我们的党与人民群众在血与火的考验中生死与共的奋斗历程，了解我们的党带领人民把一个一穷二白、满目疮痍的国家变成世界第二大经济体的非凡成就，了解我们的党正在带领全国人民朝着实现"两个一百年"目标和实现中华民族伟大复兴中国梦迈进的新征程。从而在心里深处真正理解"理想信念高于天"的含义和意义，并且通过回顾我们走过的道路，进一步认识到，在当代中国，坚定理想信念，既要胸怀共产主义的崇高理想，又要坚定走中国特色社会主义道路的信念。正如习近平总书记所强调的：站立在960万平方公里的广袤土地上，吸吮着中华民族漫长奋斗积累的文化养分，拥有13亿多中国人民聚合的磅礴之力，我们走自己的路，具有无比广阔的舞台，具有无比深厚的历史底蕴，具有无比强大的前进定力。中国人民应该有这个信心，每一个中国人都应该有这个信心。

第三，从党史中汲取优良作风的营养。党的十八大以来，党中央持续深入抓作风建设。一个时期，有的同志感觉"不自在了"，牢骚满腹。这有长期养成的不良作风在作祟、习惯成自然的原因，也有对我们党的历史缺乏了解的原因。只要学过党史的同志都知道，我们党历来重视作风建设。早在20世纪40年代的"延安整风"是党自我净化、加强作风建设的一个伟大创举，通过反对危害党、危害革命的"三风"——主观主义、宗派主义、"党八股"，提高了全党的马克思主义思想水平，保持了党在思想上、政治上的一致，为夺取中国革命胜利奠定了思想基础。民主革命胜利前夕，中国共产党即将在全国执政，毛泽东同志提出坚持"两个务必"。党的十八大以来，以习近平同志为核心的党中央从抓作风建设入手，制定并带头执行八项规定，集中解决"四风"问题，赢得了党心民心。历史证明，我们党之所以能够不断从胜利走向胜利，一个重要原因就是重视作风建设，使党员干部始终保持良好的作风。比如，始终紧紧团结和依靠人民群众，坚持走群众路线的作风。正是坚持群众路线，一切为了群众，一切依靠群众；从群众中来，到群众中去，并最终在人民群众的支持下取得了革命、建设和改革的胜利，从而使群众路线成为我们党始终坚持的重要历史经验，并同理论联系实际、批评与自我批评一道，成为了我们党的三大优良传统，也是新时期必须坚持的优良作风。但历史经验同时告诉我们，纠风之难，难在防止反弹。正如习近平总书记指出："作风问题具有顽固性和反复性，形成优良作风不可能一劳永逸，克服不良作风也不可能一蹴而就。"事物是不断发展变化的，"四风"问题具有很强的顽固性、变异性和传染性，旧的问题消失了，新的问题又会出现。所以说，认真学习党史，从党史中汲取作风营养，最重要的一点就是要始终坚持作风建设永远在路上，持之以恒抓好作风建设，严防"四风"问题反弹。

第四，从党史中汲取严以律己的营养。没有纪律约束的组织，一定是一盘散沙、一群乌合之众。我们党从诞生之日起就是一个纪律严明的组织。早在1920年9月，蔡和森给毛泽东写信探讨建立中国共产党时，就首次提出了"党的纪律为铁的纪律"的科学概念。1922年7月二大通过的党章第四章中第一次提出了九条纪律。此后，历次党代表会通过的党章均对党的纪律作出严明规定。党的十八大以来，以习近平同志为核心的党中央对党的纪律提出了更高的要求，新颁布的《中国共产党纪律处分条例》，特别把党的纪律分为政治纪律、组织纪律、廉洁纪律、群众纪律、工作纪律、生活纪律。党员干部认真学习党史，从党史中汲取纪律营养，就要通过学习党的历史，特别是学习党在长期的革命、建设、改革实践过程中形成的优良传统和纪律规矩，增强遵守党的政治纪律和政治规矩的自觉性。通过学习，要时时、处处、事事把纪律规矩挺在前面，严守纪律红线，自觉用党纪党规规范自己的言行，襟怀坦白、光明磊落，表里如一、言行如一、始终如一。要始终站稳政治立场，在大是大非面前保持头脑清醒、旗帜鲜明，经得起各种风浪的考验，切实增强政治意识、大局意识、核心意识、看齐意识，在思想上政治上行动上始终同以习近平同志为核心的党中央保持高度一致，坚决维护党中央权威，坚决贯彻落实中央的决策部署，坚定不移走中国特色社会主义道路。

第五，从党史中汲取敢于担当的营养。习近平总书记反复强调，党员干部特别是领导干部要敢于担当，敢于坚持原则，并带头示范、以上率下。担当是一种精神，更是一种责任，在不同的历史时期有不同的要求。通过学习党史便知，在新民主主义革命时期，党员的担当更多地表现为具有革命事业必胜的坚定信念和为党的革命事业不怕流血牺牲的献身精神；在社会主义革命和建设时期，党员的担当更多地表现为社会主义革命和建设事业自力更生、艰苦奋斗的奋斗精神；在改革开放和社会主义现代化建设新时期，适应经济社会发展新常态，党员担当更多表现为改革创新、担当有为、干事创业。其中代表数不胜数，从刘胡兰、夏明翰到焦裕禄、雷锋，再到杨善洲、谷文昌。但无论何时，始终有一条主线贯穿其中，那就是对党绝对忠诚、敢为人先。这是我们事业立于不败之地的重要原因。近百年来，我们党团结带领全国各族人民完成和推进了三件大事。但"艰难困苦，玉汝于成"，这是一切正义事业胜利的逻辑，也是中国共产党人完成和推进三件大事的真实写照。近百年来，我们党团结带领人民在前进道路上遇到的艰难险阻是世界上其他任何政党所不能比拟的，我们党总是以"狭路相逢勇者胜"的大无畏精神攻坚克难、力挽狂澜。应该说，三件大事的完成和推进，是无数党员干部和人民群众敢于担当、攻坚克难、接续奋斗的结果。我们认真学习党史，从党史中汲取担当的营养，就是要传承党长期以来形成的革命精神和优良传统，认真学习革命先辈、英模人物对崇高理想矢志不渝、对党和人民无比忠诚、对革命事业锲而不舍的革命精神和崇高品德，拿出钉钉子精神，以踏石留印、抓铁有痕的劲头，立足岗位干好自己分内的事，努力践行习近平总书记要求的"既要想干愿干积极干，又要能干会干善于干"，真正做到善改革、敢担当、有作为。

无论对于一个民族还是一个政党，历史就是根基，历史就是血脉。在新的历史时期，我们必须坚持不懈地深入学好党史、用好党史，才能在全面建成小康社会、实现中华民族伟大复兴中国梦的新征程中，坚定理想信念、传承红色基因、发扬优良作风、凝聚强大力量，在党的历史光辉映照下，更加坚定自信地走向未来，不断交出无愧于时代和人民的合格答卷。

向毛泽东同志学习"弹钢琴"的工作方法 *

毛泽东同志《党委会的工作方法》是一篇加强党委领导班子建设、提升党的领导水平和执政能力的光辉文献，凝结着党领导革命从胜利走向胜利的宝贵经验，条条都是弥足珍贵的法宝。在全面从严治党的新形势下，重温毛泽东同志这篇光辉文献，学习掌握蕴含其中的科学规律、领导艺术、政治纪律、政治规矩，对于全面加强党委（党组）领导班子的思想政治建设、作风建设和能力建设，切实加强和改善党的领导，确保党始终成为中国特色社会主义事业的坚强领导核心，具有重大的现实意义。

在《党委会的工作方法》第五条中，毛泽东同志提出要学会"弹钢琴"，并作了精辟论述。整段内容不足三百字，剖析却深入浅出、入木三分。文中"要十个指头都动""要有节奏，要互相配合""要抓紧中心工作，又要围绕中心工作而同时开展其他方面的工作""凡是有问题的地方都要点一下"等朴实的语言、生动的句子、形象的表述，借弹钢琴之事说抓工作之理，极为精辟，值得细品。

领导干部必须学会"弹钢琴"，并努力成为"弹钢琴"的高手。毛泽东同志是"弹钢琴"的高手，是我们学习的榜样。在民主革命时期，毛泽东同志一方面强调中心工作是军事和打仗，另一方面又号召做好其他革命工作，如发展生产、搞活经济、政权建设和思想政治工作、组织工作、宣传工作、统战工作。井冈山斗争时期、中央苏区时期、

---

* 原载于《刊授党校》2016 年第 6 期，原标题为《向毛泽东同志学习"弹钢琴"》。

延安时期都是如此，毛泽东同志身体力行、以上率下，为全党做出表率。在社会主义革命和建设时期，"十大关系"的处理，就是毛泽东同志"弹钢琴"的集中体现，通过处理好经济建设、国防建设和政治关系、国际关系、民族关系等主要矛盾关系，推动了社会主义建设扎实有序开展。改革开放以来，我们党始终坚持和实践了"弹钢琴"的科学方法，不断推进各项工作，取得了丰硕的理论成果、实践成果和制度成果。当前，我们党正在带领全国人民为中华民族伟大复兴而奋斗，任务艰巨，使命光荣，更需要各级党委（党组）领导班子和领导干部把"钢琴"弹好，做到既能总揽全局又能协调各方，既能化繁为简又能收放自如，既能挥舞大棒又能摆弄绣花针，具备这样的功夫，我们的事业就能无往而不胜。

学会"弹钢琴"，首先是心中有"谱"，就是要了解大局、掌握大局。心中无谱难成曲。对于领导干部来讲，"谱"就是党和人民事业这个大局。"十三五"时期，是全面建成小康社会的决胜阶段。协调推进"四个全面"战略布局、闯出一条跨越式发展路子、与全国同步全面建成小康社会就是我们的使命和大局，就是摆在我们面前的"乐谱"。我们的一切工作都要围绕这个大局来谋划、来开展工作，偏离了这个大局就是"离谱"或者"不靠谱"。把"十三五"规划目标任务一项一项落到实处、打赢脱贫攻坚战、带领各族人民创造幸福美好生活就是群众对我们的期望，就是需要我们弹好的"乐曲"。这是一个"协奏曲"，需要各级党组织和广大党员干部守纪律、讲规矩，坚持在大局下行动，齐心协力、协调配合，绝不能我行我素，把"琴"给弹乱了，贻误了党和人民的事业。

学会"弹钢琴"，必须注意细节，通过落细、落小、落实，成就事业。细节决定成败。细节就是细小的事物、环节或情节。细节犹如转动链条上的扣环，犹如螺丝钉上的螺帽，看似无关紧要，但错位或缺失就会前功尽弃。细节还犹如琴谱中的音符，一个音符弹错了，整个曲子也就弹砸了。毛泽东同志在统筹大局的同时，还非常注重细节，比如在战争中，他不仅关注战略大局，还经常细致到关心战士的思想和生活，关心战士们想什么、有没有吃的、吃不吃得饱等这些细节。一个细节也许是不起眼的，但很多细节串联起来力量就会非常强大，忽视了一个环节，可能就会引起连锁反应，最终导致严重的后果。"千里之堤，溃于蚁穴。"有时往往因为一个细节没有处理好，就痛失好局。所以，向毛泽东同志学习"弹钢琴"的工作方法，不但要有统筹全局的本领，也要有落细、落小、落实的作风和能力。当然，注意细节不等同于纠缠细枝末节，不等同于"抓芝麻，丢西瓜"，而是一种用心的行为、一种严谨的态度、一种认真的精神，是一个领导干部必备的品质。

学会"弹钢琴"，就要认真搞好统筹兼顾，做到两点论和重点论的统一。统筹协调无小事，一枝一叶总关情。学习"弹钢琴"工作方法，就要坚持统筹兼顾，注重系统性、整体性，注意此事物与彼事物的联系，全面地、历史地、辩证地看问题。毛泽东同志强调弹钢琴要十个指头都动作，不能有的动，有的不动。各级党的委员会是一个地方的领导核心和工作主体，担负着活一方经济、富一方百姓、正一方风气、保一方平安的重任，工作涉及范围广、内容多、头绪杂，不仅要抓党委班子建设、基层党组织建设、党员队伍建设，还涉及政治、经济、文化、社会、民生等方方面面，事事关系到党的建设和发展，关系到群众的根本利益，必须通盘考虑、齐头并进，不能顾此失彼，就像一架钢琴的"琴键"，少了一个键就弹不出优美的曲调。同时，学习"弹钢琴"的工作方法，还要坚持两点论和重点论，坚持做到研究处理问题，要把握好主要矛盾和非主要矛盾、矛盾的主要方面和非主要方面。毛泽东同志说过："没有重点就没有政策。"这就告诉我们，抓工作要分清轻重缓急，要分清主次，处理好短期与长期、当前与长远、局部与全局的关系，使各项工作相辅相成、相得益彰，协调发展。

学会"弹钢琴"，还要注意不断总结提高，在学习积累中不断成长进步。钢琴大师的弹奏技艺和灵感不是天生的，也不是一学就会，而要经过长期磨炼方能形成。科学的工作方法和高超的领导艺术的形成也同样如此。毛泽东同志之所以能够成为"弹钢琴"的高手，离不开他的学习精神和总结意识。毛泽东同志经常讲："我是靠总结经验吃饭的""在战争中学习战争"。毛泽东同志尚且如此，我们的领导干部不学习行吗？不搞调查研究、不总结经验行吗？肯定不行。我们学习毛泽东同志"弹钢琴"的工作方法，就要学会总结经验这一套，要弘扬谦虚谨慎之作风，养成注重总结之习惯，向党的理论学、向历史和人民学、向经验教训学、向身边同志学，善于反思，勤于总结。学习也好、总结也罢，一方面，要自觉地吸取经验教训，主动地克服自身错误，保持"摸着石头过河"的干劲，提高边实践边总结的能力，这样才能在历史的长河中站住脚、稳住身、走得远；另一方面，要能学以致用，理论联系实际，要善于推广好经验、好做法，达到既在点上开花又在面上结果，既为一域增光也为全局添彩的良好效果。

要弹出一首好曲就得出神入化，要当好一名干部就得在状态。各级领导干部，尤其是各地各部门的主要负责同志，要坚持"弹钢琴"的理念，掌握"弹钢琴"的方法，并且运用自如，不断提升统筹全局的能力和技巧。作为党委书记，要善于当"班长"，弹好"钢琴"，切实做到统揽不包揽、决断不专断、大度不失度、放手不甩手、揽过不揽功，抓好班子、带好队伍，弹奏出实现第一个百年奋斗目标一曲又一曲的时代最强音。

读书是当干部的本分*

人从学始，学从读始。一个人的精神成长发展史其实就是他的阅读史。人与动物最大的不同便是人有精神的需求，动物只有物质的食物，而人有精神的食物，这就是书。如果人放松甚至放弃读书学习，就是在放松做人要求、放弃做人条件。做官先做人。当好干部，必须把读书学习作为立身做人之本，多读书、读好书、善读书，持续更新知识、升级大脑"内存"，汲取精神营养、提升思想境界，始终保证"源头"有"活水"。

读书学习也是领导的本质。领导行为是领导学识的外化，领导过程也是读书学习的过程，学习力的强弱直接关系领导水平的高低。"学者非必为仕，而仕者必为学。"善于读书学习是胜任领导工作的必经之路和成功标志。现在是知识经济时代，科学技术日新月异，知识总量呈几何级数增长。各国日趋激烈的竞争，说到底是人才的竞争，在竞争中使人拉开差距的主要是学习上的差距。领导干部身为执政骨干，只有时刻保持良好的读书学习状态，不断提升学习能力，才能赢得主动、赢得优势、赢得未来。否则，便会"坐吃山空"，被时代抛弃。

重视学习、善于学习，是中国共产党成功的秘诀之一。90多年来，我们党有许多特质一直在传承，比如，始终保持"严"的禀性，靠着严明的纪律和规矩，一路走来、一路胜利；始终保持实事求是的

---

* 原载于《刊授党校》2015年第10期。

思想品格，从实事求是起家，靠实事求是兴旺发展……而在这些不变的特质中，始终重视学习、一贯善于学习，犹如一根红线贯穿其中，从来未曾断裂。在每一个重大转折时期，面对新形势新任务，我们党总是号召全党同志加强学习；而每次这样的学习热潮，都能推动党和人民事业实现大发展大进步。现在，我们党正在进行具有许多新的历史特点的伟大斗争，在协调推进"四个全面"战略布局、实现中华民族伟大复兴的历史征程中，党员干部遇到的陌生领域越来越多，"本领恐慌"愈来愈强。一些干部"顶天立地"不够，理论素养和解决实际问题的能力有欠缺，境界、格局、眼光、修养不高。甚至少数干部在灯红酒绿中放松自我要求，在金钱美色前放弃原则底线……人们疑惑，这些是怎么发生的？"病"由心生。拒绝阅读是心灵的癌症。放松了读书学习，就会陷入少知而迷、不知而盲、无知而乱的困境。身为党的干部唯有秉承党的学习基因，多读好书、涵养心灵、提升本领，才能始终坚守共产党人的精神家园，才能担当起执政兴国、执政为民的重任。

然而，现在干部读书学习状况令人担忧。据中国共产党新闻网联合中央国家机关工委宣传部2014年对近5000名党政干部进行的网上调查，有一半以上的干部每周阅读时间不足10小时，有六成以上的干部每年读书数量在10本以内。有些干部书架上虽摆着许多成套装帧精美的书籍，却鲜有翻阅。殊不知，书倘若不去阅读，其实就是一堆废纸。之所以有些干部读书少，原因固然是多方面的，但根本在于主观上重视不够，工作方式、生活方式都存在偏差。很多干部忙于工作，自认为没有时间读书学习，只要干好工作就是尽责。现在干部要做的事情确实很多，常常是"两眼一睁，忙到熄灯"，这是职责使然，本无可厚非，但细究起来便是忧虑顿生。当年在抗日战争那样艰苦卓绝的条件下，抗日军政大学的学员仍然在行军途中，每人背包后面背一个识字板，边走边学，成为一道亮丽的风景线。针对当时有的党员干部认为打仗能冲、一天到晚不停工作就算尽了对党的全部责任而轻视学习的倾向，时任中央组织部部长陈云告诫，"学习是共产党员的责任"，"仅仅做了党所分配的工作而不学习理论，还不算尽了党员的全部义务"。相比过去，现在的干部还有什么理由不去读书学习呢？既然读书学习是当干部的本分，就须臾不可丢弃，否则就是失职。

那么身为党的干部，应当读什么书？首先要读好有关党的历史、理论和路线方针政策的书。历史是最好的教科书。只有站在历史的制高点上，才能看清本原、把握规律，顺利推进各项事业。领导干部要加强党史国史的学习，保持清醒的历史观，知道我们从哪里来，现在是什么状态，未来要朝哪个方向走。马克思主义理论是做好一切工作的看家本领，也是领导干部必须普遍掌握的工作制胜的看家本领。要认真学习马克思主义哲学，学习党的基本理论，尤其要认真学习习近平新时代中国特色社会主义思想，真正把思想方法搞对头，善于运用马克思主义立场观点方法分析解决问题。党的路线方针政策和国家法律法规是我们党的理论、纲领和主张的具体体现，是做好工作的基本遵循。孔子曾言："不学礼，无以立。"对干部而言，不学党的路线方针政策和国家法律法规，就无以立。其次要加强业务书籍的阅读。术业有专攻。要履行好岗位职责，干部没有"两把刷子"是不行的，必须学有专长，成为行家里手、内行领导。所以，工作业务方面的书籍要多读。特别是要紧跟时代发展变化，加强与岗位业务密切相关的新知识、新信息、新技能的学习，包括经济、政治、文化、科技、法律、管理、领导科学等方面的书。通过阅读，使自己的知识丰富些、丰满些，以应对复杂的局面，保持可持续发展的态势。

"事必有法，然后可成。"读书学习必须掌握科学的方法。有人总结梳理出世界名人读书的各种方法，这些方法值得借鉴。但学无定法，贵在得法，管用是标准。古人推崇"博学之，审问之，慎思之，明辨之，笃行之"，提倡"读书之法，在循序而渐进，熟读而精思"，这是深刻的经验总结。干部一定要带着问题去读，始终在研究状态下读，边读书边思考，这样才能解决死读书和读死书的问题。解决问题是干部"学"的根本目的。广大干部必须大力发扬理论联系实际的学风，增强问题意识、树立问题导向，把自己摆进去，把工作摆进去，把读书学习与协调推进"四个全面"的战略实践结合起来，同增强党性锻炼结合起来，努力使学习成果转化为科学发展的正确思路和措施，转化为坚守共产党人精神追求的自觉行动，做到学与用、知与行相统一。

　　读书学习贵在持之以恒。对干部来说，关键是要增强学习的责任，养成读书的兴趣。责任是压力，兴趣是动力，这是学习"动车"的两个轮子，缺一不可。广大干部必须谨遵习近平总书记的教导，真心明白"领导干部学习不学习不仅仅是自己的事情，本领大小也不仅仅是自己的事情，而是关乎党和国家事业发展的大事情"，真正把读书学习作为一种党性自觉、精神追求、兴趣爱好、生活方式，做到好学、乐学。对组织来说，关键要建立健全制度，营造读书学习的环境。坚持从严教育干部，认真落实干部学习权利与义务，建立健全考学、督学制度，真正做到学与不学、学好与学坏不一样，形成正确导向，激发干部读书学习的内生动力。